荆楚文庫

〔嘉靖〕羅田縣志

〔明〕祝翊　修

〔明〕楊鸞　蔡元偉　等纂

〔乾隆〕羅田縣志

〔清〕姜廷銘　纂修

荆楚文庫編纂出版委員會

武漢大學出版社

荊楚文庫

〔嘉靖〕羅田縣志
JIAJING LUOTIAN XIANZHI

〔乾隆〕羅田縣志
QIANLONG LUOTIAN XIANZHI

圖書在版編目(CIP)數據

〔嘉靖〕羅田縣志/〔明〕祝珝修;(明)楊鸞等纂.

〔乾隆〕羅田縣志/〔清〕姜廷銘纂修.

—武漢:武漢大學出版社,2022.5

ISBN 978-7-307-22810-8

Ⅰ.①嘉…　②乾…

Ⅱ.①祝…　②姜…　③楊…

Ⅲ.羅田縣—地方志—清代

Ⅳ.K296.34

中國版本圖書館 CIP 數據核字(2021)第 259924 號

責任編輯:程牧原

整體設計:范漢成　曾顯惠　思　蒙

責任校對:汪欣怡

出版發行:武漢大學出版社(中國・武漢)

地址:武昌珞珈山

電話:(027)87215822　　郵政編碼:430072

録排:武漢恒清圖文菲林輸出工作室

印刷:湖北新華印務有限公司

開本:787mm×1092mm　1/16

印張:28.75　插頁:6

版次:2022 年 5 月第 1 版　2022 年 5 月第 1 次印刷

定價:128.00 元

ISBN 978-7-307-22810-8

出版説明

湖北乃九省通衢，北學南學交會融通之地，文明昌盛，歷代文獻豐厚。守望傳統，編纂荆楚文獻，湖北淵源有自。清同治年間設立官書局，以整理鄉邦文獻爲旨趣。光緒年間張之洞督鄂後，以崇文書局推進典籍集成，湖北鄉賢身體力行之，編纂《湖北文徵》，集元明清三代湖北先哲遺作，收兩千七百餘作者文八千餘篇，洋洋六百萬言。盧氏兄弟輯録湖北先賢之作而成《湖北先正遺書》。至當代，武漢多所大學、圖書館在鄉邦典籍整理方面亦多所用力。爲傳承和弘揚優秀傳統文化，湖北省委、省政府決定編纂大型歷史文獻叢書《荆楚文庫》。

《荆楚文庫》以『搶救、保護、整理、出版』湖北文獻爲宗旨，分三編集藏。

甲、文獻編。收録歷代鄂籍人士著述，長期寓居湖北人士著述，省外人士探究湖北著述。包括傳世文獻、出土文獻和民間文獻。

乙、方志編。收録歷代省志、府縣志等。

丙、研究編。收録今人研究評述荆楚人物、史地、風物的學術著作和工具書及圖册。

文獻編、方志編録籍以一九四九年爲下限。

研究編簡體横排，文獻編繁體横排，方志編影印或點校出版。

《荆楚文庫》編纂出版委員會

二〇一五年十一月

總目録

荊楚文庫

〔嘉靖〕羅田縣志

〔明〕祝　翊　修
〔明〕楊　鑾　蔡元偉　等纂

《荊楚文庫·方志編》編纂組

組　　長：賀定安　陽海清（執行）

副 組 長：劉傑民（執行）　王　濤　謝春枝　范志毅（執行）

參編人員（以姓氏筆畫爲序）：

王　濤　李云超　宋澤宇　范志毅　柳　巍　馬盛南　陳建勛

梅　琳　張　晨　張雅俐　陽海清　彭余焕　彭筱微　賀定安

劉傑民　謝春枝　嚴繼東

編　　審：周　榮

顧　　問：沈乃文　李國慶　吴　格

前言

《〔嘉靖〕羅田縣志》八卷，明祝翀修，明楊鸞、蔡元偉等纂，明嘉靖二十二年（一五四三）刻本。

祝翀，字珍卿，明浙江蘭州人，舉人，官羅田知縣。楊鸞，字伯鳴，廣西桂林人，举人，嘉靖十九年（一五四〇）任羅田教諭。蔡元偉，字伯瞻，福建晉江人，举人，嘉靖二十一年（一五四二）授羅田教諭。

羅田縣始置於南朝梁普通四年（五二三），故治在今縣東魁山之陽。隋屬蘄春郡。唐武德四年（六二一）併入蘭溪縣，後蘭溪縣改蘄水縣。北宋元祐八年（一〇九三）復置羅田縣，治今縣東石陂。南宋嘉熙年間廢。元至元中復置。大德八年（一三〇四）移今治，屬蘄州。明、清屬黄州府。

嘉靖十八年（一五三九），祝翀到任，見羅邑『民數寡弱』『杼軸空竭』『武備疏虞』，乃『凋弊創殘之地』。他欲咨詢典故，深究此狀況之緣由，以謀圖邑之發展，然『皆漫無所徵』，僅得邑人張玉泉等所纂嚴重『脱略蠹裂』的殘志稿，所幸其綱要尚完整，祝翀遂以之爲基礎，『緣舊而增新』，延紳創修縣志。楊鸞受其託，雖志事未竟即以升去，其稿已粗備綱領。復由蔡元偉等『重定次第，參附意見，搜繁增遺，别爲八卷』，是志乃成。

志分十二綱：地理、食貨、官師、公署、學校、人物、惠政、祀典、藝文、脩武、災異、雜志，共五十餘目。卷一前設序、輿圖、目録、凡例，未見纂修職員信息，卷八末鐫『吏聞尚明謄録』，卷八後有蔡元偉纂後序，全書正文版心内葉碼不以卷分，自卷一計數至卷八末，共計九十四葉。

是志爲今見羅田首部縣志，體例依《大明一統志》，纂修者於目録後撰文解釋其綱目排列依據及各門所設緣由。其修志總體原則爲『諱惡而彰善，稽實而闕疑，詳没而畧存，防諛而去誣』，而各綱目的詳略取舍皆有一定的原則。如『脩武』略民兵而詳軍政，則因民兵借力於農，更代不一，以時練之足矣，而軍政可載者不可勝數。前輩行實録所嘗見稱者，生存者只記所歷之官，其評價待後人論説。忠、節、孝、義所載者或考於郡志，或僅書其無容議者。又如『貞烈』有王氏一女，纂修者以其不嫁爲『廢夫婦之倫』，乃『末世教衰、淫風莫禁』

之體現，然此亦爲人之所異，仍載入志中。又如『藝文』僅列名目，其文附於各門之下。

據《中國地方志聯合目録》，是志有明嘉靖二十二年（一五四三）刻本，藏於天一閣、清華大學圖書館。又有民國十五年（一九二六）鉛印本，乃王葆心父子據天一閣本重新排版校印而成，前後各增序、跋，正文内容不變，僅附批註，縣圖則經考證後詳細重繪，另有『附録』一卷，載人物列傳。本次據天一閣藏明嘉靖二十二年（一五四三）刻本影印。（彭筱溦）

目録

羅田縣圖志序

羅田荊楚之陬區而黄州之隸邑也其衣桑麻其食穀粟肉蔬無魚鹽市舶通商之利故其俗勤生而力本無金玉貨貝綺縠繒錦珍禽怪獸名花異材之產故其俗質約而隘無車馬絡繹將迎供億之擾故其俗惜費而憚役無百工衆技紛華靡麗之飾故其俗專一習業而不遷翊之始至也甚韙之以爲易治既而迎

日肇見民數之寡弱遇大饑見杼軸之空竭隨逢巨

寇兇武備之蹟虞輙嘆曰亦凋弊創殘之地也可無惕乎乃於經理之暇不敢荒寧咨詢典故歎深究其殘弊之源而潛圖所以培養封植之策皆漫無所徵蓋爲之欝悒而太息既乃得一志稿於蔡生唯忠脫畧蠹裂條次混亂問之謂張王泉諸名公相繼受周忠州勞崇德之托而筆削者也猶幸其綱要之所在未甚至磨滅得以緣舊而增新嗣是而莫之繼世遠人亡文獻不幾於泯乎爰禮羅外史楊君鸞洪君嫺以董其事暨張生濬蔡生唯

忠唯孝以專其勞搜羅覼縷捃摭蟲液越五旬宏
綱細目章創畧具頃之錫君遷蔡君元儒繼至未
錢玥亦濫膺行取之
命乃執簡授蔡君使踵志而纂成焉惜不及見其梓
行而册已先登矣然追思不佞之所以不甚負於
羅之民與民之所以獲安於殘弊之餘如危石衝
流之不至於崩摧而潰决者則玆志之助與爲多
焉嗚呼志之成於羅者若是其遲且難而其裨於
政者又若是其明且易也後之人按圖覩風貽如

指掌即其類而求焉蚤夜以思之思通而行之其於報政之速也何至如玥之樸鈍連蹇攸攸恤恤而倖得之者哉因借識之以遺來者

嘉靖壬寅夏四月念五日

文林郎知羅田縣事蘭江前溪祝玥書

東南抵
南抵蘄

麻城界
西南抵

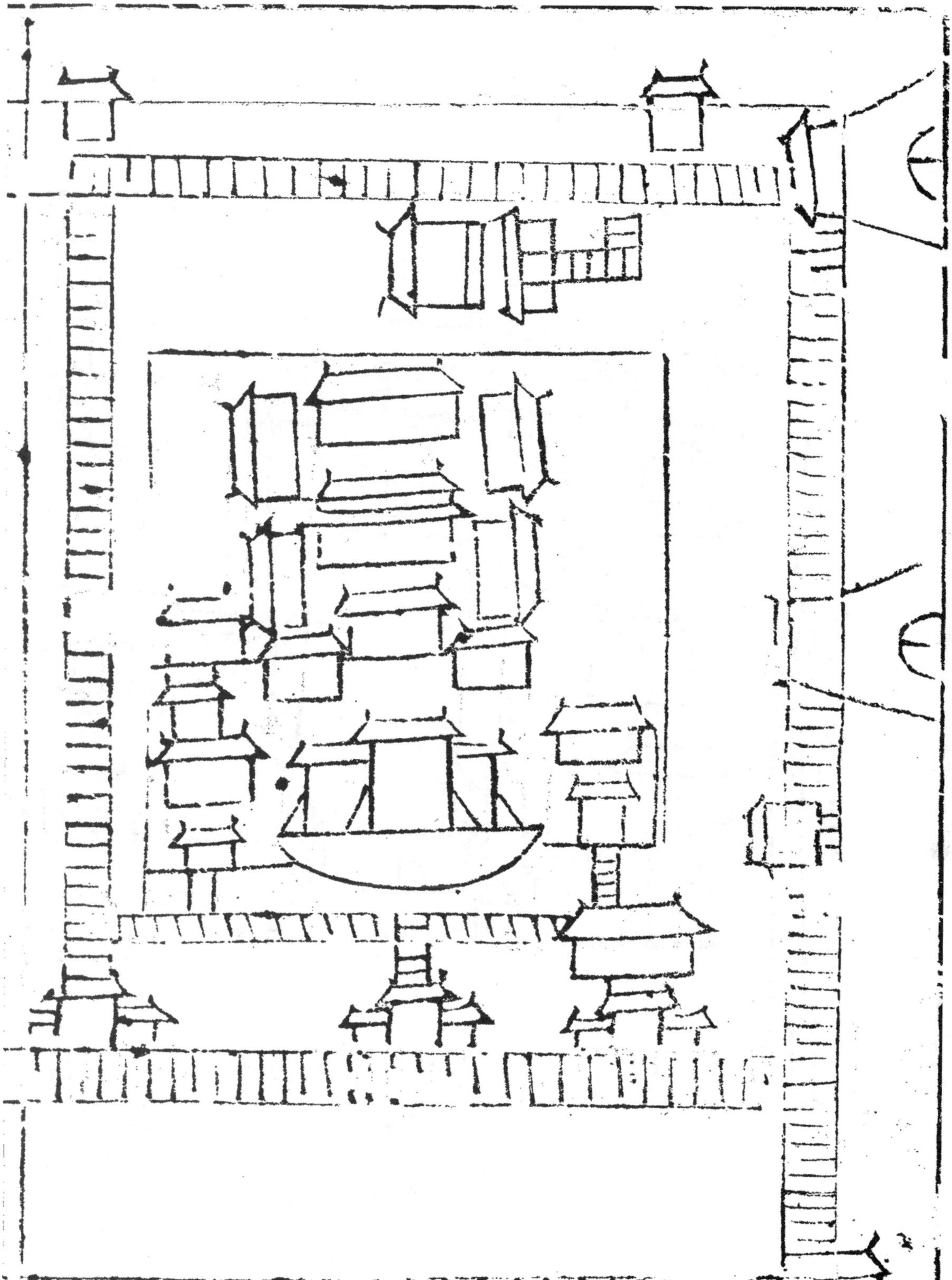

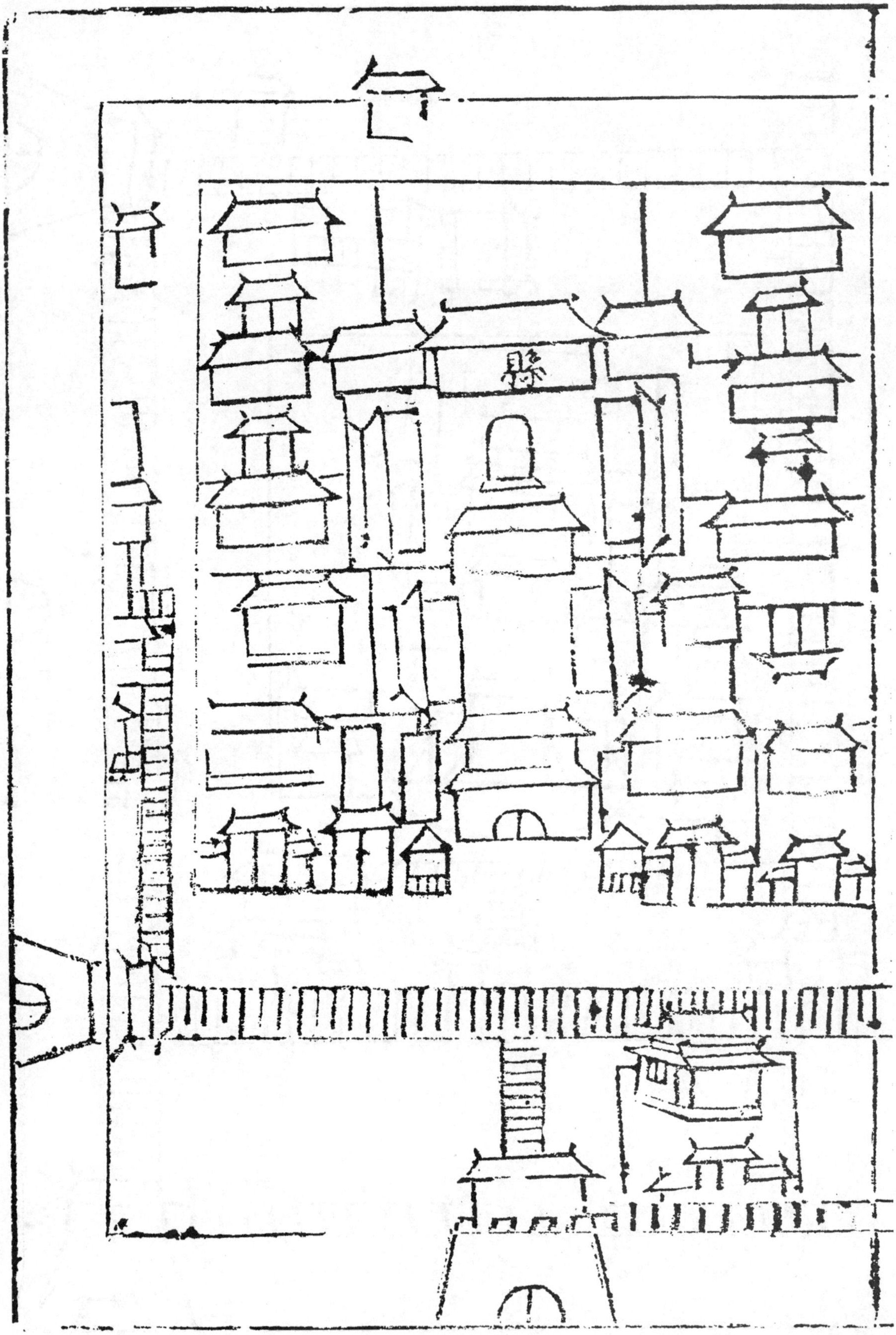
縣

羅田縣志目録

卷之一

卷之二

卷之五

惠政志

祀典志

卷之六

古蹟　坵墓　寺觀　祠宇　亭閣　仙釋

按志之首地理何也非地則志莫之肇以作也緣地以起志故地理焉先財者土之所鍾而賦役胥原之以出也故食貨次之財萃而無統則爭故受之以官師以統治而公署則官之所居也既治而不教則愚故受之以學校以施教而人物則教之所成也宣慈布惠治之本也崇正闢邪教之經也故次惠政次祀典文事武備不可偏也守成戡亂不可廢也故次藝文次脩武

天行人事之参會而咎徵應焉遇災者可不知懼乎災異所以居於志之終也遺事遺文之隱見而古迹係焉類書之則非其要矣雜志所以別於志之末也此序次之大凢也

羅田縣志凡例

一羅自有縣以來無志可徵考諸志於郡志於藩者失之畧藏於故老者失之亂雖經訂於閩之陳芝麓粵之趙南濵羅之張玉泉亦未就緒今乃得因諸公之筆而證之以藩郡之史搜羅舊聞徧訪新見分類以書其中有遺漏者俟博雅之君子補焉

一志中書法大略倣

大明一統志及史綱大書分註使觀之者易見

其顛末

一公署先縣治以下而後府館以上者由卑以達尊也且以見主客之義焉不及學者已詳學校志也

一前輩行實不敢妄評但録其所嘗見稱者附於科目之下其生存者只具載所歷之官盖公論未定當以俟後之君子也貞烈無所於考只憑郡志若忠節孝義所載則論定而書無容議矣

一唐友義不仕而不列之隱逸者友義既舉於鄉

則有天下之志矣而又不仕焉固非其本情也忠義之篤節槩之高令之人猶能言之噫可尚丮

一王氏不嫁廢夫婦之倫也而附之貞烈者末世教衰淫風莫禁有如王氏雖賢者之過而亦人之所異也故附書之

一藝文有志他志皆大書于後今只分註於各類之下而藝文只標其端者所以便觀覽也其間工拙不同皆詳載者以有關風教或係名公筆

跡故不敢遺然其所刪去亦多矣

一清軍非羅田講武之事而列之脩武者軍以衛民國家之武備孰大焉而且自羅田以充之不附之脩武將何居乎此有志於天下爲公之意也

一脩武志民兵畧而軍政詳者盖民兵借力於農更代不一但以時練之足矣軍政則清勾之擾吏書之弊有不可勝言者故特詳焉

一災異有志而祥瑞僅附焉者春秋記災異不書

祥瑞其意微矣况所載乃瑞之未著者可特志乎
然則曷不去之傳習已久不以自我而廢也
一百神祠以下不附於廟祠而別之雜志者所以
崇中正黜奇衺也東嶽非淫祠而亦別之何也
非羅邑之所宜專也
一志之例大抵諱惡而彰善稽實而闕疑詳没而
畧存防諛而去誣

羅田縣志卷之一

地理志

唯王建國辨方正位體國經野有四方之史後世郡邑啚志稽焉是故察星土而分界明矣詳建置而沿革昭矣辨疆域而遠邇定矣觀形勝觀山川觀城郭而險固設矣觀坊鄉觀市鎮觀風俗而民治彰矣觀橋渡觀塘堰而民利興矣凡吏茲土者所宜知也志地理

星土

分野之說其來舊矣自周禮春秋傳及歷代史志咸載焉郎官上應列宿出宰

百里則察乾象觀妖祥以驗政治者固其職也其毋以天道遠而忽諸

禹貢荆州之域天文翼軫之次

周禮大司徒言十有二土不斥言所應者何次保章氏言星土辯九州之地不明言所辯者何星是分土分星不可以州國定名亦明矣主分野之是者則曰自張十七度至軫十七度爲鶉尾之次當楚之分遂以楚爲分星荆州之星土且驗以禆竈之知楚子交周楚惡歲害烏帑之事班固志又曰荆楚翼軫之分則羅田在禹貢荆州之域今隸黄州而黄州又在楚

江夏邦域之中抑豈出于翼軫之分野乎然天道玄微星經散亡無所於正姑録此以俟後之君子攷焉

建置

羅田鄙有六閞亦咽喉險塞之地而土地分隸名號迭換歷代異宜不能相一苟不求其沿革之所自則後何所稽乎故備識之

羅田在禹貢荊州境內春秋爲黃國地戰國屬楚漢隸江夏郡三國爲吳隸蘄春郡晉隸弋陽郡北齊隸齊安郡梁置爲義州及義城郡隋改爲縣復隸蘄春郡唐省入蘄州浠水縣宋以石橋鎮仍陞爲羅田縣元因廢復立大德甲寅知縣周廣遷官渡河隸蘄州

路

本朝洪武乙卯改隸黃州府也羅田縣名古熊姓羅國蘄州即今蘄州府黃國即今黃州府蘄安其地也江夏郡即今武昌府蘄春郡即今蘄州弋陽郡即今河南光州義州義城石橋皆在今治之泰鄉舊縣畔山下也浠水即今蘄水縣官渡河今治所臨以為襟帶者焉

疆域志疆域禹貢弼成五服東漸西被迄意也羅之疆鄙北枕固陵之墟南跨蘄陽之流東連英麓西接古亭環四隅而約之百里有奇支土者中立焉可以定民矣

東西廣八十里南北袤一百六十里一

東至英山縣界五十里以落綳河為界自界至英山卜里

西至黃岡縣界三十里以尤河背為界自界至黃岡一百三十里

南至蘄水縣界一十五里以界河為界自界至蘄水一百里

北至固始縣界一百五十里以松子關為界自界至固始二百五十里

東南至英山縣界五十里以雞鳴河為界自界至英山一十里

西南至蘄水縣界二十里以曾家畈為界自界至蘄水一百三十里

東北至霍山縣界一百二十里以青苔關為界自界至霍山縣二百里

西北至麻城縣界四十里以雙河口為界自界至麻城一百四十里

驛程

本縣至本府陸路一百八十里水路五百里

至本省布政司陸路二百五十里水路七百里

至南京
陸路一千一百里 水路一千七百里

至京師
陸路三千六百八十里水路四千五百里

形勝
古人定鼎卜洛據地勢之雄其來遠矣 羅阻山帶河山脉自多多雲大霧經仙掌熊岩擁尖峯翔鳳凰屏於北河流自娥眉出紫檀沿北岸峯與多雲河合流經柳林而山穿陶岩以遠於前而印臺浮水南以為案絡山障其東平臺列於西森然金湯之固非昔人望景觀卜之詳何以得此固宜多得循良之吏而育毓人才之盛也

北接光蔡西連黃岡
宋蘄州與復舊治記南距大江北接光蔡西連黃岡東峙灊皖

淮壖上腴
宋關詠蘄州神光觀記占淮壖之上腴

田輸井稅
唐權德輿送李處士弋陽山居詩不憚薄田輸井稅自將佳句著鄉閭

攀援雲蹬萬疊翠嵐 多雲樵唱詩云一曲嘔啞萬疊山翠嵐晴滴露華寒攀援雲蹬歸來晚猶覺餘香杳靄間

青雲萬仞 戴倫詩極目青雲萬仞撑金烏刷尾又西飛

淮右名區 宋秦觀表列蘄春之便郡實淮右之名區

鳳凰曉日 層巒崒嵂孕奇形旭日初升五彩星入兆地靈知有待阿誰步武峴山名

龍井甘泉 一水隨地脉去無垠誰信中涵造化神一縷好香和霧起萬村烟雨萬家春

塔寺鐘聲 古刹幽棲地更高蒲牢清響出林皋朝朝暮暮何人道一百八聲縱復操

多雲樵唱 早起攜雲競執柯擔頭擔穩復如何野人分願無餘事長放一聲山水歌

秋郊樹影 飄飄霜葉滿江村百影蕭疎日色曛莫訝晚風增慨嘆乾坤翕聚欲生春

義水東流　萬派瀠迴勢必東，滔滔無念不朝宗。酌來應過貪泉化，今古君臣道不窮。

銅鑼峭壁　萬仞蒼崖倚壁空，天然爲就玉芙蓉。古今時立誰知己，秀出風塵此道同。

石險橫江　望中奇觀抑胡然，萬石崢嶸迸玉泉。銀漢撗邉星錯落，天章依様出人間。

以上俱訓導寧海石彰題咏

山川

在昔帝王建國，封山以爲鎮，流河以爲流，非以其興雲蒸霧以阜群物，育奇孕秀以産偉人，其功用盡昭昭若是與。羅之山川疊嶂層巒，經流環帶，亦一方之鎮瀆也。故因其方位，考其名義而志之，獨加詳焉。

塔山　在縣東五里。其山層高，唐時建寺於上，因多塔，故名。元末兵燹，遷城中，去縣北三百步，仍名塔山。

印臺山　在縣南一里。爲縣前案則名印臺，爲學前案則名書臺。

桂家山在縣東三里上有煙墩以為傳警之備

王道山在縣東十里傳說有王姓昔修道於此故名

鉢盂山在縣南三里形勢平秃如僧之鉢盂故名

迎山在縣南十里雲出則雨諺云迎山雲起大雨千里

望江山在縣南十五里高出衆山去大江一百四十里登望咫尺在目故名

道峯尖在縣東南十里

望道山在縣東北十里以其面對道峯故名

娥眉山在縣東北一百里上有娥眉庵

平頭嶺在縣東十五里

仙人岩在縣東二十里傳言仙人在此升天遺有鞋迹

花兒岩在縣東二十五里

陶公岩在縣南一里

牛頭岩在縣東南十里

以上南條官渡河南境之山

鳳山在縣北即今公堂坐山其形展翅如鳳故名

尖峯山在縣北三里上有二尖疊出故名

仙臺山在縣北十里

覆舡山在縣東十里其形如舡覆在河中故名

坐荆岩　岩上有荆百餘叢昔人設教此岩之陽取荆為教刑弟子皆成偉器

和尚山　在縣北四十里形如僧頂故名

大霧山　在縣北五十里天欲雨則霧起滃然

黄土垇　在縣北五十里

揚旗山　在縣北七十里形如旗揚故名

汪家山　在縣西八里石壁間遺有仙人足跡

剪刀山　在縣西五里以形似故名

党家山　在縣西　里

栗子垇　在縣西一十里

以上南條官渡河北境之山

鼓羊山在縣西六十里

掛弓山在縣北六十里

蘇鷄山在縣北六十里又名梳髻山

李木岩一名李蒂岩在縣西北二十五里上有龍泉寺歲旱禱雨即應

獨坐山在縣東北八十里其山形高出如人獨坐嘉靖戊子山神作異鄉人祠祀真武鎮之一時朝謁者甚衆未半年得鄉民香錢百餘兩貯庫知縣鄒明魁以淫祠毀之

泊高山又名鶴皐峯在縣東北一百二十里

烏雲山在縣西北七十里

練岩在縣西三十里有瀑布瀉兩峯之下

豹龍岩在縣西三十里形勢起伏如豹如龍

燕洞在縣西五十里有門可入内藏雙燕翠羽大如雞其最深處有石壁高丈餘壁有石背俗號龍背遇旱焚劄背前即涓滴須臾如注立可滿瓶取出輒雨鄉人神之知縣徐泰親往禱雨果驗

山韭岩在縣西九十里其地出韭其葉如蒜其味甚佳

石獅坳在縣西北四十里有石獅出自天成故名

陸家坳在縣西二十里傳說有陸姓者居此故名

以上北條平湖河南境之山

魁山在縣東六十里形勢崔巍高出衆山故名宋建縣治於山之陽今廢

雪岩　在縣東四十里上有石岩岩上有井逕數十丈宋石刻云蘄春郡餘蘭陵霍祜之奉檄來羅田勸諭賑糶同邑長知縣詹魯山相拉游雪岩溥尉義興史季瞻吳郡騷客丁夢良錫山逯求叔三衢余正卿國泰徘徊逍遥殊不覺身在塵寰也時紹熙甲寅仲春一日鐫又一石刻淳熙戊戌酉月張惠卿陽間吴仁傑同立

雲蓋山　在縣東三十里其上有井天旱禱之則應

朦朧山　在縣東四十里時有雲氣朦朧其上故名

鳳凰山　在縣東三十里山高聳秀如鳳翔翼故名

虎毋山　在縣南二十五里舊志云此山高聳其形羌虎而來跡且長衆石在於左右纍纍然若子之随毋故名一名古墓山

竹根山在縣南二十里舊多竹故名

月山昔有兄弟五人修道功成誓曰見險則過見月則止迨至此山月出今有廟在上

天明山在縣南五十里

揚林山在縣南四十里

袁家山在縣東南四十里石可燒灰

黄泥堂山在縣東南二十里

觀音山在縣東南六十里其山高聳上有一巖昔觀音現身於此至今遺像在石

藤子山在縣東四十里

練石洞在縣東南三十里山腰有石潭飛瀑五六丈

龍嘴岩在縣東南一百里此嘴水出即雨遇旱禱之即應

豹龍洞在縣東五十里内藏有古樂器通洞口處[illegible]甚險狹時人遇旱用繩援入取之禱雨雨[illegible]送入

花蛇洞在縣東五十里舊有赤甲道人於內修行

以上南條奉泰鄉河北境之山

雞籠山在縣北七十里

狗耳尖在縣北六十里兩山並起大峯形如狗耳

七娘山在縣北八十里舊傳說有七女子七人同此升仙

石柱山在縣東北一百一十里高石屹立如柱

松子山在縣東北一百四十里

多雲山在縣東北一百五十里北山四時多雲氣雖晴日麗空雲霧連屬不絶故名郡守盧天台舊詩云萬仞峯高一澗寒野花穿柳點征鞍琴系振起客炊息須信驛豐亦將豐

盐堆山 在縣東北一百五十里以形似名

鹰嘴岩 在縣東四十二里郡守盧濬過岩有咏隥岌人稀到春風我獨經萬山雲吐白一屋樹移青敢為屠龍手聊尋瘞鶴銘野樽林淺酌落日恐猩猩

岐嶺 在縣東一百三十里

馬面山 在縣北七十里盧郡守濬詩云桃花映馬衝是也

麻姑岩 在縣東八十里

老虎洞 在縣北一百四十里多雲鄉廣化寺左

含風洞 在縣北一百五十里多雲山下風一出能拔禾稼草木民甚畏之歲時致祭以祈免

風洞二 在縣北多雲山之右一百六十里一在多雲鄉一百八十里其為患亦如風洞

藍家山 在縣東北一十里上有朝陽庵

以上南條多雲鄉河北境之山

淨瓶山在縣東四十里以形似名

南保山在縣東北五十里

亭子山在縣東北四十里

馬家山在縣東北二十里

青峯嶺在縣東北四十里

發場坳在縣東八里

以上南條多雲鄉河南境之山

官渡河在縣南百步源出娥眉山紫檀衝沿北峯河西流與多雲河合經縣前出蘄水界河過黃

岡巴河石潭口注之汇

北奔河在縣北二十五里

七楊衝河在縣北二十里

白楊衝河在縣東北一十五里

多雲鄉河在縣東北一百里源出石柱山七里衝西流與東安河合北入北峯河口西下與官渡河合

八兒河在縣東北五十里

東安河在縣東北七十里

湯河二一在縣東北東安河下其滸有諸佛寺一在縣東北多雲河上俱四時泉沸如湯熱

龍潭河二一在縣東北六十里東安河中有一潭激聲如擂鼓噴水如拋珠俗名擂鼓潭水絕即雨一在縣東南二十里龍潭河中有一潭澄清水深實龍潛之所諺云龍潭烟起霎時大雨

封盤河在縣東北八十里

深水河在縣東二十里

橫河在縣東北二十里

以上北峯多雲等河皆合流官渡河注之江爲縣治第一重襟帶者也

奉泰鄉河在縣東四十里源出舊治魁山南之滕臺東流爲義水南入英山河下落翎河逾石陰通白蓮河出蘭溪江

落銅河在縣東南五十里

雞兒河在縣南五十里

洑澤河在縣南三十里

八迪河在縣東南六十里元時凡弟八人皆居此擢迪功郎故河因以得名

石險河在縣南五十里河中有石險景趣奇絕士夫多往觀留題今摘數篇錄之如左

本朝同知謝朝宣險賦朝發浠川將之羅田道轉幽谷河渡白蓮歷徑路之崎嶇喜舟楫之輕便問津兮何處峯遠兮窮源東接廬州之鄙西轄齋安之邊石横截兮蹬蹬水穴出兮潺湲舟逐而物輸人濟而裳褰此盖天所以限乎西東緊名險而今傳於戲異哉易設守國傳城虎牢吾嘗聞險之名矣晉有龍門蜀有三峽吾嘗見險之形矣然形勝者名或不彰名聞者實或未著孰若險之專名於

斯而雄據者也爰命舟子泝流指墅溪水故曲似山陰之有約崖倉横擘即赤壁之可樂瞬息咫尺水湄山跡萬籟生幽孤舟就泊曳杖逍遥可喜可愕波寧兮石摧石礙兮波迴無醉兮噴珠不雲兮轟轉雷煙霞兮掩映心目兮明開避炎濯風凭高遠望水水山山隨步異狀浪迸而激石缺而崩相峙兮如較相軋兮如傾磊落兮如拳鱗欠兮如鯨吹相傾而不墜或相較而勢争斯物態之變化類人事之縱橫于是烹茶代酒拜石為朋有吟風之雅典無繫日之長繩巳而歸舟順下林鳥欲投去之危即安他復何求心悦兮有得履正兮無憂見一險兮思欲知止過險兮豈宜重遊嗟乎羅田之險一方勝跡隱而弗顯識者心惻若實當道自貽伊戚差余視儉幸當晴日一遇陰晦變梯百出雖心雄萬夫亦不免危慄若憚險阻必欲治平不思托根深固徒殫力而難成或者動搖山脉寔足致陵谷之崩騰險在目前隱如勍敵王公恃之以固其域時有常變安如一日君子思之以崇厥德遇有順逆

介爲如石於戲有險而塹無險而忽塹者常常忽者恒厚我在平地無忽險山人因處險每見成功問險較害班打虎穴在昔有光于今爲烈逢險莫避取義成仁未險莫踏明哲保身險乎險乎豈無從來維時與義易稱大哉載稽郡志名險何年且暮光公之詩惜無蘇子之篇當時一經日而品題何守此而遺獨無乃身險阻而備嘗口囁嚅而慵言示不自我後孰開其先但無赤壁之筆終有愧於岐仙○參議常款玉堤詩四首古羅此景自天開涉險龍門亦易哉老樹懸崖經幾變奔流觸石白千回米癡當日曾端拜白傳何年得再來俗客此行幾誤我夕陽未可放傳盃○金堂玉室人間世仙界誰能得到頻萬疊浪花寒卷雪千般石窟暗藏春一時冠蓋有今日蒲眼江山非昔人對此不須重感慨商彝周鼎悲埃塵○戍山剩水知幾楚此險自然大未工梳石嵂山分變態驚濤飛瀑故爭雄千般鳥道空撑漢八節龍門亦下風咫尺黃州原不到浮雲飛鳥恨岐翁○夢中昨夜有龍門

此險真應出世氛東去亂波猶下峽西來抓嶂欲
生雲地形自信超千古天巧誰能鬭一分有約春
風携酒上座中惟少沈休文○提學金陵沈鍾次
前韻四首烟煤氷繭畫圖開如此山川是險哉把
筆蒼皇詩浪押倚闌傾倒首頻回神劍梳石如人
立天旋飛流入地來彷彿御風超八極滄溟何審
一浮盃○羅田山水真奇僻圖畫綠看夢寐頻草
樹周遭酣雨露乾坤閱歷飽秋春坡翁曾欠留題
句仙蹟還應解寄八亟欲進遊摘命駕渴公安得
免生塵○造化竅靈奇惟甚詩家放筆品題工仙
凢平判爾千載情景相當是兩雄李白天才堪倚
馬孟嘉醉帽戈衝風山靈不省能知否此地相應
着此翁○詩書相將下到門天然探梅脫塵氛獨
騎羸馬瘦尋路直到深山踏破雲下海光陰燕孟
浪仙家境界乞平分品題畧不煩雕琢水上風行
總是文○提學臨海蔡潮詩三首龍江石壁影蒼
蒼欲記峯名問梓郎鄭轉情川如九曲水浮雲氣
下三湘開情欸賦懷蘇老遊目難寬悶子長勝地

吾人能幾到儒教新月件歸舫○浙流直探老龍池目駭心驚見此奇赤壁慣遊渾小景瀛洲信有只如斯乾坤應許開雙眼山水相看若故知坐石觀瀾還載酒仙舟欲上更遲遲○一渠中截兩山連雪瀑飛漿幾竅穿深鑿却疑通禹穴長流應下比潮泉崆峒影裏分三峽太極圖中會百川神斧何年平石壁新題許我得深鐫○同知王相一首勝地登臨幾畏難分明咫刻一奇觀水從石竇流將去雲向峯頭散復攢赤壁鶴鳴聲已斷黃陵霜冷景殊殘爭如此段玲瓏玉快賞令人欲掛冠○推官朱節一首閬苑徒聞遠世氛東南又見一龍門客懷淡淡宜秋景馬足登登破曉雲萬斛珠璣天外墮一川風月靜中分莫言赤壁多奇勝應笑坡公負此鐏○敎諭陳讚一首天河一脉暗相連險道縈紆萬壑穿瓊液飛流驚瀑布珠璣錯落見潮泉導流神禹功存漢取水宣尼意在川苔蘚百年封鎖地新題次第看磨鐫○逸民蔡芳一首風勁霜明行道難偷閑策蹇縱游觀恍疑王峽精神

爽忽訝龍門毛髮攢萬斛珠璣噴溥千尋雪浪不催殘誰能收拾西山雨洗淨塵蒙緇布冠

白蓮河在縣南五十里源出渓山過本縣合蘄水蘭溪而出大江焉

以上俱合流奉泰鄉河南遶縣治西下蘭溪為第二重襟帶者也

平湖鄉河在縣北三十里源自塩堆山西流撒洑河下與新昌二里合流出乜河觜與官渡河流合襟

西閣河在縣北七十里

黄石河在縣北八十里

九子河在縣北一百二十里

跕洑河在縣北八十里

騾走河在縣北五十里

新昌河在縣北七十里

尤河嘴在縣西三十里

以上俱與平湖河合流尤河嘴會官渡河流注之

江逵縣治之後而爲包絡者也

石原河在縣北七里逵縣治之後而爲包絡者也

畈

曾家畈在縣西七里

庫泉畈在縣西十五里

梅店畈在縣東二十里

童家畈在縣北二十里

石橋畈在縣東二十里即舊之石橋鎮

舊縣畈在縣東六十里即舊之縣治

羅家畈在縣北一百里　鴨子畈在縣南五十里

衝

長園衝在縣西一十里地勢廣邈溪流如帶故名

七楊衝在縣北二十里有隱翁居此樹七楊於門故名有詩一絶云門栽曲坽數株楊春到清陰

覆上堂花逐東風圓却
碎條濡朝露弱還強

七庫衝在縣東三十里

紫檀衝在縣北四十里

林

柳林二一在縣東北三里一在縣東北五十里盧郡守濬詩云日色開林口是也

揚林在縣南四十里

井

五龍井在縣東歲旱禱雨則應

鄒家坬井在縣東六百步

及泉井在儒學門東教諭陶清臣己亥年鑿

石井在縣東北二十里

龍井三一在縣東北多雲盐坭河上縣一百五十里一在鶴峯去縣一百里一在多雲山去縣百六十里

玄妙觀井在縣南百步盧郡守瀹詩云一井新開浸碧天是也

潭

烏馬潭在縣西三里

蒲潭在縣西北二十里舊有業甲

芭茅潭在縣北六十里舊有業甲

天井潭在縣北六十里舊有業甲

泉

玉泉在縣西北十五里其泉靜練如玉故名　鳳坡泉在縣西新街社學之東

玉虹泉在縣東五十里宋紹興何錫汝石刻詩云看尺雲岩佛閣前峙鐘味禪思悠然岸邊酌酒和清露石上題詩染翠煙半嶺泉鳴過古澗數聲秋盡隅寒川西風似欲吹人起去逐騎鯨汗漫仙○無名氏次韻玉虹飛下翠岩前便似廬山瀑布然魚復危亭如往日空遺斷礎浥輕煙泉聲自是鳴千古險語何當隆百川鼓舌載詩聊寄目高風尚憶子喬仙

灘

胡師灘在縣東十里

港

神仙港在縣西北七里舊說有神仙寓此遺有盤跡

溝

老虎溝在縣南奉泰鄉一十里

城郭

城郭之立蓋古人重門待暴之意也羅田僻在萬山之中爲淮豫兩路之喉舌草寇時發不有城以守之則民將肝食矣然圮缺之患無歲無之使脩葺之功不繼則頹敗日滋而後益難於爲力長民者其念之哉

成化己亥信陽衛軍入境劫庫知縣沈雷築土城周圍五里徑二里高一丈五尺厚五尺開東西南北四門東北依東嶽廟山正北西北俱在山巓西南正南東南正東俱臨河

嘉靖庚寅土城復于水患賊復入寇知縣勞樟築石

城 延袤以舊址為限高一丈五尺厚二丈立四門東曰崇仁南曰崇道西曰崇義北曰崇德知縣沈越恐臨河一帶終不免於水患乃督民植楊柳以為防至今民感之戊戌羅大水四面城隳于隍者過半祝侯將没官盜產申准巡撫計丈給價募民脩築完日登記冊籍以便日後因方照名脩整

論曰勞侯之有功於羅厚矣而其功之俊偉莫大於脩學築城之二端而築城之功尤其卓然者蓋今之興作有三難費出之官則上疑出之民則下謗一難也視官府如傳舍不以為己事而忠謀之二難也斷不由衷則沮之者多而事罔克濟三難也當官者多憚於興脩之務廢素舉敝不肯率由是耳有如勞侯者不亦鮮哉繼是沈侯祝侯皆能成公之美者故並書之

坊鄉

縱橫于城中者曰坊部分于郊外者曰鄉然皆不出于邑之城中焉羅四之鄉有三而坊僅有其名無創建者或以人或以事或以地各有義存焉因並志之

進士坊在縣東

政平坊在縣南

惠義坊在縣西

足食坊在縣西

咸寧坊在縣東

樂善坊在縣東

仁和坊在縣東南

育賢坊在縣學東嘉靖辛丑知縣祝翊建今廢

崇教坊在縣南

歸厚坊在縣東南

崇文坊在縣南

以上在城中者

三鄉

平湖鄉在縣西北

奉泰鄉在縣東南

多雲鄉在縣東北

市鎮

古者日中交易所以致民而聚貨也羅之溪流閼狹舟楫不通雖無四方之商百貨之萃而一邑之日用所需內取之土產外通之竹筏其物亦多矣苟非定其法

平其價未有不啓爭者此市鎮之所以志也

縣市 居民環列業商賈者權量任情高下各行司市歷年未更每值客商交易把持物價平民艱於用急價貫僅得所值十之五雖設時估亦未能如之何此有司所當釐正而痛革者嘉靖辛丑知縣祝翔照坊置立定所較勘權量民甚便之

正街 在縣東

河街 在縣東南

新街二 一在縣東北一在縣西北知縣夏國孝開

歸厚巷 去縣治三百步

河街巷 去縣治六百步

崇文巷舊名詩書街去縣治三百五十步

橋頭巷去縣治二百五十步

新街巷去縣治四百步

黄家橋市在縣東六里

平湖市在縣西四十里

石橋鎮在縣東南五十里舊有巡檢司今廢

多雲鎮在縣東北一百二十里有巡司

風俗

相嚅為風相染為俗風俗之移人甚易而變之甚難羅之俗素稱淳厚而其趨漸不如古不乘其未甚而亟反之則流弊益滋矣是深有望於民牧者

秀民樂於爲儒而不輕釋其業見神光觀記

上風厚善見蘇軾跋韓魏公詩

畔俗富庶見宋閔詠神觀記

淳質儉約見隋志

風氣和平訟獄稀少見秦觀謝表

尊德樂道其士朴而不陋亦見蘇軾跋韓魏公詩

男事乎外女事乎內勤於教子拙於行商羅之民朴而愿羅之

土沃而瘠櫛風沐雨惟知力農執翰操觚惟知勤讀陰陽醫卜之技皆所未能商賈之業咸無所事間有惑之甚者送子弟投黃冠緇衣之流爲避役養生之計而已至於婦女慕饒纖裳固其長也而

春求柔桑以供蚕夏依灌木以采蕉又於秋冬之交而有事於木綿亦女工之最勤者也

歲時 正月元旦五鼓陳茶菓燈燭拜祖先壽尊長其下序長幼羅拜已乃出拜親朋更相賀歲立春前期一日出東郊迎春闔城長幼多聚觀焉十五日元夕家置彩燈間以管絃慶賞清明日前後祭掃祖塋四月八日佛降生皆造烏飯供奉有喪則否五月端午懸蒲劍艾虎於門作角黍相饋遺七月六日及七月中元日家置羹飯祀先畢集親隣共享之八月中秋至寒露復祭掃先塋如清明禮十二月二十四日以後各烹羊豕陳酒菓會親隣長幼守歲至二十八九日宰豬羊制羹飯以祀先飲饋祖餞

禮儀 本縣冠禮男子多以年二十上下為率惟從俗擇吉日而冠其循古禮而行之者僅兩見焉婚禮多從納采請期親迎之制但論財瀆倫妾賴之弊亦多所宜懲禁喪禮多遵

律例倣古制惟出喪日前二三夜隣友各携殽饌坐夜或高歌吹唱或搬雜劇大於禮有妨至於殽孝帛作佛事皆宜痛革祭禮歲時各隨家之貧富以為物品之厚薄而忌日誕日皆有常祭若墓祭掛紙則春以清明秋以中秋冬以歲暮也

橋渡

古人於農畢之時而成徒杠輿梁之制凡人免民之病涉也然羅田每歲春夏之間則山溪之水泛溢洶沸其路之險而斷者當有橋其不可以橋者必有渡以通之或制自官或制自民皆興利也至於時察而脩葺之則端在有司耳

通濟橋　在縣東成化初知縣徐泰建今廢

覇城橋　在縣南河街口今廢

板橋灣橋三　在縣西一座古橋一座義官程仲信建一座居民汪朝陽建

剪刀山橋在縣西七里醫官張善建

覔兒橋在縣西二十里義民胡明哲建

黃塈公橋在縣東五里

段皮河橋在縣東二十里民余志林建李正巳重修

黃家橋在縣東六十里

三里橋二一在縣東三里一在縣西三里胡明智建

玉虹橋在縣東四十里橋廢有何錫汝詩見玉虹泉

祝家橋在縣東十里判官胡祥建

觀音橋在縣北四十里義民胡明智建

楊公橋在縣北七十里逸民楊梓建有碑

石柱山橋在縣北一百一十里

花石橋在縣西北四里胡全建

關口橋在縣南二里監生張羨建

源清橋在縣南一百五十步

河口橋在縣北十里醫官張善建

李莽崖橋在縣北二十里判官胡祥建

普西橋在縣東二十里

石橋在縣東十五里

普應橋在縣西六十里見玄妙觀記

官渡河渡有官舟見惠政

尤河嘴渡民有竹簰

塘堰水利之興其來舊矣羅之田高者易旱必有防以障其流卑者易潦必有溝以洩其溢凡以備不虞也但其陂堰河坊多失時不脩故旱乾水溢之災人力終莫能勝因志之以俟專職者

蓮塘二一在舊縣魁山南五里一在縣南五里

長塘在縣北三十五里

官塘三一在縣南三十里一在縣東南五十里一在縣東北五十里原係民地官甃為衆防旱無

稅每年上納造塘堰冊紙價

石堰二 一在縣南十五里
一在縣東五十里

千工堰在縣北一百一十里

蕭家堰在縣西十五里

羅田縣志卷之二

羅田縣志卷之二

食貨志

食貨生人之所急王者之所天也然土田異宜物産異品凡戸口之登耗貢賦之盈縮徭役之重輕咸於是乎在司民牧者課農桑節丁力時徵斂則民生厚而理道得矣志食貨

土田

羅之土田酌原隰高下之勢爲疆理溝洫之宜或上中錯或中下錯而貢賦有常國用恒足此吏茲土者所當隨時省畊斂思補助也

高原田　六百二十二頃三十畝六分

下隰田五百四十八頃四十三畝分四釐二毫

官民山桑地一頃八十一畝九分

官民麥地五十四頃八十九畝二分

官民粟豆地七十一頃二十六畝

官民塘一十七頃八十五畝三分

官民芝蔴地二頃九十一畝五分

官基地七畝二分

官田二十三頃六十九畝三分四釐二毫

民田一千一百七十頃七十三畝七分四釐二毫

石灰山二一在縣東南四十里袁家山　一在縣東北八十里封鹽河

物產百物之產各因五土之性周禮職方氏所以詔王擾邦國者也羅之土薄水輕所產者皆日用之常品金貝珠玉奇花異卉珍禽惟獸皆所無焉用天因地撙節愛養之道莫切于此故志之詳

稻類七十日秈　油粟赤秈　百日秈　雲南秈　四節穀　瘦田秈　盖草秈　柳條赤秈

大粒赤秈　黃泥秈　白花秈　脂頭秈　烏風秈　麻占穀　矮脚黃秈　烏三節秈

黃粒穀　紅桃熟　三朝齊　江南晚　望水白　黑殼晚　水葡萄　芭茅晚

于晚穀　香子晚　珍珠晚　桐子穀　紅節穀　交秋糯　鬍鬚晚　老人薅

紅殼糯　鐵脚糯　馬鬃糯　馬牙糯　折二糯　白殼糯　界下萁　占糯

三百零糯　蜜蜂糯
羊鬚糯　黃瓜秈

麥類　大麥　蕎麥
小麥　苦蕎麥

粟類　早粟　大寒粟　小寒粟　青管粟
矮脚紅　榖乎粟　百穀粟　苧麻黃
澀雜九　五龍瓜　下馬看　硃砂糯粟
料田槌　趕麥黃　九月寒　毛穀粟
婆莫來　銅鑼槌
紅毛老軍頭　白毛老軍頭

菽類　大荳　紅荳　黑荳　羅裙帶
菉荳　刀荳　芝荳　鷹來紅
娥眉荳　蚕荳　莚荳　羊眼荳
巴山荳　西山荳　六月報　猪牙荳
窖蜂荳　龍瓜荳　茶柯荳　青皮荳
高脚黃　兎兒九　雞漫荳　飯荳

麻類　黃麻　白麻
黑麻

蔬類 芥菜 花菜 白菜 皺眉菜 莧菜 窩苣菜 芹菜 蕨菜
麻臘菜 春不老 月光菜 葫蘆
笋 蒜 茄 東瓜
葱 韭 芋 黄瓜
蘿蔔 木耳 絲瓜 芫荽

菓類 梨 榴 杏 李 桃 梅 橙 橘
棗 柿 菱 白菓
栗 柑 木瓜 西瓜
藕 核桃 櫻桃
[illegible] 慈菇 荸薺

花類 蘭 菊 牡丹 芍藥 紫荊 滴滴金 石竹 雞冠
鶯粟 梔子 芙蓉 薔薇
剪春羅 荷 小葵花 萱

草類 葶 蓑 蕨萁 蒲 稗 木藍 艾 蓬

蒿　萍　鳳尾　狗尾

茭　蓼　虎耳

竹類

水竹　叢竹　黄連竹　紫竹

貓竹　斑竹　白覃竹　苦竹

木類

松　桑　楮　楊

柏　柘　槐　梧桐

桐子　楓　白楊　櫧

蠟　株　荊　檀

椒　朴　皂角　烏臼

苦連　鬼柳　望春　梓

樟　鵝掌

楮　段皮

羽類

雉　鵝　地鷄　鷺鷥

鴈　鶺鴒　鸕鷀　鷹

鴉　鷂　鳧鷗　雀

百舌　杜鵑　燕　鸜鵒

喜鵲　布谷　鷙　畫眉

竹鷄　鴿　雞　啄木雀

毛類　水牛　黃牛　羊　馬　騾　驢　豕　猫
犬　虎　豹　豺　狼　兎　獐　獺
猪犴　狗犴　猴　狐　狗　野猪
鱗類　鯖　鯽　鰱　鯉　鯆　鱔
甲類　蟹　螺　龜　鱉　蚌
蟲類　蠶　蚊　蟬　蜜蜂　蟋蟀　蝦蟇　蠰蟓　蛙
蠅　蟻　白蟻　蜘蛛　蜈蚣　蝌蚪　螢　蚯蚓
蚱蜢　蜴蜥　蜉蝣　水蛭　地蠶　鼠　螟蛉
藥類　黃精　葛根　桔梗　蒼朮　烏藥　大風藤　土牛藤　細辛

芍藥　薄荷　車前子　百合
天花粉　枸杞子　瓜蔞　枳殼
枳實　南星　天門冬　紫蘇
茯苓　艾葉　香薷　麥門冬
石菖蒲　山茱萸　山查
香附子　白扁豆　桑白皮

貨類　絲　紬　綿布　高布
絹　綾　苧布　桐油
香油　蕨粉
柿漆　黃牛皮

器類　鐵器　漆器　竹器　陶器
木器　錫器　石器　冶器

戶口　民者邦之本而王者之所天也然令於
民最難而生人之命寄焉戶口之登耗
未有不由之者長民者思所以培養生息
之而於審戶之際尤加謹焉則其天得而
本固
矣

洪武二十四年

永樂元年

永樂十年

永樂二十年

宣德七年

正統七年

景泰三年

天順六年

成化八年

成化十八年以上戶籍燼于流賊之火無憑稽查故闕之

弘治五年戶五千七百六十二
口六萬八千五百二十四

弘治十五年戶五千七百六十二
口六萬八千五百二十四

正德七年戶五千八百二
口八萬二千四百五十

嘉靖元年戶五千八百五
口八萬一千四十四

嘉靖十年戶五千八百五
口八萬一千四十四

嘉靖二十年戶五千九百八十四
口八萬一千二百二十三

貢賦

下之所供爲貢上之所取爲賦羅田貢賦皆有定額其久也奸弊日生而賦尤甚飛詭埋沒那移影射之弊甚有難以究詰者覈其實謹其防是所望於良有司

額辦通共價銀一百四
　十三兩七錢八分
南北兩京藥味一十七兩九錢五分
　四釐四毫二微五塵
曆日紙共銀一十四兩三錢
　二分七厘二毫五絲
段疋銀六十九
　兩二錢
軍器原額銀六十一兩三錢四分五厘三毫八絲
　二忽五微嘉靖十二年加派銀三十八兩五
　錢二分五釐五毫嘉靖十八年減除
　止派三十八兩五錢二分五釐五毫
袢襖褲鞋八十三付共價一
　百二十四兩五錢
皮翎白硝麂皮一百四十張熟硝帯毛麂羔皮八
　十張狐狸皮一十三張翎毛一萬一千根以
　上俱辦於丁粮○活鴈一隻活鷁鶿
　一隻活野鷄一隻以上俱出於獵戶

坐派物料先年司法偏累附近府州縣故本縣坐銀七百九兩五分嘉靖二十年奉巡撫陸公杰通省均派止坐本縣銀三百一十五兩八錢一分

夏稅秋糧官田一畝折民田四畝每畝科米三斗二升三合六勺四抄七撮一圭八粒每畝科租絲六分共一十二斤一十兩一錢七分○官麥地一畝科麥三升二合一勺每畝科絲二錢共該絲一斤一十兩四錢六分○官農桑地每畝科桑絲四錢共絲一兩八分○官芝蔴地每畝科米八升三合五勺○官塘每畝科米八升一合三勺五抄○民田每畝科米八升一合三勺五抄二撮一圭○民麥地每畝科麥三升二合一勺每畝科絲二錢共絲六十六斤一十五兩三錢八分○民農桑地每畝科桑絲四錢共絲四斤七兩六錢八分○民粟豆地每畝科米三升二合一勺○民芝蔴地每畝科米八升三合五勺○民塘每畝科米八升一合三勺五抄二撮一圭

洪武二十四年官民田賦八千九百九十七石二斗六升一合○夏税大小二麥一百二十六石七斗六升隨麥絲七十斤一两三分該織絹五十二疋二丈七尺三寸三分

成化元年開墾民田賦一石三斗一合六勺三抄三撮○夏税大小麥一百七十六石三斗九合九勺

弘治五年官民田賦一萬一千一十二石九斗五升二合五勺六抄○夏税一百七十六石二斗九合九勺隨麥絲八十一斤三兩九錢八分該織絹六十四疋二丈九尺九寸三分

弘治十五年同前

正德七年同前

嘉靖元年同前

嘉靖十年 同前

嘉靖二十年 先嘉靖十三年知縣沈越陞開墾米一百五十石七斗五升通前官民田賦一萬一千一百六十三石七斗八合五勺六抄〇夏稅同前

本縣田畝依山臨溪去石伐木開闢成田初年山高水深田腴而賦不覺其重既而生齒日繁流集日衆専以種山為事緣土輕水重推蕩砂礫壅塞河道堆壓舊田故民納無田之粮而卒流亡矣嘉靖癸未知縣沈越親臨採踏得水災田粮一百五十餘石外訪得山谷中又有新開粮畝丈量陞科以補水災之數申明撫按不與開豁准折而反將新開為實徵民益受害越深以為憾

歲用

一年之用　歲貢花紅酒席帶銀六兩。春牛物料幷迎春彩杖酒席門神桃符共銀二兩三錢。新官到任祭祀每員銀一兩一錢。到任陞遷去任公宴知縣銀四兩縣丞主簿典史各二兩。各項造册紙劄筆墨銀一十二兩。歲季考試生員試卷茶食激賞花紅紙張筆墨朔望并上司按臨講書勸賞生員紙張筆墨各衙門棹圍座褥硃盒筆架迎送上司傘轎雨具

右四項銀兩多寡難以逆計俱候隨用查支註銷

三年之用　應試生員花紅酒席盤費新舉人花紅酒席舊舉人盤費酒席右三項銀兩俱

候每年會計酌定其數隨年帶徵

五年之用　鋪陳上等一副價銀一十二兩每年派徵銀二兩四錢中等二副價銀一十兩

每年派徵銀二兩下等三副價銀九兩每年派徵銀一兩八錢

雜用 朝覲盤費脚力造冊紙劄扛解正佐官銀二十五兩首領官二十兩無官應朝支給銀二十兩隨官應朝給銀一十兩脚力銀一十五兩支一十兩造冊紙劄扛解銀六兩○新官衙廨什物知縣銀一十二兩縣丞主簿典史各八兩教官五兩○部運南京倉粮官盤費佐貳官銀一十五兩首領等官十兩○部運兊軍粮官盤費銀一兩○本縣造冊書手三名佐貳官各一名每年每名工食銀六兩○本縣日用心紅紙劄筆墨幷六房支公用紙劄本縣日用幷辦送上司按臨刷具右二項銀兩俱隨用登記逐月查支註銷

鹽鈔課程 洪武二十四年本縣帶辦稅課諸色鈔二千一百三十二貫三百一十文閏月鈔二十七貫七百文共該鈔一千一百五十九貫九百一十文嘉靖二十年實徵男婦七千五百五十丁口共折鈔四萬五千三百貫無閏月每丁口起運存留鈔連扛解共徵銀一分五厘二毫四絲二微

二塵二纖九渺共銀一百一十五两六分三釐六毫八絲二忽五微七塵一纖三渺有閏月每丁口共徵銀一分六釐五毫一絲二微四塵一纖四渺共銀一百二十四两六錢五分二釐三毫二絲二忽七微八塵六纖六渺此鹽課簡易之法民甚稱便

商稅帶辦門攤商稅鈔四百六十八貫四十文

官房基地稅每畝科租錢實鈔官厓草房九十七間賃鈔一百一十六貫四伯文

驛傳除没官重租并優免外實在每米一石徵銀一錢二分七釐三毫共銀一千一百三十八两六錢六分三釐三毫三絲共編水馬夫一百七十九内除濟川衛水夫并各驛上中下馬夫不派過關外其餘驛遞水夫草去原議省存名色每夫工食扣存過關銀六錢行令驛遞官吏照數徵銀以備應付支用填註格眼文簿季終齎府查考

濟川衛丁馬船六隻水夫永充一十五名粮僉七十三
名每名朋米三十五石七斗四升每名每年
該徵船料工食銀
四两五錢五分
蘄州遞運所馬船一隻水夫粮僉三十名每名朋米
五十七石四斗四升每名每年該徵船
料鋪陳什物脩船工食銀七两三錢一分二厘一
毫一絲忽□紅船一隻一分水夫粮僉一十六
名每名朋米五十六石八斗四升每名每年該徵
船料鋪陳什物脩艌工食銀七两二錢三分三釐
三毫三
絲[illegible]忽
蘭溪驛站船三隻半水夫粮僉三十五名每名朋米
五十六石一升每名每年該徵船料鋪陳什
物脩艌工食銀
七两一錢三分
襄陽府呂堰驛上馬一疋馬夫粮僉一名朋米一百
五十石五斗八升每年該徵馬價鋪

陳什物草料工食銀一十九兩一錢七分○中馬一疋馬夫糧食一名朋米一百二十一石三斗八升每年該徵馬價鋪陳什物草料工食銀一十五兩四錢四分○下馬一匹馬夫糧食一名朋米一百五石二升每年該徵馬價鋪陳什物草料工食銀一十三兩三錢七分

江夏縣東湖驛中馬一匹馬夫糧食一名朋米一百二十一石二斗八升每年該徵馬價鋪陳什物草料工食銀一十五兩四錢四分○下馬一匹馬夫糧食一名朋米一百五石二升每年該徵馬價鋪陳什物草料工食銀一十三兩三錢七分

蘄水縣巴水驛上馬一匹馬夫糧食一名朋米一百五十石五斗八升每年該徵馬價鋪陳什物草料工食銀一十九兩一錢七分○中馬二匹馬夫糧食二名每名朋米一百二十一石二斗八升每名每年該徵馬價鋪陳什物草料工食銀一十五兩四錢四分○下馬一匹馬夫糧食一

名朋米一百五石二升每年該徵馬價鋪陳什物
草料工食銀一十三兩三錢七分

本府齊安驛下馬一匹馬夫粮米一名朋米一百五
石二升每年該徵馬價鋪陳什物草料
工食銀一十二
两三錢七分

倉庫

正賦倉在蘄水縣巴河鎮不渾之瀆成化初知縣徐
泰貫彼民地爲之正廳五間扁曰正賦左右
倉厫二十五間嘉靖丙申知縣林宗桂重脩未幾
嘉靖庚子知縣況翊脩成所以便民水次南兑各
倉本色之貯蓄也門子二名地方　名督羅之移
寓于巴河者本縣知縣夏雷勸有通判黃壽　禁諭
碑□知縣沈越因憂旱喜雨留題壁間詩云飄風
朝來雨意深新秋得雨如得金枯禾垂穗如在壠
一雨土脉皆浸陰火龍戢退力不伯祝融垂首空[illegible]
音瘖嫩涼谿谿曉更侵無邊爽氣何蕭森有客苦

熱正不禁蕭蕭數陣動人心江雷急吹喧清亭誰
人復作悲秋吟倩風梳横冠華髻恍如飛錫到雲
林好携樽酒對瑶琴此樂吾願常追尋。又詩一
首信宿官倉夜情多景復臨雨昏煙樹暗江摧浪
花洲二稅當催日三農隱望
心我來誠政拙未敢詠鳴琴

便民倉在縣南一里知縣徐泰建所以便民財存留
稅糧者也嘉靖丙申知縣林宗桂遷建于縣
儀門東以便守衛隆慶
顯辛丑知縣祝明重脩

架閣庫在縣正廳右一間

徭役

徭役民之職也然古之民未嘗以役為
勞而今之民則反以役為病矣羅田有
正役有雜役皆因其丁糧之多寡家之貧
富而為之重輕苟有司不加之意焉則不
得其平而
嗚者衆矣

里長本縣原額四十九里成化壬辰知縣張進歸併
作二十五里共二百五十里每年一甲輪役而
甲首因之戶有消
長故十年一編
甲首舊額五千七百五十五戶成化壬辰歸併作二
十五里每里將消乏之人戶內稍有丁粮者十戶
填補將眼其餘無粮者作畸零帶管嘉靖甲午知
縣沈越新收附籍人戶一百七十九戶辛丑年冊
查實在有丁粮
者一千一十戶
老人每里各役一人年終更替時估老人一名本鐸
老人二名月給粮各四斗死則給以表旌
里納十年應役之後二年收本里十足夏稅秋粮者
也二十五里內又提編多粮者為各倉解頭但
徵輸舊有制解監
守者宜留心焉
皂隸本府四名本縣二十名縣丞主簿各四名典
史二名都司一名布政司一名按察司九名

弓兵多雲鎮巡檢司一十二名舊三十六名知縣洪越中革今只十二名宜中復舊額

禁子本府二名本縣五名布政司一名按察司二名

門子本縣知縣二名縣丞主簿典史各一名儒學三名布按分司府館各一名山川社稷邑厲壇各一名文廟明倫堂啓聖鄉賢祠一名

庫子本縣一名儒學二名夏口驛一名山陜驛三名

斗級本府軍儲倉一名儒學二名荊府一名預備倉二名

馬夫按察司副使十名本縣知縣縣丞主簿典史各一十名

齋夫本縣儒學教諭訓導各二名　膳夫儒學四名

防夫蘄州遞運所一十一名　舖兵七鋪共六一十三名

柴薪楚府正工副四名南京錦衣衛二名本府經歷二名本縣知縣四名縣丞主簿二名典史一名

歲貢盤纏每年帶徵一十五兩油燭本縣十兩

祭祀文廟二祭社稷壇二祭山川壇二祭邑厲壇三祭啓聖祠二祭名宦鄉賢二祠二祭

中下解戶中解戶三名下解戶二名

禮生屠戶荊府三名

民校楚府六名荊府四名永新王府一名永定王府二名

進表人夫撥祭司進表人夫衣粮銀七兩九錢一分五釐千秋表人夫衣粮同

大興縣富戶三名正銀扛解共九兩四錢五分

本縣鄉飲二次共銀一十二兩便民倉老一名

火夫一年一審每月輪流守夜不聽差遣總小甲一年一换

工匠

本縣各色人匠皷子匠四名伍墨匠十三名染匠八名石匠十八名甕匠四名船木匠三名船匠一名絡絲匠五名雕鞍匠一名油漆匠十名瓦匠十四名絨[illegible]匠二卜名木匠二十一名印造匠一名油匠一名竹匠十一名鐵匠十一名鋸匠二名以上應南北兩京役利字匠二名應本縣役

羅田縣志卷之二

羅田縣志卷之三

官師志

建官古也官之建凡以爲民也今郡縣之制令以下之職尤爲親民者詳其職制列其歷官别之以名宦而勸戒之道寓矣志官師

職制官制之來舊矣職守之興廢品秩之崇卑名稱之沿革歷代異焉因名而思義因義而脩職志職制之意也

宋以京朝官知縣事其下有丞有主簿有尉各一員

本朝設官同止易尉爲典史一員知縣正七品月俸七石五斗掌總治

民政學校農桑户口賦役錢穀賑濟兵戎之事縣丞正八品月俸六石四斗掌清戎之政督勸農之事主簿正九品月俸五石五斗掌催科勾稽簿書之事典史不入流月俸三石掌閱習弓手戢奸禁暴

儒學教諭一員訓導二員國初用儒士其後專以會試乙榜進士及歲貢之士爲之月俸三石

多雲鎮巡檢一員從九品月俸五石專以把截六關盤詰奸細巡捕盜賊爲職

醫學訓科一員以醫生之精其業者爲之其屬有醫生五名專治藥餌以袪民疾也

陰陽學訓術一員以陰陽生之通其術者爲之其屬有陰陽生五名專以卜擇時日候更漏者也

僧會一員以僧人爲之專以統治緇流也

道會一員以道士爲之專以統治羽流也

設吏禮二房各司吏一名典吏一名户房分三科房吏二名典吏一名兵刑工三房各司吏一名典吏一名架閣庫承發司各典吏一名儒學巡檢司各司吏一名司吏月米三斗其初由郡縣守令選用遂年多以例納銀布政司而考選撥參則皆由臬司與巡按也其役專掌文書以三年爲一考六年爲兩考

歷官

歷官者何錄其姓氏紀其里居覈其行業其焯然可稱者既表而出之録録者亦不遺焉示戒也惡跡之彰聞者不別書存厚也噫可畏哉

宋知縣

吴季益　弋陽人

詹魯山

元知縣

陳琦

周廣

本朝知縣

唐玄

石璞

王昇　浙江紹興人　行實見名宦

張儀山東鄒平人行實見名宦
羅如江西南昌人監生
龐敬浙江嘉興人行實見名宦
陳鼎廣西慶遠衛人行實見名宦
王恕江西廬陵人舉人
段容
張暹雲南人
徐泰直隸江陰人舉人行實見名宦
余洪直隸六安人行實見名宦

陳德成福建長樂人

洑雷直隷華亭人歲貢卒于官

王璣山東人

羅勳四川永川人進士以陞去行實見名宦

楊琦浙江鄞縣人舉人

康紹儒順天宛平人舉人以事去

蕭英江西新淦人舉人

夏雷浙江嵊縣人舉人卒于官

殷佐山東高唐人舉人以事去

韋武　江西瑞州人舉人以憂去

張倫　四川南充人舉人以改調去

周漢　四川忠州人舉人以事去

夏國孝　四川瀘州人進士以陞調去

鄭明魁　四川遂寧人舉人以事去

勞橒　浙江崇德人舉人以憂去　行實見名宦

沈越　南京錦衣衛人進士以陞調去　行實見名宦

林宗桂　福建閩縣人舉人嘉靖十四年任以憂去

祝翔　浙江蘭溪人舉人嘉靖十八年任以行取去

本朝縣丞

沈俊

沈梅

王端吏員

魯瑄

龔岳江西豐城人吏員

徐紳山東東平州人行實見名宦

李光祖直隸六合人監生以事去

何德洪四川眉州人監生以陞去

張儒四川乾維人監生以事去

蔡維禎直隷盱眙人監生以事去

惠玘河南商水人監生以事去

章文憲直隷舒城人吏員以事去

吴彦翱四川人監生卒于官

嚴鍜浙江烏程人監生以事去

宋主簿

義興

元主簿

司立

吉思

本朝主簿

田道貴州居附人行實見名宦

邵宣

江鵬

陸敏浙江烏程人行實見名宦

淡觀

覃添禄

翁勉浙江人監生

張時瑞雲南人吏員以事去

胡紳陝西人監生卒于官

崔璀監生以事去

齊錕河南臨漳人行實見名宦

李儁雲南大理人行實見名宦

冉珣四川瀘州人吏員以事去

丘鐩浙江鄞縣人吏員

宋典史

吏季瞻

吴仁傑

元典吏

鄔世榮

本朝典吏

虞俊山東淄川人行實見名宦

温仁

逯聰

蔣昇壽州人

李唐

王弘道

何耀廣東順德人吏員以致仕去

王璟福建人吏員以事去

程勉河南泌陽人吏員以致仕去

梁翼四川巴縣人承差以憂去

彭仕演福建福清人吏員

元教諭

廖王佐

蔣翹之江西廬陵人舉人

本朝教諭

曾宜勉江西廬陵人舉人

何明浙江人

錢休象山人

章瓊廣東欽州人監生行實見名宦

陳璉江西南昌人舉人以考滿去行實見名宦

陳訪直隸桐陵人舉人正德辛未經流賊深入之變逃竄山谷艱苦備至賊平後遂請老

陳瓚福建懷安人行實見名宦

崔見賢直隸楊州人監生以事去

徐衢四川越嶲衛人監生以陞去

曾嘉慶江西泰和人舉人嘉靖八年任以陞去

陶清臣浙江泰順人選貢嘉靖十五年任以憂去行實見名宦

楊鸞廣西桂林中衛人舉人嘉靖十九年任以陞去

蔡元偉福建晉江人舉人嘉靖二十一年任

本朝訓導

葉琳

葉春直隸潁州人

吳承宗福建莆田人

袁英浙江常熟人

李勉江西廬陵人歲貢

胡學倫江西泰和人歲貢

宋鑑家山人歲貢

乃彬浙江天台人歲貢齊于守行實見名宦

陳誌浙江永嘉人歲貢

張佑河南固始人歲貢以陞去行實見名宦

姚讚河南鄭州人歲貢以陞去

韓鎡直隸桐城人歲貢以事去

趙廷佐廣西桂林中衛人舉人以考滿去

鄧穆江西吉水人以陞去行實見名宦

馬順四川定遠人歲貢以陞去

郭愈華江西龍南人歲貢以陞去

孫本淑四川璧山人歲貢以憂去

洪炯直隸歙縣人歲貢嘉靖十八年任以陞去

黃彥璘四川邛州人歲貢嘉靖二十一年任

蔡芳南直隸郵州人歲貢嘉靖二十五年任

名宦

元知縣

周廣[illegible]農人大德甲寅自邑山下遷縣官渡河以就民衆邑人頼之

本朝知縣

張儀山東鄒平人由舉人廉而有爲惠而無費民深懷之

王昇紹興人由進士律身廉謹卓有惠政

龐敬浙江嘉興人由舉人莅政嚴明民皆畏服壇壝祠廟煥然一新

陳所廣西慶遠衛人由解元治民寬綽卓有政績至今民懷其惠

徐泰　直隸江陰人，由解元起，居官清白仁恕。俸祿自供費外，盡貯於公。四郊俱創便民倉，以為凶荒賑貸之備。買蘄水巴河地一所，置倉廒廒倉數十間，上置真武殿，令人看守。復買附近田數十畝，以給備倉之費。其他善政，詳在碑記，茲不重書。所在公館壇壝，率植棗柏等木，衆芳垂蔭，民有甘棠之思。成化四年，黄郡七邑耆庶相率奏乞守郡，疏進未下，都御史吳琛嘉其政，再以聞，陞知荊門州。百姓攀轅莫留，哭聲振地，乃立去思碑，議者比漢循吏云。○尚書錢溥、倪謙碑記云：仁之官則思，思者，感物而動者也。夫人有愛人一飯之恩、百金之惠者，尚感其德而思之不置，況乎推一視之仁，徧百里之邑，使其家給人足，俯仰畢遂，其德在人，淪肌浹髓，豈直百金一飯而已哉！詩曰：有斐君子，終不可諼兮。是宜思慕之無已也。黄之屬邑有羅田焉，成化元年詔以江陰徐泰士亨來知縣事。士亨，景泰丙子京闈發解第二人也，學有源委，而存心仁恕，立志遠大其得縣篤治遂以一夫不獲爲己責視篆之初首與城隍誓曰政事未備神其默相怠攻奸貪神其降殃故其涖官臨民廉慎自持克勤撫字恪盡乃心一本於誠凡百有爲皆可質請神而無愧是以扶善抑強濟貧卹患阜民爲先勸農爲急貧無牛種者官爲給之助其耕藝興學校以振士風厚儲蓄以備救荒置義塚以掩骼胔歲當大饑發粟以賑有飢損疲瘦不能負粟者捐己俸禀倡率邑之富民輸米爲粥食之鄰隣邑之饑者聞風來乞食之而不拒活民不可勝計見男女不能備嫁娶之禮禁其論財悉令婚姻軍有本戶將絕而過繼他人戶者官爲出價贖還俾承宗祀逋逃者聞之悉還復業免其徭役給官田以存活之歸者如市有貧租不能償者措理代其輸納豪右欺蔽田糧六百石餘產去稅存民田輸賠上官精算數法覺欺蔽之罪嚴清理之格有田則有糧撥糧以尋田田在而糧清欺蔽者悉露而占田輸稅向之無

徵困於陪償者皆脫然矣民安得而不思之哉士亨本江南富家任六載凡周身之給悉自家鄉輦至一毫不取於民雖當隸從散遣務農而不入其工價其他善政未易枚舉是以德教大孚而人化之民無鬬很吏不受遺里老胥徒罷言財賄成化四年士亨述職之京矣群吏相導詣城隍祠拜誓曰不敢以我侯離任而受汚辱有犯者神責而衆共斥辱之是以囹圄刑措民心感悅親之若父母愛之若四體相與合七邑之人赴京保為郡守不報都憲吳公琛撫巡湖廣奏

敕考察推其德政為諸縣第一用羊酒織文彩幣褒勞之續

聞於朝遂有荊門知州之擢去任之日帑溢於庫粟盈於庾□數仰封加於始倍至徒扶旄攜倪號泣處地為之濕攀留者塞道出境度不可留則脫其革襪置之神廟以示不忘其得民心可謂深矣故侯既去而衢童壤叟耕夫饁婦飲食

必思起居必思相過於塗則必更相謂曰安得我侯復來撫我哉思慕不已更相謀曰昌若紀去思之寔於真珉哉於是老而八十耆民廖浩等道達衆志遠來謁文歸刻于石孟子曰民之歸仁也猶水之就下獸之走壙言仁之感人其易若此今觀士亨致羅民感悅思慕而愈久不忘者豈非一仁之所及哉可書也已昔劉寬平陵滿去百姓攀車脂輪催護令没遷秩男女為碑頌德此古之循吏垂休前史者也今復為士亨見之又何讓於古人哉予用是記之以示後既以慰羅民情又以為令者勸也傳循吏者尚當有考於斯文

余洪直隸六安州人由監生幹而有守平易近民終以直道去任士民惜之

羅勳四川永川人由進士鎮静寡慾幽冥下欺布帛之衣九載不易有古人風尤敬教勸學士民至今仰之

勞樟，浙江崇德人，由舉人先任萬年知縣，以不吐骨鯁左調羅田。嘉靖庚寅抵任，適地方凋弊之後，吏胥舞文之秋，公身親會計，悉力勾稽，用賦準平，百姓免偏累之苦，錢穀清徹，吏胥絕侵漁之欺。廟學不越月而煥然一新，石城僅半歲而屹然峻起，鐵耳有謠，金玉有詠。即其才力所運，天下之事無足爲者。且其見之明，守之定，理所當行而力可及者，輒爲之，無復疑畏。雖上司或有不允，必確然自信，直行己志而後已，終不見其委曲逢迎之態，人以是益嘆服。壬辰春以毋制歸，童叟號泣載路，隨立公去思碑矣。○御史崇陽龔湜碑記云：羅田，黄之屬邑，襟帶淮豫，僻於萬山之中，方伯廉訪庶務以符移集事，越數年一臨之，中丞柱史歲事委於郡邑長貳，贐無策，廣民皆困於時斂，畸零之耗五倍於恒典，十年輪役，衆寡大小無由取平，役未旬月，逋負者往往兼，城郭圯壞，庠序頽墮，俎豆絃頌委於荆棘，而士業荒矣。已丑春試事西臺，與玉泉張希程談而傷者久之夏一齋勞庚出尹於羅視篆首清國計以枯民困京運潘祿官俸軍儲精酌而輕重之微至圭撮必手操盈縮而府胥罔能術奸民之所輸較昔僅拾之陸而會斂者不敢過則上得濟於公其餘無經之費十損其五徭役編造即顧役差役酌丁粮相值其尤重者公供以賠之一夕而定民罔異議歲計聽支團有定額上下相蒙重科隱射者多侵鈎考得七百餘兩仍以代貫一年正辦里甲支應日率一錢以貯於官者給之有餘留備煩日會括月費不及百錢故弊獨不能去與竄伏巖谷者持類駢扃其來如堵闕役而歸歡聲野震矣南陽光息之盜素雄南楚庚寅冬獸壁境突入虛邑遠遁犨數十家燎為瓦礫民情慘慘如狂侯謀成石城為久安計議初定上下難之侯奮然覆畝繩丈約費刻期鳩工命徒財給公餘之費操嶺甃石計堞為堵分隊責成日三巡閘夫則以里之退役者戶共一役餘以城居之民計家典之故为

不殘於鰥獨而募者起阜裕之家未五月巍然樓觀岌立而延袤數百丈女墻鱗次壯於山川引挹之中達之藩臬掛闢以爲神算廟學久廢議以淫祠之錢千餘兩猶慮工浮於費無敢任其咎者侯决志相繼具舉責之吉舒章少尹文憲時省試之以總其成議儲未罄而殿廡堂舍亭榭魚然與城相麗少參常州吳公按節還視撫膺曰誠經世之奇男子也生員董正胡大亨者民蔡芳等稽顙欣躍以告曰侯清儉自治真實愛民不粉飾以要譽不僥倖以希進元德元功允在民心將勒以金石庶垂永久吳公曰俞哉乙未國冑朱禄走幣南畿因張玉泉求以記之

沈越　南京錦衣衛人壬辰進士羅人於初見咸慮年少而分尊於民必不親三月後乃見度量能容清節不忒巡撫嘉其雅健侍御稱其清勤多委任之演武脩文黜邪崇正事有條理尤加意學校尋調平江士民保留弗得公以孝能爲民成開荒抵水災事爲賦後考滿過巴浦離之

黎老爭趨百里外
送之相泣而別

本朝縣丞

徐紳山東東平州人由監生任縣丞佐政有方剛
介自守遇
恩例告回養親民留
之不得咸思慕之

本朝主簿

田道貴州石阡人由監生任主簿綽有能聲蒞攝
麻城廣濟縣事並著能譽互相薦留不果去
日橐無
餘貲

陸敏浙江烏程人由監生居官不以家累自隨廉
慎有為儆相得體王分巡稱嘆所屬惟見此
簿歷任五年以禮
致仕民深德之

齊錕河南臨漳人由監生恬淡古朴耿介勤慎署靳水縣事一廉自守吏民不敢欺

李儁雲南大理人由監生嘉靖己丑來官不携家累世利淡泊而節介愈堅徵科不峻而賦稅咸集公退之暇彈琴賦詩自適嘗以明道先生春日偶成詩冠篇首而續和之其志亦高尚矣嘉靖甲午冬例應朝各郡縣官已先期啓行當道議公朝覲檄後至民皆為公憂其無備也公即日匹馬長行無所顧慮不幸卒于京士民惜之嘉靖丙申邑奏上入祠矣

本朝典史

虞俊山東淄川人由吏員在任九年守而有為民保留之復任九年至今稱頌

本朝教諭

章瓊廣東欽州人由舉人學行俱
優教有成績陞湖州府判
陳璉江西南昌人由舉人謙和律己平易與人講
解詩書淵源有自力黜浮靡潛心理學嘗典
陝西文衡時稱得人
九載陞鎮江通判
陳瓚福建懷安人由舉人爲教寬嚴相濟博學多
聞尤味于詩邑之風景題咏造徧其所著有
易經備采一書提學蘭川張公邦
奇以奇才目之旌擧擢崇義令
陶清臣浙江泰順人由選貢待士有恩涖教匪懈
俸廩之出納甚明侵漁之宿蠹剔出貲
以治官寓捐祿以給考供遠問同官之疾而復
周其喪素篤同寅之雅而不計其犯以變去士
人懷之
本朝訓導

李勉江西廬陵人由歲貢誨人有方耿介不屈士子思之

石彬浙江天台人由歲貢處己待人內外如一教有成法詩文俱優得古人風辛于官臨終謂其子簡曰此其所以為君子也意必常有教戒之箴故如此猶致叮嚀云爾至今士民稱之

張佑河南固始人由歲貢存心光大施教嚴勤後陞南皮教諭士多敬之

鄧禎江西吉水人由歲貢愛士以公而去取允嚴臨財思義而取與不苟文出浮薄學本正宗五年陞諭善化士子不忍舍

公署志

公署者官寮視事之所也其規制之廣狹則隨品秩之崇卑以為隆殺欲其稱也羅田公署自

郎官以下與凡行署公館以及郵亭之屬莫不各飭其居所以為一方之觀望備矣故志之詳

縣治舊在魁山下洪武間知縣周廣遷今官渡河創建廳堂學舍幕廨成化乙酉知縣徐泰因廢重建正幕二廳弘治辛亥知縣羅勳重建儀門正德丁卯知縣夏雷重建後堂壬申盡燹於流賊知縣殷洼張倫相繼建立嘉靖甲午知縣沈越林宗桂相繼重脩辛丑知縣祝翊重建東廳增廣吏舍

正廳三間知縣張倫扁曰牧愛堂沈越扁前堂曰正己　東廳三間知縣祝翊扁曰退省

幕廳三間東西司房一十六間架閣庫一間知縣宅在縣東縣丞宅亦在東主簿宅典史宅俱在西吏廨東十間西十三間戒石亭在縣廳中道一十五步便民倉在儀門內之左儀門三間縣獄在儀門外之左譙樓在縣前儀門外二十五步正統八年知縣龐敬建正德戊寅知縣張愉脩嘉靖丙申知縣林宗桂扁曰大觀樓○其界譙樓外東自按察分司右西距急遞鋪左延六丈譙樓內東自監房西距龍亭庫延二十三丈前自大衙後距鳳山頂袤八十一丈申明亭舊在縣治按察分司之前今改譙樓外之左旌善亭在縣治譙樓外之左知縣勞樟建亭內書善人胡明性爲第一

陰陽學舊在縣西一百二十步嘉靖丙申知縣林宗桂改在儀門外之東

醫學舊在縣西一百二十步嘉靖丙申
知縣林宗桂改在儀門外之西

僧會司在縣東
塔山寺

道會司在縣南
玄妙觀

巡檢司在縣東北一百二十里喬門久廢
嘉靖辛丑知縣祝翱改廢寺為之

府館在縣東一百二十步延六丈袤五丈。推官羅
翰留題壁間云竹簟花甌此最宜綠毛龜產水
之涓我來物物不教借一念還須蘭桂枝。同知
吳景詩云小嶺連大嶺羅嶺峴百里轉頭過浴
田鷸蚌求入鮮炊道牛羊待手摩馬跡沙蹤依石
壁雞聲茅屋照松坡也知天下本無事只奈庸人
自擾何。同知夏廷芝詩云大河近邑遶前灣淺
照流暉映遠山蘆雁聚驚極浦外草蟲聲寂破籬
間石田雨過農收穫紅樹經霜錦作斑場圃村村
秋有望疲癃辛得一開顏。通判毛應時詩一宿

樹榴曲蹬入山城皷吹聲閒隔龍逈山逕周遊青
入盡水田環遶綠為楹振陰蔚莝民無訟案牘連
籍政有成未及下車知
大有陌頭禾穗已垂金

布政分司在縣西一百步延四丈袤一十八丈嘉靖丙申分守韓公嶝扁其堂曰紫薇行署知縣林宗桂立。郡守盧天台府壁間作村婦吟四首慵倚矮蓬下逢人問狼虎今朝太守來知文肯知武。澗底生煖煙花開自花落青樓何處蓬插摧寒西郭。垂雲採杏識路雪拾亂梗救命是生涯不照溪邊影。北風吹我鬢明月穿我屋兒女對愁看何日問金谷

按察司在縣東一百步延八丈袤二十三丈嘉靖丙申分巡周公在扁其堂曰一方風紀知縣林宗桂立。舊有對一聯六月吏淡冰上立四時人在鏡中行

鋪舍

縣前鋪舊在府館之左延袤左右抵公館民居爲界知縣夏國孝遷縣治西二十步知縣林宗桂重建

十里鋪南去縣十里河之濱舊在河東今遷於河西對山知縣林宗桂建

長嶺鋪在蘄水縣界内

嚴家坳鋪在蘄水縣界内俱知縣林宗桂重脩已上往蘄水縣路

馬柘鋪東去縣十里在陶冶山之下

鳳凰鋪在鳳凰關東去縣三十里舊在葉家河今遷張尚文住基之右

石橋鋪在舊縣畈即古石橋鎮地以上往英山縣路

羅田縣志卷之三

羅田縣志卷之四

學校志

儒學者育才之地也聖賢之功國家之用咸由是以出可不謂重乎志之重民教也社學則養之以進之於儒學者也法皆得書祭器圖書具載者俾勿壞也

儒學

洪武乙卯知縣石璞于縣東歸厚巷遷廟學於縣南官渡河之濵弘治辛亥水泛知縣羅勳

復遷舊址嘉靖辛卯知縣勞樟因地壞殆盡重建庚子知縣祝翔據生員呈請改就形勝一撤而新之

廟制 先師廟五間舊名大成殿 東西廡各五間 戟門三間 石櫺星門三間 泮池一座 啓聖公祠三間在明倫堂左 名宦祠在戟門之東 鄉賢祠在戟門之西

敬一箴亭在明倫堂之後知縣勞樟建

學制 明倫堂三間在廟後 兩齋各三間在明倫堂前左曰進德右曰修業 號房舊六間新建三間在西廡後

神廚　饌堂　高明堂　祭器庫　書籍庫　以上舊有之今皆廢

教諭宅　在廟學前東知縣勞樟重建知縣祝翔教諭陶清臣重脩宅後有高園園上有澄慮軒教諭蔡元偉建園後有古松一株訓導趙廷佐詩云亭亭挺挺出雲巔鐵幹銅枝未可緣風裂衣試聽嘯虎嘯月明川還見老龍旋

訓導宅　二宅俱在廟學前西前後想接其後宅乃知縣祝翔創置者也

先時學諭宅頽壞支撐以居陶公慨然視之如家事不靳費不憚勞捐俸貲撤其朽而新之有司嘉其意而助之內外舍宇戶竈墻垣煥然改觀又鑿井泉以公僚友置二櫃以貯書籍思以遺利于後之人嗚呼其亦人之所難也已嗣是任者楊公鸞也思欲立石以尋[illegible]昕貽令未克如志予故繼志

而書其端嘉靖壬寅
晉江蔡元偉謹識

提學沈鍾遷學記云弘治丙辰九月既望有儒生羅田余大德胡大本同踵予門曰敝學賴古渝羅侯勳勲漸遷告成敢以記請予退老林下頗稀開鈆槧事懇辭二生竟致書于予予覽之始知其學蓋如書有廢有興云者庸即其廢興之故而言曰羅田學舊在邑東宣渡河之滸比歲湮潦衝突棟瓦隨以飄没弘治戊申羅侯下車初慨然咨嗟通謀諸教諭章瓚訓導朱鑑袁英廩膳生胡大倫葉曠一新之遂申請諸當道僉可之爰擇邑之歸厚巷境勝而龜吉輒市材鳩工凡百費悉勸助于多貲而好義者之室一無所侵於民檄義民胡月論周文鄒榮富聶求瓚胡大剛程仲信黃學洙胡大韶董之經始於辛亥二月訖工於十一月維時大成殿東西廡戟門櫺星門與夫明倫堂兩齋膳堂號舍之類罔不蔚然就緒聖賢肖像一皆繪飾其中此其學之廢興之故有若是者傳曰不有所廢焉

有所興然而難易判焉是學也廢於河水俄頃耳
何其易與於羅侯彌歷歲月而後已何其難且學
之難易廢興固然矣至於諸生之爲學也亦然惡
呼祝以爲難而不易而不之學矣夫不以爲難而
不易而之學焉選自科目斯有光於其學無愧負
於羅侯遷學之盛心矣邑侯名勳蜀永川人丁未
進士○嘉靖辛丑請脩學記畧曰羅田儒學洪武
乙卯尹氏石公璞自今之歸厚巷遷於官渡河之
濵以大水之變弘治辛亥尹氏羅公勳復遷舊址
其材木皆仍舊貫故不三十年而俱剥落於蟲蠹
矣俎豆露陳衣冠野處告之有司而漫不加惜者
十餘年也越嘉靖庚寅勞公棹來尹茲土三日謁
廟一見而其心惻焉奮然以興作爲已任越月查庫
藏得盜贓若干兩獨坐山香錢若干兩先已申送
一半貯府公徑申當道取向㦤補脩學及築城之
費僉允復命生員胡明虜蔡惟忠致書請二守趙
公以敬估約
先師廟及兩廡共該銀八百兩轉委少尹章文憲敎

護屬工課章程焉于時少尹亦知尹氏廉介不可化而虛心協濟共成厥美始工於庚寅之冬越辛卯夏廟廡一新併堂齋號舍俱舉且易櫺星門以石而其費又不出于趙公所估之數上下秉心之塞淵也何如哉越庚子尹氏祝公昭從生徒之請改遷以就山水之勝積取罪贖爰之義民胡明新募工脩理百度具飭且讓功勞侯竟不肯書一名於廟學梁栱間又不鳴之當道則後先照耀之功等不日久而湮乎要當請大制作勒之金石以為有司興學之勸何如

圖書　四書一十五本　四書集註六本
易經一十本　書經九本
詩經一十一本　春秋一十六本
禮記一十七本　性理二十八本
五倫書四十八本　為善陰騭書二本
孝順事實一本　勸善書二十本

祭器　銅爵盞二十個　鐵鼎一個
帛匣九個　鐵香爐大小十三個

籩豆共三百六十八個　大燭臺十六個
小燭臺九十四個　齋戒牌一座。以後尚欲續置未就未敢登載

社學

成化己亥知縣沈雷建于縣西其地湫隘嘉靖甲午知縣沈越買民地高爽者重建立社師以教子弟各鄉亦改淫祠為之　縣中社學一所在治西二百步係買民黃綬田建置講堂六間號舍共十二間大門三間嘉靖丙申知縣林宗桂扁其堂曰養正鄉社學地未考以俟後之君子續補之

人物志

人物何山川之產也一鄉之望也志之示勸也是故紀選舉以興材表忠節以作範嘉孝義以垂訓録貞烈以立節列恩封以章教述流寓以樹風勸之道也

科貢

科貢之來遠矣而進士之科尤重鄉貢次之歲貢次之例貢又次之其流品之崇卑雖若相懸然皆有天下國家之責者大都在得人焉耳凡有善可書則就䟽其下生存者只具其官以俟後之人續而脩焉

歷科進士

宋王世規 卞縣多雲人 授少保卒封燕國公

王韶本縣多雲人嘉祐二年中章衡榜進士授政議大夫文淵閣學士禮部侍郎知制誥太子少保

元

李謙字德潤本縣多雲人太定四年中李黼榜進士授行人卒于揚州葬旌忠寺前

本朝

王澄字克清本縣多雲人弘治辛酉中鄉試正德甲戌中唐皐榜進士初任番禺知縣行取戶部主事陞員外轉郎中卒于官為人渾厚温雅待弟有恩居鄉無己嘉靖辛卯申請提學崔公桐入祠鄉賢

葛鵾字子翀祖本縣多雲人由順天府鄉薦正德辛巳中楊維聰榜進士授兵科給事中陞雲

南按察
司副使

張明道字希程本縣奉泰鄉人正德癸酉中湖廣
鄉試第六嘉靖己丑中羅洪先榜進士初
任北京都察院都事左遷滁州判尋陞吳江知
縣轉北刑部主事員外郎中陞浙江紹興知府

胡明熙字功甫本縣平湖鄉人嘉靖乙酉中湖廣
鄉試第三壬辰中林大欽榜進士觀通政
司政卒于官平生篤志力學尤精理數嘗取蔡
氏皇極律呂二書朝誦夕思章釋句解或協爲
詩或衍爲圖其所自序又揭中與幾三字以盡
蓋二書之蘊書成名曰蔡氏性理二書會解今
行于世知縣沈越中請
提學郭公登庸入祠

歷科鄉貢

本朝

庚午科

廖仕芳本縣平湖鄉人

王　朴本縣人授兵科給事中

丁卯科

李楚山本縣人

周志雄本縣奉泰鄉人授戶部主事

壬午科

廖　敏本縣人

丁酉科

徐克賢本縣奉泰人授禮部儀制司郎中

唐友義本縣多雲人詳見節上

黄杲本縣人

甲午科

陳庸本縣人

胡文彬本縣人

葉剛本縣人

胡凱本縣人

葉璲本縣人

壬子科

徐昱本縣人

陳哲本縣多雲人授通判

庚午科

廖保本縣平潮人授知縣

李秉本縣多雲人授永平府教授

癸酉科

周楫本縣多雲人居家孝友歷官清慎教子每戒驕奢省上輒加周恤時人多之

方端本縣人

蕭洪本縣平湖人爲人恬淡耿介重義甘貧三任學官忽一日有感興嘆曰一官不難於辭印二子皆可以登科遂致政而歸餘資皆以分給諸弟課兒讀書衣食不給啜麥飯躬採薪裕如也有友人浴於河公親戚責其友愧感終身不河浴如公庶不愧鄉賢云

乙酉科

徐朴本縣平湖人授海鹽知縣

戊子科

聞召本縣多雲人授石城知縣才識通[illegible]幹音辨敏給有防禦盜寇之勞有開拓城池之續見贛州府志

周錦本縣多雲人

甲午科

周　銳本縣多雲人

壬子科

蕭時賓本縣平湖人授分宜知縣

蕭時臣本縣平湖人授上蔡知縣　俱洪之才

辛酉科

王　澄詳見進士

丁卯科

胡大有本縣奉泰人授天長知縣

李　漢本縣奉泰人領應天鄉薦

傅　全本縣多雲人領廣西鄉薦授南京翰林院孔目

庚午科

匡　輔本縣奉泰人中鄉試第九陞烏撒府同知

癸酉科

張明道詳見進士

丙子科

王德純本縣多雲人中鄉試第十授襄城知縣行取南京雲南道御史澄之子

乙酉科

胡明庶詳見進士

戊子科

胡明通本縣平湖人

胡明書本縣平湖人

附

熊兆祖本縣多雲人貫襄陽籍中甲午科鄉試

方敬祖本縣人領順天鄉薦授順慶府推官

葛盛祖本縣多雲人領順天鄉薦授蕪湖知縣

曾倫祖本縣人領雲南鄉薦授寧波府通判

葛鵰祖本縣多雲人領順天鄉薦○以上四人不記其科分

歲貢

本朝

祝夔本縣多雲人授通政司王通政卒于河南通水縣

蔡明甫本縣奉泰人授提舉

祝成才本縣平湖人

徐志亮本縣人

吳昇本縣奉泰人授福建道御史

李志亨本縣人

董儀本縣人

樂真本縣人

鄒奇本縣人

王吉本縣人

鄧淵本縣奉泰人

胡進本縣奉泰人

胡鍾本縣人

周相本縣人

樂鳳儀本縣平湖人

吳齡本縣人
盧鑑本縣人
孫裕本縣人授四川縣丞
聞林本縣人
熊飛本縣人
晏謙本縣人授奉泰縣丞
王惠本縣人
吳文本縣人
熊敏本縣人

王杲　本縣人

蔚禧　本縣奉泰人

王定　本縣人

洪清　本縣人

朱啓　本縣奉泰人授河南獲嘉縣丞

魯煥　本縣人

饒觀　本縣奉泰人授四川重慶府檢校刻有文廟石香爐一座

周濟　本縣奉泰人授雲南布政司理問

方正　本縣人

楊學本縣人

盛思本縣多雲人授真定府經歷

李滸本縣人

涂敏本縣人

喻鈞本縣奉泰人

林玉本縣平湖人授四川成都府通判

周瓚本縣人授四川江津主簿

鎮本本縣奉泰人授四川仁壽主簿

胡全本縣平湖人授思恩軍民府知事

李本　本縣奉泰人

韓忠　本縣人

張彥　本縣平湖人

葉源　本縣奉泰人

樂九成　本縣平湖人

葉隆　本縣奉泰人

陳倫　本縣奉泰人

項清　本縣平湖人　授向武州同

程仲智　本縣奉泰人　授邛州判官

胡大倫本縣平湖人

曾思武本縣奉泰人
授建昌知縣

陳灝本縣平湖人
授德興縣丞

佘大德本縣平湖人

閔廣本縣奉泰人

鄒瀾源本縣奉泰人授
太倉州判官

李本勝本縣多雲人
授羊武縣丞

王應時本縣奉泰人
授高淳主簿

張顯榮本縣奉泰人
授江安知縣

祝壽　本縣多雲人授四川華陽主簿

余孟正　本縣奉泰人授揚州府衛經歷

張義　本縣平湖人居鄉醇謹如讓地息爭捐貲助學不作佛事謹期功之喪其審者

祝鳳　本縣平湖人

張兼　本縣平湖人

王沼　本縣多雲人授崇府審理進階一級

汪吉舟　本縣平湖人授河南臨漳縣丞

歐陽時　本縣平湖人

汪昆　本縣平湖人授淮慶府紀善

胡九鼎本縣泰泰人

李朝陽本縣多雲人

李南陽本縣多雲人授四川保寧府通判

張　樟本縣平湖人

聞嘉識本縣多雲人授直隸合肥縣丞

胡明睿本縣平湖人應貢隨卒亡為人剛直好義在邑庠中士友畏憚其於兄弟友愛甚篤庭無間言嘗建書院于王道山之麓以教生徒來學者衆不受其資貧者助之及卒遺有所著兄弟文警思錄二書

王德盛本縣多雲人授四川瀘州判官

舒　翼本縣奉泰人授四川鄷都主簿卒于京

黄　梅本縣平湖人

聞　奇本縣多雲人

董　正本縣平湖人授四川遂寧縣訓導

胡大亨本縣平湖人授四川眉州訓導

王德懋本縣多雲人

柷敬宗本縣多雲人

蕭克紹本縣多雲人

例貢

張義　本縣平湖人授馬驛知縣

胡祥　本縣平湖人任邛州判官

黄錦　本縣平湖人授順德縣丞

胡明忠　本縣平湖人任唐府審理

胡寶　本縣平湖人授唐縣縣丞

胡明誠　本縣平湖人授壽州衛知事

汪衢　本縣平湖人授鉛山縣丞

張木　本縣平湖人授惠州府知事

汪慶舟　本縣平湖人授蒼梧知縣

胡明儒本縣平湖人

鄒玘本縣奉泰人授廣信府永豐主簿

蕭珎本縣平湖人授荆府奉祠

汪秉舟本縣平湖人授永新縣丞

胡明詩本縣平湖人授清豐縣丞

朱祿本縣奉泰人

周書本縣多雲人

胡明著本縣平湖人

胡汀本縣平湖人

汪鳴鳳本縣平湖人

胡明顯本縣平湖人

汪梧鳳本縣平湖人

汪起鳳本縣平湖人

汪季鳳本縣平湖人

王崇本縣多雲人

汪一鳳本縣平湖人

汪文鳳本縣平湖人○以上由生員應例

張翼本縣奉泰人由俊秀應例

薦辟

辟薦之典其廢久矣志之存羊也國初如宋濂劉基非辟召之先者乎如楊時習況鍾之徒不可數皆以吏役至卿佐當時咸稱得人焉誠以制科之外別立辟薦之典行之天下不惟其數惟其人其於化理之助多矣此薦辟之所以志乎

本朝

方雄才　本縣奉泰人以人材擢鴻臚寺卿太宗御書如存堂孝思堂二扁以旌其門

王思忠　本縣多雲人以人材擢江西分宜縣知縣

李子文　本縣多雲人以人材擢治化縣知縣

程志剛　本縣奉泰人以孝廉舉授行人

聞義 本縣多雲人以人材擢江西奉新縣知縣

程瑩 本縣奉泰人志剛之子由吏員擢禮部主事轉員外郎中陞廣東瓊州府知府少喪父事母盡孝及爲主客郎中嘗繪思親圖以寄其思祖有義田爲族之貧者典貴公贖回定作祭田今猶存其在瓊州有惠政民立生祠今與蕭洪周楫張羨胡明曆俱入鄉賢

程壽 本縣奉泰人以人材選江西寧府儀賓

李鍾 本縣奉泰人由天文生挈壺有奏績陞北欽天監副尋陞南京監正滿復陞南京大常寺少卿因家焉

李相 本縣奉泰人由天文授南京欽天監司晨

論曰薦辟乃國初之典而反居科貢之後者傷古道之不復

也其存之而不遺者何志古道之復與也數子之中必有可稱焉以時久無稽故不獲詳著以不列科貢之途而略之則非矣

忠臣

劉廣武夫也能抗孤忠以徇國之難勛其覩而成其名彼偷生以遺臭者亦愧甚矣噫若廣者謂之奇男子非耶

本朝劉廣本縣多雲鄉人洪武初以軍功授指揮僉事守永平有膽略善用雙刀嘗稱且殆語日吾當臨陣死王事安能居牖下死兒女手後胡騎寇廣率四十餘騎與胡遇於城北力戰死之葬于南京紫荊山側仍摘原籍功臣田二百畝與戶丁耕食守其父應春

御葬之

墓

節士

甚矣功名之溺人也宋南渡之末夷虜深入適丁試期士子猶啾啾場屋不忍

棄去況當承平之運乎友義日觸事變之臨義不肯仕遂飄然歸隱以終其身比其志節豈特騷夫之詠哉故獨表而別之

本朝唐友義　本縣多雲鄉人中丁酉科鄉試後入太學遇事感慨遂浩然而歸朝耕暮讀自娛不復有仕進之念年九十餘成化元年本縣奉
詔旌以冠帶辭曰老將死矣補報無日安敢受此終不就窺多雲耕叟至今人高其行嘉靖辛卯申請提學崔公
祠入祠鄉賢

孝子　子以孝得稱非古也然不章之則無以示勸古道益微矣羅自元以來僅得二人然且一旌一否豈其孝有優劣歟抑所遇之幸不幸也嗚呼為孝者求無愧吾心焉已矣知不知旌不旌則有司之責也

元吳大中夫婦善事二親皇慶壬子有司以孝聞旌
表其門翰林待制奉議大夫兼國史院編
修彭寅亮撰文吳大中字時夫號愛山其先信
之弋陽人也宋建炎間父季益嘗宰太湖羅田
六安州判安慶府事遂宅於蘄陽義城之獨坐
山時夫天性孝敬篤志經書菽水盡歡彩衣致
養父七十二寢疾朝夕衣不解帶極力醫療罔
瘳不食泣血幾絕葬於獨坐山之麓奉母陳氏
廬于墓側十有七年夫婦定省溫凊不離左右
稍失調護則爲減食每年踰九袠無疾而逝居
喪哀痛逾昔終身永慕操履仁慈遐邇莫不感
動有司具以孝聞上旌其門曰吳氏孝子其里
人遠來京師述彼累世之孝請記于余余謂父
母之恩昊天罔極生事愛敬死事哀戚固不足
以報其恩之萬一至於移忠下國彰名於世亦
人子之常事耳而今爲異悲夫且吳氏累葉忠
孝至時夫又卓然可尚挺出流俗真可爲叔世
之勸朝廷之寵渥宜也若夫太朴未散道亦強

名後何孝之可言哉皇○與李謙劉廣供入祠

慶壬子元年孟春記

鄉賢

胡全　本縣平湖鄉人儒學生自幼知孝親凡得果實可口者即歸以侍母既長一順親志兄弟七人親老不能完娶者全罄所有不恤一日値母疾昏憒醫無所施全候家人睡熟乃潜出戶焚香籲天期以身代右手持刀向左手内股口齕而割肉作糜奉母良久母忽曰是何藥味香甜索粥食之數日而愈月餘其妻失口言之人始知其爲孝感所致是歲慈烏巢於庭邑侯段容欲奏

聞而全懇辭且諱曰無割肉事乃止迨逾三載母疾仍作竟不能起全終身思慕士夫見者留題

義士　正福一四夫也而動郡守之祭得義士之名紀事者不敢遺焉義之足以感人也如是爲義者可以勸矣

張正福　本縣奉泰鄉人，素勇敢能武藝。正德六年，流賊趙風子、顧子鎮、徐彦明等由兖歷豫寇掠州郡。七年，上下荆楚，勢甚猖獗，比及黄州，復掠馬登岸，直指羅田。福奉郡守之命，率弟姪張正寧等百餘出敵。寇懼北走，福等追至屯所，殺賊首顧子鎮等八人，冒險深入，爲賊所殺，弟姪正顯、友舜、友珠亦同其難。郡守胡公定作文遣官祭之曰：庚午之冬，辛未之春，巨寇競起，百十餘群，由兖歷豫，來我楚濱，揉舟直下，振旅如雲。强弓勁矢，披靡莫禁，大藩巨鎮，堅閉長城，摽掠士女，公私俱焚，辟侯側席，謀及于予，徵召勇士，建此壯圖，選以是衆，惟爾爲從，討賊之事，期爾成功。十有九日，群賊跨岸，馳馬深入，暴戮羅田，焚毀宫室，爾自黄州徒步後襲，隔溪抗言，視冒矢石，群賊褫魄，挽馬東出，爾忘遠勞，追逐莫息。日維乙亥，大將昧爽，直抵賊巢，應變如響，初戰方交，殲此賊長，奮迎再前，連誅三黨，携率子弟，兩翼並攻，投戈所向，復殺四種，尔知有義，競

前不悚彼賊所扼挺梃山聳迓發一足賊隨巳
沒群賊嚙齒以尔首戮噫人孰無死捨身殺賊
尔不負人之所許人孰無舉連誅八賊尔不負
我之所取崎嶇胥險尔爲我之長城然崇德報
功我亦爲立廟祀而紀鍾名九泉有知來格來
歆本縣將廢申明亭基三間與福族六立祠祀
之在按察分
司前今廢

貞烈古云丈夫失道道在婦人女之貞烈其
尤可嘉尚也已然或困于憂或尼于讐
或屈于微隱之而不以聞聞之而不見報
者多矣貞烈之見知於世不其尤難也哉
是故稽實以示後則存乎
志表樹以維風尚有所俟

本朝徐氏本縣人程祥之妻年十九歸程祥生一子
仲仁年二十四祥卒誓不再夫奉太姑盡
孝年七
十餘卒

胡氏本縣人毛浥溪之妻年十六適浥溪生一子必登年二十二浥溪卒三年服闋姑令再適誓死不變節奉姑盡孝年八十餘卒

李氏本縣人十八歸本縣舉人周錦年二十二而錦卒止生二女誓不再夫奉公姑盡孝年踰七十而嚼氷嚙蘗始終如一日有司疏其事以聞

徐氏蘄水縣人年二十歸本縣人張義無嗣年二十三義卒繼姑欲強以適人徐氏曰夫是故家人我今再嫁卒不貽辱死守不從立嫡王氏一子年五十五卒

王氏本縣人即徐氏嫡年十七歸生員張美生二子年二十二美卒與徐氏同盟不再嫁

周氏本縣人年十五歸本縣江尚忠三年夫卒遺一子半歲周氏與姑同守鄉人多求娶者姑有許意周氏以死自誓事姑曲盡孝道後姑患風疾不能動左右扶持晨昏不替

許氏本縣人年十八歸王必文生一子年一歲必文卒三年服闋公姑宗族強再適許氏死誓不從卒公姑盡孝

聞氏本縣人歸余忠素賢知事舅姑一日姑病甚篤聞氏調護不能愈遂驀夜出戶割股作糜食之姑病即愈逾十年姑卒越二十年聞氏亦卒今人頌之

王氏本縣人家世殷實父蚤喪氏居長諸弟俱幼以父喪弟幼恐弟失遺業宗祀誓不出嫁撫弟成守家不失内操有則年九十餘卒

恩封

封贈者國家推恩之典也其志之何顯君之仁且以章父之教也父慈而教得恩榮焉爲父者可以風矣以其有風道也故亦於人物焉列之

宋

王世規政議大夫文淵閣大學士禮部侍郎知制誥太子少保韶之父封燕國公

本朝

劉應春守永平指揮僉事廣之父洪武十年贈宣武將軍指揮僉事母江氏贈德人

張壺馬驛知縣義之父正德四年贈徵仕郎山東濟南府武定州判官母韓氏贈孺人

王永昌戶部郎中澄之父嘉靖四年贈承德郎戶部主事母李氏贈太安人

王澄南京雲南道御史德純之父嘉靖十九年進階奉政大夫母許氏進封太宜人

張大洪浙江紹興府知府明道之父嘉靖十年贈文林郎都察院都事母毛氏封孺人十八年加贈刑部廣東司奉直大夫員外郎母毛氏加贈宜人

汪汶廣西布政司都事慶舟之父嘉靖十三年贈徵仕郎廣西布政司都事母胡氏封孺人

流寓　古人有家世范陽因葬親而寓伊水者有家撲河南因避聘而寓涪者亦有家世金華因仕而寓分寧者則夫以天下爲家而不溺於懷土匪直今日然矣羅田舊有流寓藩郡二志皆已登載故志之以表古今人物〻不羈之況

元

吳大中　其先信之弋陽人元時徙居羅田行實詳見忠孝傳

蔣翹之　江西廬陵人由舉人任本縣儒學教諭因家焉善吟咏凡山水之勝多經品題

羅田縣志卷之四

羅田縣志卷之五

惠政志

從政有經利民爲本故惠鮮懷保哲王之政必先焉羅田有備荒之倉有恤孤之院有療病之局有斂埋之塚　國家之仁政備矣良有司加之意而不視爲虛文焉羅之民其有瘳乎

預備倉四所一在縣東六十里一在縣北四十里一在縣南一里一在縣西四十里俱成化中知縣徐泰買民地建立儲穀以便各方賑濟嘉靖丙申知縣林宗桂因地去治遠而侵于民且一時不能重脩申蒙將各地賣價入官輳脩四倉於縣儀門內東扁曰民天隨圮於大水嘉靖辛丑知

縣祝翊重脩併便民倉共二十四間

養濟院在縣北北龍凹成化初知縣徐泰建弘治已未縣丞魯瑄重脩嘉靖癸未知縣夏國孝因闢東新街買民黄綬城西隙地遷建隨廢丙申知縣林宗桂遷建於西新街社學之後延四丈袤七丈

惠民樂局在縣布政分司右

義塚在縣西二里成化中知縣徐泰買民山地一以區斂埋民之無歸者

官渡一縣前官渡河遇春夏山水泛溢限隔南北往來唯艱官置船一隻舟子掌之以通行人每遇破壞則呈有司脩補之

祀典志

國之大事曰祀祀之禮凡以爲民也凡有功於

民者祀之報本之義也是故風雲雷雨報之於
天也山川社稷城隍報之於地也先聖先師鄉
賢名宦之屬報之於人也祀期儀節備焉昭敬
道也有司者謹非族焉則祀典正矣志祀典

廟祠　廟祀之來遠矣革封號之名而正以某子之稱並啓聖之祠而侑以四配之父增諸賢之所未備而黜諸子之所未安則自
今上始故志之加詳乃若名宦鄉賢之有祠遵舊制也法皆宜書

先師廟　每歲春二月秋八月上丁日釋奠

先師孔子　舊稱至聖文宣王嘉靖庚寅改正撤像易以木主

四配舊稱國稱公今曰某聖某子
十哲次于四配亦稱曰先賢某子
東廡澹臺滅明以下五十人西廡宓不齊以下五十三人七十二子今稱先賢某子春秋以來諸儒今稱先儒某子增祀后蒼王通歐陽脩胡瑗四人黜申黨公伯寮秦冉顏何荀况戴聖劉向賈逵馬融何休王肅王弼杜預吳澄十三人以林放蘧瑗鄭衆盧植鄭玄服虔范甯七人各祀于其鄉其祭品祭器祭禮暨月朔望晨參如制

啓聖公祠　祀啓聖孔公以先賢顏無繇曾點孔鯉孟孫氏配先儒程珦朱松蔡元定從祀於春秋上丁日先舉焉

名宦祠　祀名宦志所載若干人

鄉賢祠　祀人物志所載若干人

壇壝　古人建國必立壇壝曰社稷曰風雲雷雨山川曰邑厲鄉厲祈報之義悼憫之仁寓焉祀典其可廢乎故志壇壝而城隍之神皆能爲民禦災捍患者因類書焉

社稷壇　成化己亥知縣沈焉買民地新建于縣東北一里嘉靖壬辰府經歷陳伯義易以縣西邑厲壇連年地弗効靈水旱蟲荒荐至歲庚子知縣祝翊復舊位歲春秋仲月上戊日祭之如制

山川壇　在縣東南二里成化二年知縣徐公泰重脩弘治三年知縣羅公勳再脩嘉靖庚子知縣祝翊重脩歲春秋仲月上巳日祭之如制

邑厲壇在縣西一里嘉靖壬辰府經歷陳伯義易以
社稷壇歲庚子知縣祝翊因地弗効靈乃定
復原位仍脩築墻宇歲春三月清明
秋七月望冬十月朔祭之如制

鄉厲壇平湖鄉厲壇去縣三里奉泰鄉厲壇去縣三
十里多雲鄉厲壇去縣五里而三鄉二十五
里每里又各有厲壇焉
不能悉載朔同邑厲

城隍廟在縣東百步外成化初知縣徐泰重脩嘉靖
甲午知縣沈越樹牌坊一座歲丁酉知縣林
宗桂置有
勑匾廟門東小房二間門西小房二間歲丁酉知
縣林宗桂牒送儒學收賃錢二兩以給學中心紅
及紙劄之費其餘延一十五丈六尺袤六丈

羅田縣志卷之五

羅田縣志卷之六

藝文志

文者政理之精華而皆古人之神思也其藝之何也文焉藝也然吾觀勝作諸家渢渢乎有風雅之遺焉秩秩乎有風教之寓焉則又非藝焉已也乃若辯體裁較工拙嚴去取則以俟于異眼者固非予之所敢知矣

詩

宋紹興何錫汝玉虹泉石刻一首　無名氏次韻一

首

本朝參議王鼎詠石險四首題塔山寺一首玉泉寺一首

提學沈鍾詠石險四首

蔡潮詠石險三首（潮詠石險詩尚多不能悉載）

郡守盧濬題多雲山一首過應居一首過周家寨一首材婦吟四首題塔山寺二首觀音寺一首

同知王相詠石險一首

吳景題府館壁間一首

夏廷芝一首

通判毛應時一首

推官羅翰一首以上三首題同前

知縣沈雷題玉泉寺一首

夏國孝訪張玉泉一首

沈越喜雨一首

教諭陳瓚詠石險一首

訓導石彬詠景致八首

趙廷佐詠古松一首

鄧穆訪張玉泉一首

隱翁無名氏題七楊衡居一首

蔡芳詠石險一首

賦

同知謝朝宣石險賦

記

尚書倪謙去思碑記爲知縣徐泰作

編脩彭寅亮旌孝記爲孝子吳大中作

御史龔湜去思碑記爲知縣勞樟作

提學沈鍾遷學記

通判毛應時琴屏記爲舉人張明道作

誌銘

翰林院典簿朱善銘劉将軍應春墓

祭文

郡守胡定祭義士張正福文

脩武志

脩武何所以威不軌而戒不虞也是故有民兵之設有軍政之脩有關寨之防有鄉堡之警備

民者時清練而巡飭之則備以無患矣志備武

民兵 城非兵莫之守兵非民無所出今之縣治留守者籍兵于民以專守禦之寄爾古人兵起于農之遺意也羅田例因丁糧多寡以分兵之名數大抵僉戶之近上者爲頭目而下戶皆幫帖也簡練則以秋冬警急則聽差役

民壯一百二十五名 舊額二百五十名後改二百名嘉靖壬寅知縣祝瑚改一百二十五名其金鼓旗物弓箭鎗刀各隨其所長者而役之每一名每年工食四兩八錢

大閱場 在縣西南一里正廳三間演武廳三間將臺一座

軍政 國家之制以罪謫爲兵蓋漢武七科之謫之遺意也羅田雖無衛所亦有軍役但其所以爲軍者洪武初見烟起戶垛之而一時來故之家少流集之徒多故所役

之聚散無常而軍籍之名存實喪矣將來清勾之據不知將何所底止也因憑埰軍册以訂于後

洪武二十二年埰軍四千有册可考今不悉載

清軍之弊羅前此清軍之官多付之吏書里老其奸猾者死生挨解係于財帛縱有震世之威不能塞其無情之口而吏書之弊則有不可勝言者如軍戶孫丙原在趙甲之下而李丁則在錢乙之下此定籍也一有清審新造軍册則移孫丙于錢乙之下捏作見解或挨無或限提而鄉實無人錢乙不過賡用賄又得免矣若復有清查則仍如前弊改造舊册以爲應證里老吏書所得不知其幾何況其中有改名姓字畫以作無人者有户無壯丁而以幼丁補錄者有原逃不在而作挨解者有在營有丁而解查者有丁盡户絶不與分豁者有挨無名籍者

作正二心

有觧調別衛而誤勾者有同名同姓而冐勾者有充軍在前而分析在後者有以義男女婿而冐替充軍者有以三戶槩籍而副不認正者有正缺而副不承認者非止一端近年固得清查痛革之法而官之去留不一爲今之計不若遵照槩籍秉其大造訂于書冊散給各戶斯可革其弊之萬一矣匠籍之弊亦如之附於徭役志

關寨 關寨者衆塗輳聚之區山水阻塞之處也地險雖存弛備則廢矧隣淮豫之僻去治遼邈今昔盗賊皆由此出沒其又可忽諸故悉紀各關里至之脩短衝塞之緩急以著未然之防

鳳凰關 在縣東三十里自此東北去石門關一百里

石門關 在縣東北一百里抵英山界由此北去甕門關五十里

甕門關在縣東北一百八十里即古岐嶺關抵六安州界由此北去青苔關一十里

青苔關在縣北一百四十里抵六安州界由此北去栗子關二十里

栗子關在縣北一百八十里抵六安州界由此西北去銅鑼關一十里

銅鑼關在縣西北一百四十里抵商城界由此西北去松子關三十里

松子關在縣西北一百八十里抵商城界由此西北去平湖關三十里

平湖關在縣西北四十里抵麻城界

右八關惟甕門青苔栗子松子銅鑼最爲緊要

光山寨在縣東六十里即石馬山寨

周家寨在縣北六十里郡守盧濬過寨有詩云對水流清細春山曉氣濃一犁人頌雨到處馬蹄

風日色開林口桃花映馬衝
兒童還愛我匍匐望高峯

石壠寨在縣東南四十里

鼓羊寨在縣西北四十里

熊崖寨在縣東北十里

猴豬寨在縣東四十里

觀音寨在縣東南六十里

望英寨在縣東北三十里

斑竹寨在縣東六十里

即成周設士師之職立禦盜之制相糾譏鄉堡於聚柝之守夜士詔夫分夜之禁蘄以

防盜賊便行人也羅田鄉堡之設猶有團[illegible]之遺意焉在昔元魏之李崇後周之實[illegible]皆行之而有效矣是不可以不志

嘉靖二十年奉文約地方遠近以十里為一團統[illegible]堡一堡統十家互相覺舉應援以防盜賊每團設粉牌一面楷書一團人戶姓名編成行伍設金鼓置旗號築烟墩建營房有急則一里傳十里及百里千里也

團圍營房三鄉共三十二所每團廳堂三間大旗一面地名不及細開

巡警冷舖

城中八舖

後城四鋪從北門至縣後二鋪從西門至縣後二鋪

羅田縣志卷之六

羅田縣志卷之七

災異志

災異也志之何敬天戒也嗟乎天人之理微矣然庶徵衍於箕疇而感應之神昭乎不可誣者變之來也其可獨委於天乎是故聽一邑之政則召祥弭災者令之職也志災異

災異

元至正辛卯徐壽輝與麻城人鄒普勝等以妖術聚衆反以紅巾爲號壽輝別號真一本縣人首陷蘄水縣及黃州以蘄水爲都國號

天完僭稱皇帝改元治平以鄒普勝爲太師掠江漢而窺全淮勢甚猖獗庚子五月爲僞將陳友諒所殺

本朝成化己亥信陽軍聚衆爲盜

弘治乙卯固始人董宦僭號天王聚衆入寇

正德己巳大饑

正德辛未流賊顧子鎮趙風子徐彦明等深入羅田

流賊皆西北人劉六劉七之黨也由兖豫歷荆楚深入羅田刼掠民逃深山縣治如洗張正福統弟姪追之殺顧子鎮等八人餘賊敗走

正德壬申流賊李勝二等六百餘人深入羅田

祥瑞

乳生三子 奉泰鄉王氏歸本鄉李豪弘治己未五月初九日寅時生三子

瑞榴 正德庚午學諭衛赤榴數枝每枝藂花俱結實一上八下尊卑有序是年庠生匡輔棠出第九繼而多連登鬼榜官于此者亦屢有陞擢蓋瑞氣之先見者也

瑞花 明倫堂庭植紫荊二株每當科期者榦花盛則登科在長嫩枝花盛則又在少屢試屢驗亦瑞氣之見於物類者今不存

論曰羅自　國初以來水旱之數竟不上此豊年之慶亦必多焉非如今所書之瑞是微也舊志不脩故多失其傳惜哉後之繼今者幸即時事而登之其每使後人有無徵之嘆乎

羅田縣志卷之七

羅田縣志卷之八

雜志

雜志者志之餘也事非關于政教者不必特書故雜志以別之也雜而志之何也今昔之廢興無窮古蹟所當稽也弔古之思難忘坵墓所當考也佛老之居未廬寺觀所當知也淫祀之惑未解祠廟所當識也亭閣之建立有數雖微必錄僊釋之恠誕間見雖異必書存故也

古蹟古人見沙壘而憶孔明遊赤壁而懷子瞻俯仰今昔有感慨之思焉故羅之百

蹟雖亡其實而皆存其名亦以啓人之瞻慕而傷悲乎

舊縣治今縣東泰十里魁山之陽

申明亭在縣治按察分司之前今廢

陰陽學在縣西一百二十步

醫學在縣西一百二十步

巡檢司在縣東南五十里石橋鎮一以上今俱廢

儒學在縣東歸厚巷後遷縣南官渡河之濱今復遷舊址

高明堂在舊學明倫堂後景泰二年訓導兼春建以為講道之所右都御史李實扁額知縣徐泰有詩今廢

脩西小亭在學西教諭陳璜有記今廢

志學軒在學西齋之右訓導趙廷佐有記今廢

社學在縣治西二百步城西門內知縣沈審建前後書堂六間今廢

塔山書院正德癸酉通判毛應時借塔山寺隙地建書院三間嘉靖乙酉知縣夏國孝拆脩學宮今廢

預備倉共四所東西南北各一今廢

養濟院在縣北北龍岡今廢

大閱場在便民倉之左嘉靖甲午知縣沈越改遷于倉基

仙女臺在縣西一里民傳仙女寄迹於此遺跡猶存

通濟橋在縣東

霸城橋在縣南

玉虹橋在縣東今俱廢

文昌祠在儒學明倫堂左今廢

晏公廟縣東一里許在東嶽祠左今廢遺址尚存當屬之官

聖恩堂在縣北一百一十里今廢

迎餞亭在縣治南三里成化九年知縣張遷買民胡昺地建正廳三間廚房一間今廢

徐壽輝故址在縣東一百二十里人稱是奸雄竊據之地

丘墓古人歷覧四方思其人而不得見則拜於其墓况桑梓之邦先賢之遺壟在焉

可無志乎然羅唯劉將軍之墓爲最顯王韶特以位高而存之耳其餘世遠無考足仍舊志以書

宋王少保韶墓在多雲鄉三十里地名雙河口

陳御史墓在王少保墳山之西

朱學士墓在多雲鄉七十里地名東安

元吳知縣季益墓在縣北平湖鄉七十里獨坐山麓大中父也皇慶壬子冬月望日奉議大夫淮西宣德肅政廉訪事溫廷進忠翊校尉蘄州路羅田縣達魯花赤勸農事長安徽事即蘄州路羅田縣尹兼勸農事陳琦進義校尉蘄州路主簿可立吉思蘄州路羅田縣教諭廖王佐蘄州路羅田縣典史鄔世榮同立石

鄭郎中墓在舊縣魁山下
去縣治六十里
夏行省墓在縣東北十里
地名熊崖寨

本朝

勅封宣武劉將軍應春墓在縣東北五十里亭子山
翰林院典簿臣朱善奉
勅撰洪武十八年八月癸亥
皇帝御奉天門時有永平衛指揮僉事劉廣陛辭歸
葬其父應春
皇上乃曰朕以武功定天下凡將士建立奇功者於
其祖父母父母必有褒贈之典以爵冥冥者也
今廣既奉喪歸葬宜加碑以銘之庶不負忠者
之勞特命臣善述辭以銘之臣善拜手稽首謹
撰按劉氏譜系出自陶唐所從來遠矣世居蘄
州羅田縣者廣之族也廣祖慶父應春皆服田
力穡克勤克儉鄉里稱善人應春後以兵難徙

居六安因家焉廣自兵興即以軍士屬宣寧侯曹良臣麾下臨敵不避難以勤謹見信任歲甲辰奉

旨織千户守廬州歲丁未從攻湖州克之移守太倉復調聽征蘇州隸所部摧堅破鋭數獻俘馘張氏之敗廣與有力焉隨大將軍下中原於是拔益都定濟南平東昌克棣州河北之民扶携而至回軍汴梁從宋國公馮勝取潼關再息兵于汴七月從大將軍渡河取衛輝降彰德八月至燕都胡君北遁遂破永平大將席卷長驅勢若風雷不數月間山東西關内外悉皆定矣凱旋命守通州與元知也速戰勝之復從左副將軍趙元守上都復守山西從副將軍援大同與元將脱里伯等戰有功轉戰定西勝之已而凱旋命守通焉洪武四年

聖天子以廣積功累勞宜加陞擢延命以宣武將軍永平衛指揮僉事在職七年轄綏邊境軍民安靖

上甚嘉之十年春三月父應春以疾終于六安訃至
廣襄絰哭泣哀動僚屬本衛為請于朝未達
上聞而乃元將盧兒以兵潛入永平界内將斥候者
擒去邊報既至
上乃聞知星夜令人馳驛永平命廣率兵前去追捕
廣聞
上命至釋喪服披甲冑飭精兵步騎千人兼程並進
抵所在俘彼州主而歸既還已三日矣胡將遣
精騎千數追急相近廣持彼來於是伏銳士於
峭岖草莽之間廣數騎常行其道者見人衆顯
寡直趨而戰廣方且勒兵與戰未久胡兵不能
當廣之勇衆有怯其伏兵四起於是俘胡將
平章欽察右丞阿末改帖木歹兒參政蠻子
等一十六人再戰復生擒平章安童並首目人
等其餘獲到戰騎軍民大勝而歸捷音
上聞乃詔入朝遂以八月日至
京師陛辭之日賜楮幣二百緡俾歸葬焉應春
享年七十有四以子廣功封宣武將軍指揮僉

事妻江氏享年四十有五以子廣功追封宜人
應春父慶享年八十有三母湯氏享年八十有
五應春獨生廣乘風雲之會依日月之光遂至
克顯其先世之陰功豈偶然也哉廣祖父母及
母俱葬羅田今又將奉父柩自六安歸葬先墓
之側亦可謂能子也已謹奉
敕爲之銘曰
家之豐惟子之功永世無窮身之貴惟子之力
永世無斁錫與之厚封爵
之崇視茲銘刻于以勸忠

寺觀

寺觀之居韓子嘗欲廬之志奚取焉盖名山勝境多其所據而古今之題詠附之存之或足爲輿地之證耳

塔山寺在縣東一里唐貞觀間從塔山遷于此洪武中重建成化知縣徐公春扁其門曰萬壽福地○王少參鼎詩云此水此山俱眼前我來觀化信前緣松聲萬壑供醉耳花影一樓張別筵蕭子

王生堪發興溪光禽語自長年虎溪相送還相憶今夜空山抱月眠○郡守盧公濟二絕萬山舊染推螺髻一抹新開浸碧天人面桃花古如此莫教啼鳥笑流年○已渡碧溪過小寺忽看玄雀漾長天嬌烟未斷花迎雨莫笑黃楊厄閏年

觀音寺在縣多雲鄉三十里郡守盧天台濟詩一絕云看盡羅田山外山倦依流水宿松關分明夢裏神仙語前路風光十八灣

十王寺在縣東奉泰鄉六十里

集仙寺在縣東奉泰鄉七十里嘉定五年建嘉靖甲午知縣沈越過其地樂佳山水莫曰真古剎也乃移香山廢寺鐘鼓于內以鎮山靈扁其門曰祇園

麻姑寺在縣北多雲鄉九十里

真覺寺在縣北多雲鄉九十里

僧塔寺在縣北多雲鄉一百二十里

廣化寺在縣北多雲鄉一百四十里麓門關之下久廢嘉靖癸巳知縣沈越擾舊僧悟玄告復與舊址嘉靖己亥沿關內外盜作僧周濂等奮身擒殺有功知縣祝翊申明脩復給賞入官盜田二百石收寺當差因以禦羅疆之寇

韓塔寺在縣北平浙鄉一百里有塔二座

玉泉寺在縣西平湖鄉二十里王少參鼎詩云路岐十載盡西東入寺還驚色界空一派玉泉通地脉千尋石壁見神功蹤籬脈脈春山月短褐蕭蕭吹野風勝地登臨意無極白雲回首更重重○知縣沈霜詩一首遠入招提境東風宿雨晴落紅幽徑滿新綠小池平絕勝投名社何須向化城老

僧延坐久忘

却世間情

仁聖寺在縣東南奉泰鄉六十里

玄妙觀唐真觀初建於胜山後移縣北洪武初遷縣南一百步永樂中重建有碑思州府知府涯本撰文今不載

天祺觀在縣南平湖鄉三十里

光山觀在縣東奉泰鄉六十里

香爐山觀在縣北一百三十里

真武觀在縣西南一百四十里成化初知縣徐泰置買蘄水縣民地建正賦倉在石潭岸湖水之隈求以避水患遠火災也乃築榭於倉巔以鎮壓之果獲其應後羽流於此祈雨者真武亦顯其異

脩泰立石頌之

祠宇

禮云祭非其鬼謂之淫祀淫祀無福[illegible]之祠廟不登於祀典者亦備書之以是邪慝之來正而反經之君子當有以破其惑也

百神祠 在縣儀門外成化六年知縣徐公泰重建

東嶽行祠 在縣東一里正統中縣丞張俊建成化中知縣張暹重脩正德中居民再脩

閻王廟 在教場東城中居民建

五顯廟 在縣東南一里嘉靖乙酉知縣夏國孝欲毀之夜夢五人借傘文任民重脩之

相公廟 在縣東十里至正建

排衙山廟 在縣南十里至正間建其山如排衙故名有神能驅疫捕逃祈禱雨暘多効邑人奉

之

亭閣 亭閣之建所以時遊觀節勞佚也其志之者於以存舊而寄思也塔樓軒附焉亦存舊寄思之意也

去思碑亭二 在譙樓外東西兩傍知縣林宗桂建

玉皇閣 在縣治東玄妙觀正殿之後嘉靖辛丑歲衆建

涼亭六座 一在縣北石杜山一在縣北觀音寺一在縣東北破缸衝一在縣東平頭嶺一在縣東嘹龐山一在縣東鳳凰關一在縣西栗子坳

韓塔大小二座 在縣北韓塔寺

翠屏樓 在縣東塔山寺有翠屏記本府通判毛應商撰其畧曰羅田玉泉張希程少負奇節以明

經與於鄉甲戌落第于春官謂尚友天下士爲未慨乃潛居塔山寺之西樓篤專古訓扃户數年未嘗有半武於公庭後進之士多及其門虚往而實歸予適以公務會霍山令王君汝學于樓之西王君語予曰希程經濟才非可以科目中人視之因登樓檢其疇昔所筆者皆足以發前賢之藴時對酌于樓而有高阜屏障於前草木森欝青翠重重予顧而喜曰壯哉斯樓之奇觀也不可以無名因扁之曰翠屏云云○附知縣夏國孝訪玉泉詩一絶赤脚尋山踏雪苔雲窻何處覔殘梅主人深着東園鎖静日孤亭密撥灰○訓導鄧穆訪玉泉詩一絶河橋無柳識神仙偶入天龍便悟禪三十六玄談未了又從川上看魚鳶

澄慮軒在敎諭宅後

仙釋

仙釋之來遠矣其偷生緣業之敎惑民采爲甚然史家皆存而弗削者亦齊諧志

怪之類耳茲故因而志之以著習
俗之所尚而君子之所當闢也

七娘 同心七女在縣東八十里山中脩道後同羽
化登仙其山以此得名至今山有鞋跡七雙
爲驗

月仙 兄弟五人脩道功成雲遊方外誓曰見險過
見月止至羅過石險登一大山遇月出遂止
居之五人同尸觧矣其山
後亦以月名今立有廟

盤仙 本縣平湖鄉七十里有港半畝見一人浴於
中忽爾不見其人止遺下盟跡乃知爲神仙
也故其港至
今以神仙名

麻姑 縣東八十里有崖一處麻姑曾
寄跡脩道故崖亦以姑得名

惡旺 本縣多雲人自幼參禪殺初不識字一旦入
多雲深山之巔劫庵靜脩杜絕塵慾遂說偈

于詩寫畫高山情景詩一聯曰流水響穿崖下石白雲堆堵竹邊墻又一聯半夜犬從天上吠五更鷄向月中啼禪攜之能移人如此竟坐化於山

祖寬鳳陽人年九十四遊至本縣塔山寺謂主僧元慶曰此地吾祖家也願借尺地西歸慶驚之問曰汝果知輪廻之說歟曰吾不知三日後辰時吾歸期也至日果坐一蒲團請大衆說偈曰九十四年奮發鑄船一篙撐去竟往西天言畢而氣絶矣兀坐如生一方人異之

羅田縣志卷之八終

支閒尚明謄錄

羅田縣志後序

予行天下其所閲歷亦有方矣每見幽奇之觀瓌偉之跡英雄豪傑經綸馳騁之區未嘗不搴裳躑領神爽飛越直欲陟其巔拜其壟徘徊數日而後快壬寅之春就官于羅欲以觀風察俗尋幽弔古至之日求志觀之久而未能得既而乃知舊典之不脩而新帙之未就也居踰月祝公欽擢之命下矣一日始出其稿以相示曰茲蔡惟忠輩二三子之所成外史楊君洪君之所校而余亦

嘗是正者也顧楊君以陞去余方以取行其間綱領粗備而繁漏未釐予其爲我終厥志焉且并其所以鋟梓之費咸預以畀予予曰於至哉公爲政之忠也去而不忘其舊爰披而閱之見其大書分註井井有條搜逖索幽百爾完具乃歎曰甚哉公三子之苦心也於羅有助矣予復何言特即其所分六曹爲之離合而更置之重定次第參附意見裒繁增遺別爲八卷不越月而事畢乃募工板行僉謂予當序諸末簡予惟在昔韓昌黎過韶州借

圖經朱子官建康者問郡志羅地雖小亦古之建
國也而舊稿破裂邑之故實幾落莫無稽陋也若
何今公能以數百年邑未之闕而頓舉於數月之
問二三子能成公之志蒐輯抉摘於文逸獻亡之
後而予復濫預編摩之責妄有所去置得附名於
圖志之末是書之成亦不可不謂之遭也已繼令
牧民者能留意而踵脩之使從政有稽觀風有采
尚亦有徵於以宣
皇庥敷教化豈其微哉乃不量而書于後

嘉靖壬寅夏六月儒學教諭晉江蔡元偉謹識

荆楚文库

〔乾隆〕羅田縣志

〔清〕姜廷銘 纂修

前言

《〔乾隆〕羅田縣志》八卷首一卷，清姜廷銘纂修，清乾隆活字印本。

姜廷銘，山西保德州（今保德）人，教習，官羅田知縣。

邑志自明嘉靖起，至廷銘到任，已歷四修。是志凡例言：『前明嘉靖、崇正兩志久已無攷，國朝康熙丁酉志僅得舊敘三首，附入藝文。』如其所敘，崇禎志已佚，僅有梅之煥、李長庚、晏清三人所作序文載於後世志書。然而嘉靖志並未失傳，現有明刻本存世。清康熙四年（一六六五）邑人蔡容遠成志書一部，而後康熙五十六年（一七一七）邑令張琳續修。姜廷銘上任後，以張志『搜羅纂輯，極費苦心』，以之爲底本，『稍變體例，爲志六、表二、列傳二，定爲十綱』，志書乃成。

志分十一綱：地理、建置、典禮、賦役、學校、職官表、選舉表、人物、列女傳、藝文、雜志，共領六十餘目。依是志目録，擬成十二卷，又有卷首、卷末，卷首設凡例、輿圖，卷末收雜志，實際成書八卷。該志記事有明確時間者，最晚爲乾隆五十六年（一七九一）。

是志體例大致沿襲張志，細節上頗多變動，最爲明顯之處是『職官表』『選舉表』，以表格形式記載所録，一目了然。其中『職官表』除呈現形式有所改變外，舊志人物事跡於題名後畧記，是志改以『名宦』『政績』分別記録人物傳記，附於表後以供查閲。其餘變動有更改子目歸屬者，如舊志『地輿志·祥異』入『雜志』，『地輿志·風俗』入『賦役』，『人物志·流寓』歸入『雜志』；合併子目者，如舊志『人物志』下『理學』『儒林』『名賢』，是志以『人物』下『文苑』『宦蹟』統之，舊志『藝文志』以體裁分六目，是志統一分爲『古文』『詩賦』目；增加子目者，如『地理志』中增添『鄉鎮』『水利』『津梁』種種；又有舊志子目『學校』『節烈』於是志自成二綱。

內容上，是志對舊志之訛誤缺漏多有訂正增補。如『山川』目於舊志基礎之上詳載山之枝幹起伏、水之源流委注，補缺汰複，其間疏注則參用《大清一統志》、省志、府志等。『選舉表』中去除舊志籍貫失實者，冒用邑籍者一律不入表。舊志所登『行狀』『家譜序』等於體不合，不再録入，其人事跡以『人物』記之。羅邑於明清之際遭兵燹，邑令白乃忠『請蠲一歲之賦，因民之力，編户分築』，使城池『儼然金湯』。時逾百年，『後人議修議補，民以爲累』，是志『特詳顛末，是重保障而愛民力者知所處』。

是志僅北碚圖書館有存乾隆活字本。該本存在書葉缺漏現象，以下爲原缺葉：卷之一第一、十一、十二、十八葉後半至三十二葉前半；卷之三第二十五葉；卷之四第十五葉；卷之六第四十至四十九葉；卷之八第七、十五、二十五、四十一葉。另該本有版心頁碼錯亂現象。本次據該活字本影印。（彭筱溦）

目録

建置志

典禮志

卷之三　賦役志

卷之四　學校志

職官表

雜志

羅田縣志

纂修　知羅田縣事姜廷銘

分輯　生員李一鴻

廩膳生員秦杏林

參訂　舉人廖易元

舉人余杰

舉人陳景程

舉人郭地鵬

採訪　生員

何龍光

林鑾

胡履采

胡履樂

匡鼎

汪泰

李勷

李槐

王大壽

李興義

經理　州同知

恩貢生

歲貢生

州同知

校對

林廷鍔

廖鳳池

朱列樟

方洪觀

蕭名翼

潘文華

郭地煥

葉福澤

郭鵬萬

拔貢生

余邦

何毓珣

徐學顯

陳維祚

生員

胡履仁

金朝傑

崔員

王鳳斌

童永斌

國學生

蕭常義

周定昌

庠生　葉大鵬
郭立墉
庄人瑞
生員　潘光烈
陳錫封
方治英

舊志纂輯姓氏

編纂

知羅田縣事張琳

叅考

羅田縣教諭戴俊
羅田縣訓導謝耘雲
殷維哲

校訂邑人

崇陽縣教諭徐鉅
訓導閔煋
訓導周之進

翰林院庶吉士雷天鐸
進士興縣知縣安陸教授陳之琯
舉人　朱文魯
宜都縣訓導晏一麟
潛江縣訓導劉餘蔭
訓導蕭晏
徐乾元
周易
長陽縣教諭胡師清
拔貢生葉自成
歲貢生郭達

程艮法
汪德溥
董起棟
劉漢宗
徐思源
嚴時貞
林墱
胡師淇
閔佑起
胡師洛
周諏

生員

徐得時
林嘉善
蕭雲翮
王之松
徐維埰
龔天秩
汪永滋
胡之暉
汪有達
林　埜
王　埰

張之增
余植嵩
馬孔明
葉銳善
徐　鍌
魏世昌
段　震
蕭光大
董家熠
盛廷槐
周昌祚

國學生

王　錡
王廷謨
姚二浚
程良謨
蕭光表
周邦元
周對颺
胡　釗
王　瑜
蕭廷琮
周文新

王應甲
閔　焜

羅田縣志目錄

卷首　凡例　輿圖

卷之一

地理志上

沿革表　星野　疆域　形勢

卷之二

地理志下

山川附樹石井泉　古蹟（以上書卷一）　附八景　鄉鎮　附

里甲市店

水利附衝畈　津梁　關寨

鋪遞　營汛　坊表　附涼亭

墓域

卷之三

建置志

城池　縣署　街巷

倉厫　壇廟　典禮

鄉飲酒禮　冠婚喪祭（以上書卷二）

卷之四

賦役志上

賦役

卷之五

賦役志下

積貯　賑卹　養濟藥局　育嬰漏澤

物產　風俗（以上書卷三）

卷之六

學校志

學宮事宜　廟制　禮典　樂章

學田　興賢庄　入學額

卷之七

職官表

名宦政蹟（以上書卷四）

卷之八

選舉表

貤封　武勳　薦辟　鄉飲賓

卷之九

列傳

忠烈　孝友　廬墓割股　文苑

宦蹟　篤學　義行（以上書卷五）

卷之十

列女傳

烈女　貞女　烈婦　節孝附割股（以上書卷六）

卷之十一

文藝志上

凡例

一前明嘉靖崇正兩志久已無攷
國朝康熙丁酉志僅得舊叙三首附入藝文其書分列八綱以統子目當日事同創始搜羅纂輯極費苦心今特据爲底本稍變體例爲志六表二列傳二定爲十綱首地理志次建置志次賦役志次學校志次官職表次選舉表次列傳次列女傳次藝文志次雜志統目五十有九目中沿革爲表名宦爲傳以便稽攷其更定之故詳見各門

一每門首列弁言各志有總用大序者有分用小引者長短錯宗因題立義至舊志於每卷後用總論似於志體未協亦姑闕如

一沿革詳明而後疆域分星風俗人文始畫一而不舛舊因隸黃州謂屬荆域考諸地志蘄春惟漢屬江夏秦晋五代唐宋皆列揚州圖內其隸黃州則自明始今遵
御纂地釋証以周禮爾雅屬揚州還禹服之朔

一星野古人精於推步且言人人殊欲博徵往說以求有合難矣兹據地理分州參諸書史不敢妄爲之說

一彊域隨時更易山川亘古不移地理之志山川乃禹貢分州職方列山鎮川浸之遺法也舊志於某山

某水但列在縣某處距縣幾里而遠近方位或彼此
錯處且間有重複遺漏者今於山則條其何者爲幹
何者爲枝何者爲起何者爲伏於水則析其何者爲
源何者爲委何者流何者爲注以冠於前然後擇其
有名者分疏記詮詳其道里釐其方位缺者補之複
者汰之其間疏注則參用一統志省志府志諸書於
舊志間有增損
一城池乃一邑保障重務羅邑城垣建自有明之季
民思保集白公乃請蠲一歲之賦因民之力編戶分
築儼然金湯此一時權宜之計不能預料日後流弊
時經百年蠲賦之籍已亡而分築之册猶存後人議
修議補民以爲累而城不如昔故特詳顛末使重保
障而愛民力者知所處焉
一古人聚米爲山川形勢宛然可覩志之有圖所以
稽幅員之廣狹定山水之方位證犬牙之錯處也舊
圖間有彼此乖置處今特重加考核詳列圖中但期
開卷瞭如不必繪事之巧
一刻志者類圖八景舊志繪十景於形勢淩顚形勢
所以扼要害資保障爲守土者相度時宜地也十景
圖畫雖工無關義要今姑仍舊存附古蹟後
一邑之大事在祀附典禮於壇廟知建有精義禮非
具文民杜相關之意寓焉其

文廟典禮特詳學校邑中學宮屢遷故建置內詳攷造之
年與移建之地至學校另爲一門昭慎也
一賦役因時增減撥補添設舊志所刻欵項與今不
同依賦役書正之積貯蠲卹物産風俗統於賦役仰
惟我
國家薄賦緩征
膏澤遍及淪肌浹髓故實道日呈風俗醇美
皇仁
聖化於兹稱
盛
一我
朝風教比隆三代重學故也謹依府志耑立一綱備
載
欽定禮典樂章及諸祟祀附以學田並典賢庄條例典從
同弗畧事雖微必書以備育材養士之典以明棫樸
菁莪之化
一名宦鄉附秩官表後以便查閱舊志於題名下紀
其畧以功德在人不能忘也今特各爲傳其已入祠
者稱名官未入祠者曰政蹟
一選舉有明至
國初考試籍貫多互易舊志於外籍照籍收入其本籍則
謂中外籍似失實今採實收入凡冐籍本邑者不入

表

一藝文凡名賢之游茲土者德澤深入民心文字亦膾炙人口終不可諠其文入經過山川增輝間附一二至本邑前人詩文已入舊志者全錄不敢遺名其無關於一邑者從損以後增入詩文亦必有關風教着作多不能概入

一舊志載有行狀家譜序似於志體不合且文煩不能悉登故不錄入其人行事則載列傳不敢遺善

一舊志人物分列理學儒林名賢今統以文苑宦蹟

一列傳列女傳每門冠以小序義例詳具序中茲不贅

一舊志所載人物多有與國史不合者府志本據圖史駁之是已今細加採訪或手澤尚存廬墓猶在知舊志所載不盡無徵古人生遷卒葬不限方隅剏水源木本之動念弓冶箕裘之不忘歟茲照舊志錄入不敢攀援異地亦不願推遠名賢

一詳異氣化也兵燹人事也舊志敘兵事即見於詳異中今分爲二目二者於門類無可統屬依府志例屬雜志

一志書詳異中有多載薄蝕流彗者夫日月星辰所麗甚遠一邑似不必詳若旱澇之災草木鳥獸之變則各隨其地宜備書之

山

日　印山在縣南半里爲縣城案山

月　天堂寨在縣東一百八十里

盈　僧塔寺在縣東北一百六十里

昃　石柱山在縣東北一百里

辰　獨尊山在縣東北一百里

宿　峨嵋山在縣西北一百八十里

列　方家坳在縣西八十里

張　薦寶山在縣東北八十里

寒　落塔坳在縣南二十里

來　玉虹山在縣東六十里

暑　石獅坳在縣西四十五里

往　月山在縣東南六十里

秋　王道山在縣東二十里

收　大霧山在縣北六十里

冬　多雲山在縣東北一百四十里

藏　黃荊山在縣東北八十里

閏　古羊山在縣北七十里

餘　鷄鳴尖在縣北九十里

成　狗兒尖在縣北一百里

川

歲　北峯河發源於縣北峨嵋山至石柱山大河岸

兩河口合流繞縣城西流至界河

律　落里河源出英山縣入雞兒河至香木河百里

險

呂　油河發源二里河至西長河平湖河騾走河

調　中界河源出研石河十里舖河

鄉都

陽　平湖鄉

雲　泰泰鄉

騰　多雲鄉

市鎮

致　平湖街在縣城西四十里

故名

二十八里曰尖峯山單峯獨立上有奇石如文筆插

天避寇此山全活甚衆

三十二里曰練石洞山半有洞飛瀑高五六丈

三十八里曰石龍山

四十五里曰楊林山

五十五里曰玉虹山

五十五里曰月山昔有兄弟五人修道功成誓曰見

險則過遇月則止至此月出遂止

七十里曰安仁山

東南三里曰桂家山舊有烟墩一名烟墩墖

五里曰塔山形如獅踞萬松著古一名瀠回山嶺有
塔建自唐時因名塔山一名玉屏山有昔人讀書石
室邑侯王公亭其上曰尺五天
十里曰于道山峯巒陡峻石徑縈紆又巨石如舟宛
若造成邑人四時遊跡不絕詳古蹟
十五里曰平安嶺　舊志平土
二十里曰黃泥堂山
三十八里曰雩岩上有井深數丈宋淳熙年圻春郡
伯蘭陵霍祐之奉檄勸賑偕邑令詹魯山來此有石
碣
五十二里曰亭子山

五十五里曰太乙山與英山界翰林雷天鐸有記在
藝文
四十里曰朦朧山時有雲氣擁護故名郎義水發源
處
四十五里曰鶴山
四十八里曰大羅山山勢寬廣環石層疊如錦帳高
列
五十里曰紫山
五十二里曰豹龍洞內藏有古樂器路甚險絕歲旱
縋取禱雨立應
五十四里曰花蛇洞地多花蛇傳有赤脚道人修道

於此蛇遂絕
三十五里曰光山高峙獨尊望之肥圓光潔
五十六里曰石馬山
五十里曰觀音山山頂石壁數丈相傳大士於此現
身有正像二背像一纖毫悉具儼然天成
六十里曰魁山形勢嵯峨高出衆山因名漢唐宋建
縣治於此
六十五里曰毛家山
百里曰龍嘴巖巖水出立雨
東二十里曰牛頭岩
二十五里曰望英山　舊志作望雲山　山麓石峭

如壁上有廟相傳昔流寇望見神出巡驚避全活
無算
二十六里曰雲蓋山狀類虎伏上有石井歲旱禱雨
輒應
二十七里曰高山
二十八里曰花鈒巖
三十里曰仙人岩惜有修仙者於此上昇今頂上遺
有鞋跡
三十二里曰鳳凰山崇山嶙峙石澗怒流形如鳳凰
飛舞昔人因以設關詳古蹟
四十里曰袁家山石可燒灰

四十四里曰净瓶山其形似故名

四十五里曰馬鞍山两峯突起形若馬鞍

四十七里曰石缸山峯頂石澗死若一缸春夏霖雨瀑若飛練

六十里曰南保山一作藍寶

七十五里曰麻姑巖相傳麻姑飛昇於此岩間履跡纍纍

八十里曰江家坳

八十五里曰七娘山昔有女子七人於此昇仙石上鞋跡猶存

一百一十里曰石柱山廣輿記其山高峻屹立如柱高數丈奇闢無比舊志柱上覆一石如屋長三丈餘計柱所承不過什之三遊人以手捫石屑立瀉隔宿復圓

百二十里曰多雲鄉山勢崇窿四時雲氣不絶與英山接壤

百五十里曰天堂山山形奥折層巒複澗奇花異木雜植其間其道入岩猿啼嶺駐雲巔等處皆險絶突兀極頂望中州並江南近地朗若列眉有舍風洞或投石其中風立起出其石乃已居民恐傷稼時祭禱

百五十五里曰堆𡏖山巴水發源處也上有三峯形成筆下有滚風洞與風井溝對每當風起往來衝

激沙石滚迴洞中平曠可容十餘人昔有修持者於此石坎中鹽取以給後其徒鑿坎深之鹽遂無

東北三里曰雙峯两峰並峙俗名尖峯山

十里曰仙台山

十二里曰道尖凹一峯獨聳望之如戟

十三里曰望道山直與道峯相對

十五里曰覆船山形如覆舟

十八里南山柴有巷名剅揚

二十里坐荆巖昔有設教者於此取荆爲教刑故名

三十里曰白巖

三十五里曰河沙山　舊志作倘和山

四十里曰亭子山

四十五里曰鷹嘴巖險僻人跡罕到

四十八里曰瀉水岩石壁百仞水瀉如簾

五十里曰大霧山天欲雨霧起滃然岩下有井水不甚深常見二蟹出其上水即湧起如注土人資以溉田名龍掛尾

五十二里曰仰天窩有上下二窩

五十五里曰黄土坳

六十里曰狗耳尖兩峯峭絶山半另一支曰叢頭巖有大小洞十數處大者可容百人

六十五里曰鷄鳴山一名鷄籠山石矗如筍四圍斗絶登者必援鎖而上居民常聞上有雞鳴因名
七十里曰馬面山狀類馬面下有桃花塢郡守盧公濬詩桃花襯馬蹄指此上有龍井四時雲氣覆之
七十二里曰樓子山岩石如樓因名
百里曰眉山兩山如列眉上有峨眉寺
百五十里曰老虎洞廣化寺在其右
百六十里曰芽山在青台關西高百餘丈中有巨石突起形如新月望若修眉其下幽邃日出常晦東有獅子巖怪石猙獰狀如獅下有風洞每當風發洞口雲霧先起土人以爲覘驗

羅田縣志　卷之一　三七

百八十里曰岐嶺見明史地理志有上中下三處最險要
西三里曰黨家山
五里曰剪刀山石形如剪因名
八里曰栗子坳
十里曰江家山僻間遺仙屐跡
二十里曰陸家坳
三十里曰練岩有瀑如匹練
三十二里曰豹龍巖蹲踞如豹起伏如龍爲邑水口山
三十五里曰雲架山

二十五里曰燕洞門可入內壁高丈餘遇旱祈雨嘴流滴如注立可滿瓶
西北二十里曰理蟒巖山脊石壁突起如城週里許上有龍泉雩祀多應
四十里曰石獅坳巨石如狻猊形像宛然
四十五里曰梳髻山俗訛蘇辮山
五十里曰烏石巖
五十八里曰烏雲山
六十里曰鼓羊山與黃岡蘄金渠麻城獅子岩三峯鼎峙乃三縣接壤處
七十里曰仙女岩接壤麻城其麓有廖氏花塢邑令王題曰寄興岩

羅田縣志　卷之一　三八

八十里曰揚旗山形如揚旟
八十五里曰曾家巖山勢崒嵂有石類猫捕鼠
九十里曰仙韭巖石罅產韭可食葉大如蒜土人往往無意得之
九十五里曰獨尊山高峯入雲環山皆出其下峭壁一坎水不盈掬挹之不竭巔有穴二其氣常溫石上松纔及肩大可數圍亦奇觀也嘉靖間鄉人建眞武廟
百二十里曰鶴皐峯一名筲高山
百四十里曰松子山隘設關水北流入淮南流入江

亦巴水上遊也
又香爐峯北界商城西界麻城
又屏風山上有屏風石又有石盆廣不盈尺名浄手盆常有水挹之不竭
又飛鐘傳有鐘自他山來土人因以建廟
又祟壘岩邑侯沈廷鎮留題片石孤雲

附樹石　錄舊志

七星樹縣北三里
雷鳴樹
鷺掌樹
夾路石縣東南二十五里

紗帽石形似故名縣北三里
海螺石縣北十里
灌在石縣東二里
葫蘆石縣東
香爐石在石柱之樓子山其體柔脆日午汐石傾瀉夜半復圓號子午汐上承巨石平濶數丈望之如墜後漢閩中王曾遺書其上今漫滅不可詳識
縣前官渡河源出峨眉山紫檀冲西流與多雲河合經城南出圻水界河會平湖河流至巴河石潭口注之江　府志
治東北多雲鄉大河源出石柱山西流會東安河入北峰河至縣前爲官渡河　參府志　按河自石柱西流過湯河爲白廟河又西漕水株水入廷河樟樹河諸水分注之至大河岸東安小河水入焉又南納橫河白沙諸水過胡師灘北合北峯河西南行爲官渡河其自盤㘰山發源者西流至多雲鎮北受七里河水南受西閣河水爲九資河　舊志作九資河　又西爲毛家河牌形河入平湖鄉境
北峯河縣東北二十五里有二源一出大源衝一出紫檀衝至李家樓合而西納龍潭七楊二水過花凉亭南受白楊衝水至覆船山北受七里衝水下流多雲河達縣治前

七楊衝河縣東北二十里
白楊衝河縣東北十五里
東安河一名小河縣東七十里東源出江家坳南源江家山合流而西爲龍潭河下流爲魯家陳家河至王澄故里爲進士河再下爲湯河西入大河
封盤河縣北八十里
湯河縣東四十里溫泉可浴
龍潭河一在縣東北七十里河中有潭湍急聲如擂鼓水如瀉珠一在縣東南十里一潭澄清無比諺云龍潭烟起雲時大雨
橫河縣東北二十里

入迪河縣五十里元時有兄弟八人居此俱迪功郎故名

九資河　舊志作九雉河　縣東北一百二十里岩石有九資河三大字筆力遒勁旁有小字翳苔痕中莫辨其源出盤堆天堂二山

毛家河縣東北百一十里

七里河縣東北一百五十里源出月芽青苦二山入九資河

黄石河東北八十里由馬义河來下流爲西閣河西閣河縣東北七十里

治東南奉泰鄉大河源出英山縣界嶺經舊縣畈魁山南滕朧山下之義水入焉蕭梁立義州以此流至白蓮河圻水縣界南至蘭溪入於江　參府志　按河自合義水南流爲落翎河爲梁家灘下流數里而王家河梨木河合之又前爲雞鳴河鴨子畈數小水注之而流爲石險河數曲而下爲白蓮河洑澤河來路石河諸水會入以出蘭溪其入官渡河者則深水河爲大小者若葉家河龔家河塔山河俱入官渡河流至棠梨河而十里鋪河上界河水入焉循蘄水界出九河

落翎河縣東南六十里相傳仙人跨鶴過此墮二翎因名

雞鳴河縣南五十里與圻水圻州英山三縣分界

石險河縣南六十里峭壁峽寺怪石盤踞猙獰鼓浪景趣奇絶

白蓮河縣南五十里入圻水境

梨木河縣東南六十里

洑澤河縣南三十里

郭家河縣東三十里

鋪兵河縣東三十六里

深水河縣東二十里

棠梨河縣南十五里

界河有上中下三名與圻水分

治西北平湖鄉大河源出松子山西南流至林家背多鄉盤堆山之水西流來會又六十里爲尤河會官渡河至巴河入江　參府志　按平湖水有二源西源出松子山西南流爛石河合紙棚河水東來注之二里河爲地坪河底林家棠東源自多鄉盤堆山流經滕家堡麻城縣界南爲方家河過葉蒲灘又南爲爲毛家河石版灘經苞茅灘至牌形地入境四道河水注之西流爲螺走河南受嚴家河水北折爲壠洑河又西折爲新昌河獨株河水挾蕭家坳水入焉又西爲牛車河爲牌樓河至林𡊨與松子水合而南流壺天河水注之又南經黄岡縣界皂角河撒稲河諸

水分注之至尤河與官渡水會

騾走河縣北七十里

壠洑河縣北八十里

新昌河縣北七十五里下流爲牌樓河

程家河

爛石河縣北九十里

木新河縣北七十五里

壺天河縣北六十里源出夫子嶺西流爲椰林河

龔家河至林家嘴入平湖大河

撒稻河縣北四十里源出匡家衕至平湖市入大河

石源河縣北十里南流入官渡河

泉井總附

鳳坡井在鳳山之西泉水出石下清冷異常詳古蹟

白龍井在縣治東街舊志順治六年有龍上昇

鄒家坳井縣治東

汲泉井縣治舊學教諭陶清臣鑿

倉井在縣左側常平倉前

元妙觀井在縣治西

三槐井在縣治西北

普陀古井　驗雨井　清泉井

葵花井縣治西十五里長圍冲其水常沸色赤如日

井多靈異今覆以石塔

石井縣東北二十里

龍井有六一在擂堆山一在鶴皋山一在多雲山一

在老塔山一在烏面山一在大霧山

神仙港縣西北七里相傳有仙跡

玉泉縣西北十五里淨練如玉

玉虹泉縣東五十里詳古蹟

胡師灘縣東十里

老虎溝縣南十里

熊坡溝縣北三十里

烏馬潭詳古蹟

淘金潭在縣前河潭深丈餘澄澈可鑑上有淘金寺

蒲潭縣西北二十里

牽鶯潭縣北三十五里潭中一石突起

苞茅潭縣北六十里

天井潭縣西北七十里一名跳魚潭兩岸石壁陡峭中有雙竅如井因名水直瀉下潭深莫測旁有大石可坐百人有石屋可避風雨其中石爐石灶皆備非人工也

疊石潭縣北七十里

古蹟

夫思眉山者美西堤之芳樹懷鄴侯者樂六井之澄瀾悲高望遠俯仰古今因地以思其人因人而誌其

地者多矣況乎名賢韻士觸景留題或遺澤洽於民心或風流扇於後代豈獨故城荒戍徒增憑弔云乎哉彙而著之沾被遠矣

義州故城　隋書地理志梁置義州義城郡開皇初並縻其址在今奉泰鄉魁山下

岐嶺關　即甕門關在縣東北百八十里周廻皆峭壁昔陸遜追魏人經此

鳳凰臺　在縣西三十里相傳有鳳棲其上旁環高山下臨深谷俗又呼為釣魚台

漢松　縣東王道山絕頂相傳王道人修於此迄今幹上干霄枝下拂地坐臥其下者不敢褻

唐梅　在老塔山前相傳貞觀時所植今問其栫者舊有能指其所在者

東坡井　縣西北蘇軾訪燕國王公經此取而飲之因名蘇有浚井詩見藝文俗訛為鳳坡井

烏馬潭　縣西五里有石踞潭如台蘸東坡居黃曾來遊釣魚於此後有祠石碑篆文今泐

長春澗　縣治東相傳岳武穆追兀朮曾過此

孝子里　在縣山北牌形地元吳大中所居

老塔書院　明正德年郡司馬毛應時所建邑進士王先於此講學齋聯未替昔人稱老塔請題今日曰東山

玉虹泉　縣東五十里常有虹氣護其上因名宋紹興間王錫汝勒詩於石明邑進士張明道有和韻俱載藝文

鳳凰臺　岳武穆鎮蘄時曾經此勒碑歲久漫滅今惟太歲丁未建癸元年並下一岳字朗然舊有廟今廢

仙女臺　縣西一里世傳有仙女於此禱雨故名

白公書院　今在元妙觀左側邑人為縣尹白公　乃忠建

古塔書院　邑進士張明道舊地在今東關內又有讀書處曰翠樓

大閱場　在治西官渡河之南邑令王邦翰建

石船　在多雲鎮

懸翠河　在多雲鎮河側石壁一帶古邑蒼然上有大書縣翠河三字　舊志　今按石書乃懸翠山九資河六字

蝦蟇墩　縣北七十五里有石如墓

瀉水岩　縣東北五十里有蔡容遠詩

騫家潭　謝烈女投水處今名清風潭

文昌閣　在舊學後胡效義建知縣王眼重新

老龍池　在縣南十五里亢窑嶺南明嘉靖二十年居士劉甫恒勒詩於石下里許有龍潭深不可測

六公祠　在紅山西北麓相傳明季寇亂有鄉紳六人

避兵於此皆全活洞外深不可測水勢衝激噴沫高數丈

擂鼓岩在白楊衝頂絶四圍陡絶一上有武聖廟古松一本枝皆合圍盤鬱如畫垂陰一畝

附前志八景

鳳山曉日　龍井甘泉　塔寺鐘聲　多雲樵唱
秋郊樹影　義水西流　銅鑼峭壁　石險橫闌

後增定十景

鳳山春曉　雲閣松濤　淘寺晨鐘　長春雙柏
義水清波　塔山秋色　普陀柳岸　郎亭夜月
長堤烟雨　天堂積雪

按八景十景刻志者相沿成套緣由來已久且多前人題詠故仍附古蹟

羅田縣十景圖

鳳山春曉

羅田縣志　卷之

三

雲閣
松濤

羅田縣志　卷之一

四

澗寺晨鐘

羲水
清波

長春雙柏

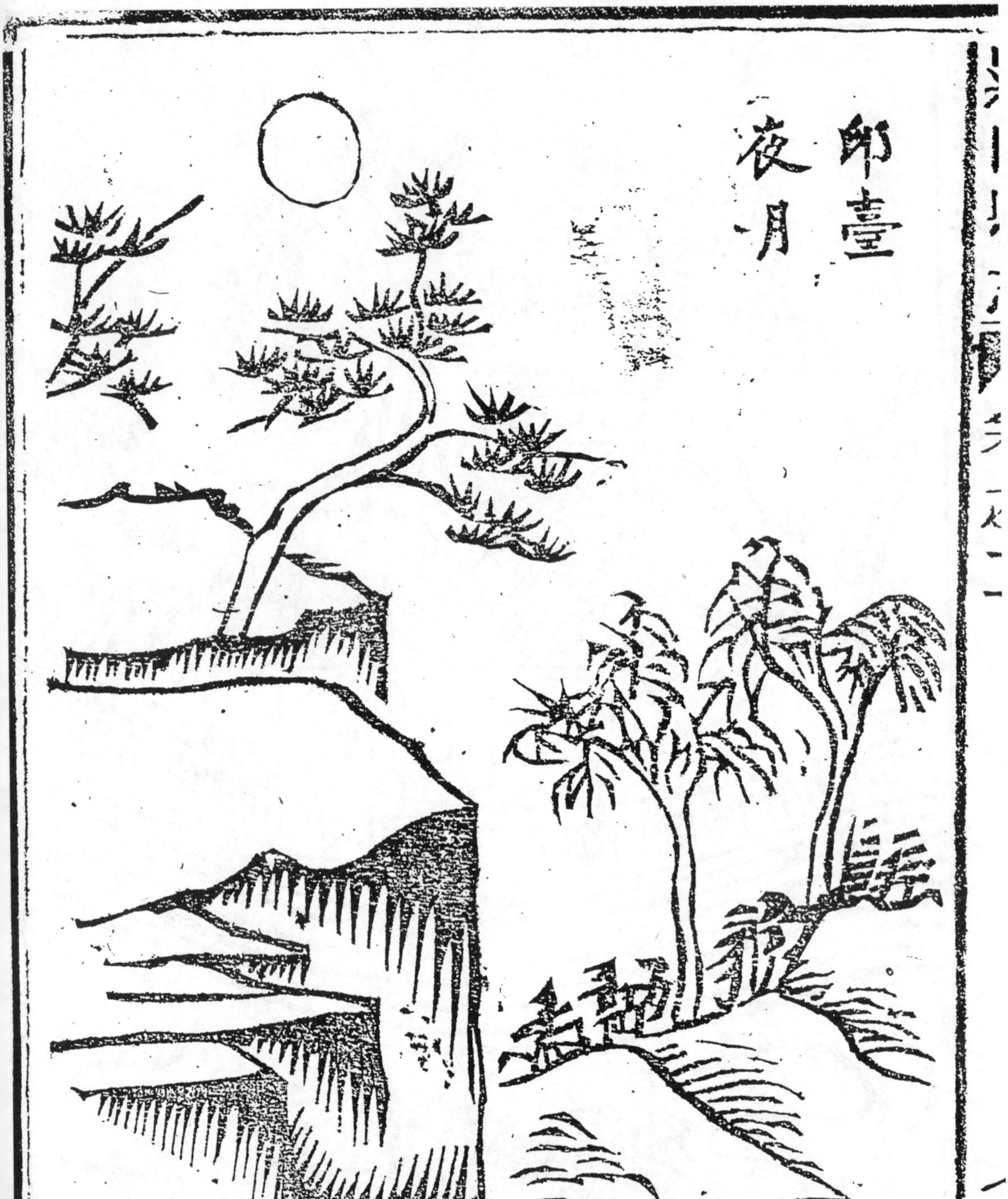
印臺夜月

普陀樵岸

塔山秋色

羅田縣志　卷之二

十

橫堤烟雨

羅田縣志　卷之二　十一

天堂積雪

羅田縣志　卷之二

十二

鄉鎮附甲里

鄉田同井日中爲市養也而教寓焉民也而兵寓焉食貨也而禮樂寓焉幸際昇平之世安土化居幹止攸寧易曰渙其羣元吉蓋觀於鄉而大同之象可覩也

城內凡七甲七保詳見城池門

治西北曰平湖鄉轄地七曰平一里曰平二里曰平五里曰平七里曰平十一里曰平十三曰里曰平十七里里凡十甲又分鄉爲二十區曰界河曰汪家山曰尤河嘴曰石源河曰東衝畈曰平湖街曰剪刀山曰石獅坳曰湖田河曰雙廟坳曰獨株河曰蕭家坳曰滕家堡曰銅鑼關曰松子關曰八廵河曰新昌河曰騾走河曰丁家山曰二里河每區一保正凡鎮二曰平湖市曰滕家堡

治東南曰奉泰鄉轄里九曰奉六里曰奉七里曰奉八里曰奉九里曰奉十里曰奉十一里曰奉十三里曰奉十六里又分鄉爲十九區曰十里鋪曰尾兒嶺曰葉家河曰盧家坳曰舖兵河曰石磧里曰落翎河曰九龍坳曰匡家河曰梨木河曰鴨子畈曰月山曰駱駝坳曰周家河曰舊縣畈曰汪家舖曰佛齒河曰龔家河曰樊家衝每區一保正凡鎮二曰十里鋪曰石橋舖

治東北曰多雲鄉轄里尤曰多一里曰多四里曰多五里曰多九里曰多十里曰多十二里曰多十五里曰多十六里曰多十八里又分鄉爲二十一區曰兩河口曰花凉亭曰𠀆峯河曰項家畈曰李家樓曰胡師灘曰高廟曰傅家廟曰黃荆山曰江家舖曰跨馬墩曰石柱山曰毛家河曰僧塔寺曰九資河曰梭草坪曰東岸河曰進士河曰小河大河岸曰梅店畈每區一保正凡鎮二曰龔家舖曰多雲鎮

附市店

土門坳店縣西五里

河舖縣西三十里

東冲畈縣西北三十里

粉壁灣縣西北三十五里

石獅坳縣西北四十五里

姚家舖縣西北五十五里

槐樹店縣西北六十五里

牌形地店縣西北八十里

林家嘴店縣西北五十五里

張家裝店縣西北六十里

楓香樹店縣西北六十五里

新昌河店縣西北七十里

方家坳店縣西北一百里

油兲寺店縣西北一百二十里
洑耳嶺店縣西北一百二十里
檀樹店縣西北一百四十里
以上平湖鄉
研石河舖縣東南十里
馬驛坳舖縣東南十五里
平安嶺舖縣東南二十里
落棠坳舖縣東南二十里
葉家河舖縣東南二十五里
胡家岩舖縣東南三十里
舖兵河店縣東南三十五里

落翎河店縣東南六十里
駱駝坳店縣東南二十五里
大坳店縣東南五十五里
汪家磜店縣東南七十五里
竹义逵店縣東南六十里
長塘坳店縣東南六十五里
匡家河舖縣東南七十里
以上奉泰鄉
河東街縣東一里
登塲坳縣東十里
高廟店縣東十五里

韓家舖縣東二十里
大河岸街縣東二十五里
嚴家店在大河岸北
凉水舖在縣東三十里
許家舖縣東四十五里
蕭家坳店縣東五十五里
江家舖縣東六十里
跨馬墩縣東八十五里
石柱山舖縣東九十五里
九資河店縣東一百二十里
僧塔寺店縣東一百三十里

餠子店縣東北十里
卜船山店縣東北十五里
花凉亭店縣東北二十五里
長塘坳店縣東北三十里
李家樓舖縣東北四十里
湯河店縣東四十里
柳樹舖縣東七十五里
林家坳店縣東九十五里
偃武舖縣東二十里
以上多雲鄉

水利

月令曰修利隄防道達溝瀆周禮稻人掌稼下地以瀦舍水以遂均水後世言水利者率宗之羅邑田畝高者慮旱下者患衝泐長民者因勢而利導井養不窮蓋鄭白之休未遠也

省志羅田縣水利考畧縣前有官渡河山水起可通運載旱則濱河者引水灌田

府志水利議羅田危岡峻嶺交錯盤繞澗水聚會之區塘堰因而成之但苦山高雨聚衝決最易曲澗流沙淤塞不難非補濟時興設旱爲虐民將何恃乎

林公堤臨河知縣宗桂築以衛城

蓮塘有三一在舊治魁山南一在縣東一在縣南五里

長塘在縣北三十五里

官塘有三一在縣南三十里一在縣東南五十里一在縣東北五十里

石堰有二一在縣南十五里一在縣東五十里

蕭家堰在縣西十五里

千工堰在縣北一百一十里

附衝畈

七楊衝　白楊衝　長園衝　七庫衝　黃蓮衝

匡家衝　紫檀衝　七里衝　東埠衝　石壁衝

曾家畈　庫田畈　梅店畈　童家畈　東冲畈

車泉畈　鴨子畈　石橋畈　舊縣畈即縣舊治

羅家畈　麒麟畈即產麒麟處　庫泉畈　項家畈

津梁

夫車不濡軌人不褰裳恃有津梁以通之也羅僻處山陬雖少大川之阻然水潦方盛病可虞月令仲冬謹關梁周官司險氏知川澤之阻而達其道路志在濟人者留意於斯則即行旅之往來不可驗四達而不悖歟

東關外長春渡乾隆元年生員蕭志仁仝余子元尹升友葉開來李灌玉暨衆公置船二隻買東關外田六十石付渡子耕種自食作工費又葉家河田一十五石西關外花地四塊共作新船費並有貯船亭一座南關河渡　邑人張文鯨胡宛言爲首募施

尤河嘴渡邑人王殿颺捐置

河鋪渡通黃岡三里畈歐王陳三姓捐田五十石

林家嘴渡

平湖渡

程家河叚渡通麻城監生周復旦捐置計田九畝地五畝

落翎河渡　張鄭汪三姓捐置

通濟橋在縣東明成化初縣令徐泰建今廢
霸城橋在縣南河口今廢
將軍橋在西關外邑紳汪之浹重修石鐫將軍形以鎮故名後屢圮屢修
板橋灣橋在縣西有三一建自程信達一建自汪朝陽一古橋
剪刀山橋在縣西七里醫士張善建
覓兒橋在縣西二十里胡明哲建
黃監公橋在縣東五里
叚皮河橋在縣東三十里邑人余志遐建李正巳重修

黃家橋在縣東六十里
三里橋有二一在縣東三里一在縣南三里胡明智建
祝家橋在縣東八里邑判胡祥建
玉虹橋在縣四十里今廢
觀音橋在縣北七十里
石柱山橋在縣東北百一十里
花石橋在縣西四里
清源橋在縣南
河口橋在縣北十里
李木岩橋在縣北二十里

石山橋在縣北二十里地名白楊冲
普濟橋在縣東二十五里
普應橋在縣西北六十里
關口橋在縣南二里
龍門橋巨城一里邑紳胡效義建　以上舊志
三多橋一在縣南三里一在大均西
太平橋即玉虹泉處葉仲勲建
萬安橋在縣梨木河釋瑞安建
平安橋在縣東二十里
汪家橋在縣南二十五里
十里鋪橋在縣南十里

插翅河橋在縣西
永豐橋在縣西北六十里
福地灣在縣西北六十五里
港口橋在縣西北六十里監生廖熙建水圮
槐樹店橋在縣西北六十五里
千秋橋在縣東十里
太坪橋縣東十五里里民余公錫捐建
豐樂橋縣東一百一十里
泰平橋縣東一百一十五里
九資河橋舊有石橋今廢西有橋田三十石
石橋里縣東六十五里

柳陰橋縣東一百里汪氏捐建
三元橋在松子關
棠梨河橋國學張文鯨建
嗣爵橋庠生鄒元成姪吉重修
朱家畈橋葉仲勳建
月山橋葉仲勳建
關寨
平湖關在縣西北四十里抵黄岡麻城界
松子關縣西北百八十里抵商城界
銅鑼關縣西北百四十里抵商城界
栗子關縣北百八十里抵六安界
青苔關在縣北百八十里抵六安界
岐嶺關在縣東北百八十里一名甕門關抵六安界界關口两山夾峙惟一徑可達守禦之要害也
石門關在縣東北百里抵英山縣界
鳳凰關縣東三十里抵英山界
石龍寨縣東南四十里
觀音寨縣東南六十里
光山寨縣東六十里即石馬寨
天堂寨縣東一百六十里勢極險峻
望英寨縣東北三十里
熊巖寨縣西北四十里

周家寨縣北六十里最險要
鼓羊寨縣西北四十里
雁門寨縣西北八十里上有仙人騎牛古跡
高峯寨
猴猪寨縣東四十里
班竹寨縣東六十里
太平寨縣東三十里明崇禎間奉詔修寨邑諸寨俱成茲山獨後時
本朝定鼎故以太平名

鋪遞

本縣原設脚馬五匹乾隆三十二年撥馬二匹赴襄陽軍應差現今存三匹馳遞緊要公文其平常係額設鋪兵徭編一十六名永充二十一名共三十七名專司傳遞計鋪七詳賦役縣前鋪在縣西徭編二名永充九名十里鋪在縣南界圻水往府大路徭編三名永充三名

長嶺鋪在縣南二十里徭編三名永充三名

嚴家鋪在縣南三十里接圻水界徭編二名永充一名

長都鋪在縣東十五里徭編三名永充三名

鳳凰鋪在縣東三十里徭編二名永充一名

石椅鋪在縣東四十五里接江南英山縣界徭編一名永充二名

營汛

城守營設把總一員前名設兵自隆慶二年後量減歸農

國朝康熙二十一年定兵例馬一步九戰三守七把總係黃州協輪撥防汛三月一更無定員康熙四十七年以經制並員駐防管兵二十三名撥兵十名分防鳳凰關松子關二處塘汛每塘安兵五名實存城十二名

縣北一百二十里僧塔寺營乾隆十八年設添千總一員駐防管兵四十三名兵弁俱係黃州協所轄撥兵分防大河岸跨馬墩梭子坪甕門關土地嶺五處塘汛每塘安兵五名實存營兵十八名

陸汛七塘鳳凰関松子關係城撥防大河岸跨馬墩梭子坪甕門關土地嶺係僧塔寺營兵撥防

鳳凰關防兵五名塘房三間烟墩三瞭望樓一

松子關防兵五名塘房三間烟墩三瞭望樓一

大河岸防兵五名塘房三間烟墩三瞭望樓一

跨馬墩防兵五名塘房三間烟墩三瞭望樓一

梭子坪防兵五名塘房三間烟墩三瞭望樓一

甕門關防兵五名塘房三間烟墩三瞭望樓一

土地嶺防兵五名塘房三間烟墩三瞭望樓一

表坊

地官大夫坊

爲王澄建

聯璧坊

爲胡昕庶胡明通胡明書建

在鼓樓街

進士坊

爲張明道建

四世五魁坊

爲蕭譽祖孫父子建

在油窖巷口

別駕坊

八瑞坊

朱世符妻秦氏節孝坊在城內七甲

劉之勝妻蕭氏節孝坊在城新街

潘二爆妻童氏節孝坊在段橋上街

周成瑋妻許氏節孝坊在城內西甲

周言宣妻王氏節孝坊在周家河

周濮勲妻鄒氏節孝坊在周家河

廖榮芳妻皂氏節孝坊在張家嘴

廖峻芳妻丁氏節孝坊在家張嘴

王之灌妻陳氏節孝坊在城內梧桐樹街

方淑美妻汪氏節孝坊在方家坳

聞一善妻陳氏節孝坊在下泰紫餅子舖

王文俊妻胡氏節孝坊在大河岸店街

塔

老塔傳建自唐在縣治內今廢縣令王眼改建於玉屏山襲舊名即今塔山

萬魁塔在城西胡燚之建

大韓塔在滕家堡

小韓塔今廢

附凉亭

鳳凰關凉亭

黃泥堂凉亭

李家樓廢凉亭

傅家廟凉亭廢

桂家山凉亭

登場坳凉亭邑侯王光鼎建

大河岸凉亭廢

河東街凉亭

駱駝坳凉亭

河口凉亭

栗子坳凉亭

車對嘴凉亭廢

土門涼亭
橫河涼亭廢
蕭家坳涼亭廢
汪家坳涼亭
宜林菴涼亭
黑溝涼亭
大塆涼亭
夫子嶺涼亭
十里鋪涼亭廢
朦朧山涼亭汪應封建每歲施茶兩月
盧家坳涼亭

王道山涼亭國學劉維錫建
月山涼亭胡公條建
大坳涼亭匡定寰修　其河路水圯係庠生匡秋元
闢石開修
按羅田道路崎嶇向來多建涼亭爲行旅　息地暑
月里人恒設義漿中衢之轉徃來便之盖土風厚善
他邑所少有也近因流寓乞丐間有道斃者官從或
處置失宜以累附近居民由是傾圮日多修建日少
留心民　者尚念侯甸之桑而毋令噎廢可
附茶菴距縣東十五里圻水趙邦捐田百餘石付僧
每歲施茶

墓域
朱學士余天錫墓在深水河
少保王韶墓在縣北三十里
進士李俊臣墓在北峯河　家冲口
陳御史墓
朱學士墓
元吳邑宰墓
總管余闕墓按一統志本在安慶府西門外二里元
末闕死節賊義之求其屍清水塘中具衣冠瘞焉明
洪武八年封土　垣樹碣墓道以表之今本邑亦有
招瘞衣冠墓在深水河

中書舍人廖仲二基在雙鳳山楷栢塝
吳孝子大中墓在獨尊山麓
鄭郎中墓
蔡丞相墓
中憲大夫徐世英墓在徐家坳
明宣武將軍劉應春在多雲鄉　應春殉難劉廣之
父諭賜瘞
地官大夫王澄墓在大河岸
萬密齋墓在大河岸
進士張明道墓在縣西張家林石碑刻有誥勅
朱大夫墓在官房塝

國朝大史雷天鐸墓在西關外
謝烈女墓

建置志
覘風氣者定於都會乎取材於地取法於天又何必
都會也一部官禮一邑具焉署廨倉庫壇廟學校之
闤闠津梁坊表之細靡不　然俱舉長民者率作興
事勖闗五行百產之精省乃成可無愼乃憲乎

城池
邑之名昉於齊梁間其後隸屬無常治無定所舊志
載元大德間知縣周廣由魁山遷官渡河明成化乙
亥信陽賊入寇知縣沈雷始築土城明乎此之無城
矣嘉靖庚寅土城圮於水知縣勞樟　以石高一丈
五尺厚一丈爲門四東曰來青西曰義和南曰來薰
北曰永興戊戌水圮知縣沈越視塌相繼修意縣志
所載修築不無溢辭不然石城高厚若此何遽圮於
水而後人反易之磚耶亦見玆地之水爲城害自昔
已然矣崇禎乙亥流賊入寇城陷知縣梁公死之是
年西蜀白公乃忠單騎到任招聚流亡與士民謀築
城爲固守計當是時民經流離咸思保聚而白公值
茲難搶攘兵單餉匱勢難請發內帑而倉皇保障更
欲刻期覘成於是計里編戶爲百五十戶戶築水城
一段山城一段七各三丈六尺有奇共五百段周約
千丈高一丈九尺陪城寬五尺水關二消樓五座北
門樓曰總戎曰無敵西南今毀於水雉堞稱是戶分

承築役不異人至開溝運土鑿石陶磚與夫數十萬
工之計口而食未嘗以一錢一粟累吾民攷之碑文
計一年之賦以襄厥役而民不見其苦蓋實錄也城
甫成而寇至攖城固守間出奇計全活者數萬人蓋
白公以經濟才爲撫字計剏非常而民不懼擇可勞
而民不怨故邑之父老子弟頌白公之德至於今弗
衰城成方十年我
朝定鼎統一海宇百餘年間而羅邑之城頹垣廢堞數
段僅存盍見當日倉猝興工未能久固乾隆十三年
知縣馮孫龍始議倡修知縣孟炳繼之自是以後知
縣王踉陸學泌責修益急民頗稱病乾隆三十二年

邑士民何東亭毛采章條弊呈請
上憲大概謂攤派築城費出里民修由胥吏既非公帑
無保固之責隨圮隨築工役不息而城址半枕山麓
半臨溪河每當淫雨山水暴漲勢易傾壞民力既竭
功不補患事上部院撥公粟公飭府嚴查本年六月
久雨河水溢沿河城隨没於水城內居民廬舍漂没
旱城亦因水圮前所拮据一旦盡付洪流於是奉
憲示禁勒碑永遠毋許派修民力稍蘇矣是年七月燕
南王公鴻典署縣事廼請公項興修具詳本月八月
十一奉
特授湖北黃州府正堂加三級紀錄五次夏

憲牌內開案據該縣申覆縣屬城垣從前並未請項承
修一切大小工程無憑分案詳報等情到府當查該
縣城垣從前並未請項興修現在被水冲塌過多業
據禀報在案其應作何修理該縣身任地方未便竟
置不議合亟飭議爲此仰縣官吏立即遵照將現在
倒塌城垣垛口逐一確估實需工料若干作何設法
修理剋日妥議通詳事關保障重務愼毋廢弛致干
未便等因奉此卑職查城垣建自崇正七年編定里
民二百五十戶承修歷來間遇倒塌即着各戶子孫
補葺相沿已久頗以爲累今年六月被水冲塌城垣
垛口五十二段前蒙委勘禀報在案卑職伏思城垣
以衛民亦當自衛但此次倒塌過多功程較前浩大
兼之被水之後再四體訪民力實艱且查乾隆三十
年勸捐城工案內已奉
諭旨停止在案今城垣照舊修理共約計銀壹萬零四
六百八十六兩五分六釐應請動項興修是否可行
卑職未敢擅便理合俱造估册通詳
憲臺查核除經詳督撫二院藩守二憲外爲此備由另
具書册同申伏乞照詳施行須至詳者計賫工料清
册一本蒙府批既據通詳仰侯各憲批示飭遵繳册
存王公以七月署事十月旅去任新令左公相視河
水浸灌城根久齧此築彼坍誠恐徒費帑金無補於

事議於東南隅築堤揷柳使水勢復趨南岸乃可興
工乾隆三十五年藩憲閔　於五月十一日行府查
羅邑城垣前據左令詳請移建本司飭令署府丞陳
確勘議請侯公費充裕另行估修不以累民其城南
至油河一帶設法疏濬今該縣自行捐辦詳奉
憲院批允飭遵在案爰於歲杪設木柵重門巡邏嚴密
至乾隆四十年三月二十二日部議題請羅田縣城
垣勘明該城北枕山麓東西南瀕臨溪河地當頂冲
難以建城已將所坍各處竪樹柵欄星佈嚴密足資保
守本月二十三日奉
旨停修。

縣署

元周廣始建廳堂幕廨明正統間知縣龐敬建譙樓成化乙酉知縣徐泰建正幕二廳洪治辛亥知縣羅勳建儀門正德丁卯知縣夏雷建後堂規制未備而壬申毀燬知縣殷佐張愉迄嘉靖知縣沈越林宗桂次第重修辛丑知縣祝翊建東廳增吏舍萬歷間知縣袁應龍易戒石坊以木上書聖諭建於 道之前天啟初知縣倪景豫建二堂顏曰鳳鳴刻鳴鳳歌於石盖於鳳山有取也縣署規制畧備及崇正乙亥歲流寇焚燬存者止大堂後堂譙樓數間知縣白乃忠重修內署毀復火之無餘燼矣知縣劉燧乃建堂舍

四重

國朝順治間白建芳建大堂捲棚旋以失城去任李雨霑建前廳儀門康熙間知縣王賓政起圍墻立戒石坊戊午歲知縣王光鼎修二堂譙樓辛未歲知縣金世禎新作環壁來青軒知縣姚士基建西庫三楹乙酉歲知縣沈建楨新作浣月流雲屋癸巳歲知縣張琳建勉學齋葺大堂堂懸

御書清慎勤於上復自榜曰存心知畏內軒榜曰清白自省煥然聿新之中決戒昭焉丙午歲內署樓圮邑人增置瞻雲樓乾隆乙卯歲知縣王晛奉

旨建官廳坊庚戌歲涖任重加修葺大堂前東為承發司吏戶禮三房西為兵刑工三房大堂後為二堂匕東偏為東庫西偏為西庫內為宅署前為儀門門內為百神祠外為譙樓譙樓之右為獄

教諭署在鳳山之右

訓導署在鳳山之左

雜廨縣左舊有縣丞廨右有主簿廨奉裁典史舊任主簿署乾隆庚辰知縣王晛改建大堂之西僧會司在縣治東萬壽寺道會司在縣治元妙觀醫學陰陽學舊在縣治西今皆隨其所居無常處矣巡檢司在多雲鎮距縣治百二十里憲司公署在縣治東今廢

武署駐防把總署在城東新街康熙五十二年城守

歐陽重修乾隆十八年奉

旨增設千總一員建署於多雲鎮僧塔寺距縣治一百二十五里大閱場在西關河外知縣王邦翰建火藥庫在縣前正街之左

街巷

司市陳肆列 於都會為最羅偏邑民之附郭而居者五倍其初商賈輻輳亦日四至焉於斯可見生聚之盛故敘街巷較舊志加詳

縣治前西由長庚門越徐家橋南行踰段家橋東上鄒家坳至來青門曰正街盡城之東西望如引繩然由來青門入上白龍坳當山之脊有井焉雖甚旱不

竭折而南下至段家橋與正街會曰新街環山爽塏人跡駢闐居一城之最其在南河之濱曰河街沙淤城圮居民鮮少沿河街來薰門至永興門蒙養書院故址在焉由段家橋巷出灞城橋曰水門城中井鹵就河之汲道也縣治後岡阜幽邃多寺觀其在鳳山左者曰育嬰巷義川書院在焉舊玉閣所也東曰趙家巷山脊街南行起箭坪嶺層巒曲折明知府汪本湙嘗於高處起誥勅樓今邑人爲建文昌閣其在鳳山右者曰魯家巷巷内元妙觀宋李氏之鞦韆廠也山側有東坡井坡公訪燕國王公過此飲之得名西則五雲山王伯雲弟兄舊學處也下有松桂堂今名

桂樹灣前達正街有馬道可通往來西出長庚門曰紫艮基疏圃平曠桔槔聲數里相聞東出來青門涉官渡河居民緜亘里許曰河東街英霍之衢道交焉

坊社舊編甲八今編甲七甲一保正

一甲 東至官渡河街南至吉家灣西至晏家灣北至椰樹坪 區内

關外官渡河社 濱河 關内官渡河社 在

木盂壋 、

進士坊 縣東 吉家巷

二甲 東表梧桐樹南底余家山西至灞城磚北至文昌閣 區内

足食坊 在縣來薰門 崇教坊 在縣東北

咸寧坊 在縣東

三甲東至鄒家坳南距灞城橋西至老雲路口北至文昌閣區内

仁和古社 樂善坊

童家巷 葉家巷

高家祭巷 城隍廟巷

四甲東至晏家巷西距遊泮門南距箭坪北至拱北樓區内

崇文坊 歸厚坊

趙家冲巷

五甲東距老雲路口南至灞城磚西至羅家巷北距泮遊門區内

樂善坊 樾蔭堂 段家巷

林家塘 段家橋 縣治左之水從此出城濠

六甲東至段家橋西至鳳山右南至永興門裔背山區内

平政坊 縣治 羅家巷 新雲路口

七甲東至鳳山左南至大士閣西至普陀菴北至道貫衢區内

魯家社 徐家橋 縣治右之水從此出城濠

惠義坊 城内紫艮基

城外紫艮碁

倉厫

月令於城郭都邑既建卽繼以穿竇窖修囷倉爲精貯乃生民之命也有司循行積聚務謹蓋藏其無以燥濕不時而重朽蠹之累則倉厫當志其地

倉厫之在城者預備倉明初在儀門內旋廢成化知縣徐泰於各鄉買地建倉貯穀便賑居民丙申歲知縣林宗桂恐地遠猾侵復收建於儀門內視璥重新之後爲冦燬知縣白乃忠建備賑倉十間

國朝建於縣署之左　穀數列積貯志

糧儲倉明嘉靖知縣夏國孝建於縣治東憲司司之左崇正八年毀燬我

朝順治十三年知縣李雨霑捐俸買縣治西國學生蕭斯露市基前後建倉二十五廳三土地祠一至今修葺完整

倉厫之在鄉者便民倉在城南一里

多雲鎮積穀倉建於康熙四十三年知縣沈廷楨爲鎮去縣治最遠因捐俸銀八兩買童開魁汝家河童家菴地建倉儲穀以備上保荒歉契約存案記載藝文志

社倉共二十二所

平湖鄉捌

關帝廟倉　在東街畈　宜林菴倉　在油河上保

玉泉寺倉　在龍潭河　洪福菴倉　在平湖街

雙廟坳倉　在湖田河　修靜菴倉　在二里河

滕家堡倉　在金鳳樓　王家菴倉　在羅走河

奉泰鄉陸

永慈菴倉　在葉家河　歇家坪倉　在舊縣畈

集仙寺倉　在匡家河腰帶水　玉虹山倉　在鴨子畈

鐘鳴寺倉　在佛菡河　雨花菴倉　在葉家園

多雲鄉捌

中太子倉　在白鳳河　洪山觀倉　在項家畈

觀音寺倉　在大河岸　相公廟倉　在馬面冲

傅家廟倉　在棠梨樹　藍寶山倉　在東山

鼓鳴寺倉　在薛形地　多雲寺倉　在九資河

倉厫之在鄰邑者羅遠隔大江漕輸維艱明知縣徐泰於圻水巴河鎮買地建倉且置附近田畝爲修葺征畢陸續搬運貯倉以待交兌至今仍之天啟七年倪景豫以糧船水次兌米民受軍害建倉於圻州置衛田令軍家自爲交兌民稱便焉漢鎮舊有厫今廢

壇廟

神道必有所歸壇墠以妥天陽祠廟以凝陰昕爲之歸也而邑之繚垣封土礲題丹楹妥靈爽以式憑者

嚴邃於是倫營建亦如是乎書
社稷壇在城外東北一里基東西長二丈五尺南北如之高三尺四面陛各三級壇下前十一丈東西南各五丈繚以周垣左社右稷厥主以木高下厚潤與風雲雷雨同明成化乙亥知縣沈雷買居民地建庚子知縣祝翊重修
國朝雍正壬子知縣金瑀奉　文修建
風雲雷雨山川壇在南河外麻地明知縣徐泰祝翊重修
國朝雍正壬子知縣金瑀奉　文修建
先農壇在社稷壇之左雍正五年知縣祝翊奉　文

修建傍置籍田二十相常雩壇在社稷壇之左乾隆壬戌知縣施宗遠奉　文建
邑厲壇在縣西城外一里
廟前在縣東歸厚巷明洪武乙卯知縣石璞遷於縣
[illegible]之南濱河洪治辛亥水圮知縣羅勲移歸舊址文
嘉靖辛卯知縣勞禕重修而規制草創歲庚子闔學諸生請正方位知縣祝翊聿新之崇正癸酉知縣楊見龍狥衆議遷於縣治西數百武工垂成燬於兵丁丑十月知縣白乃忠以舊學宮地元妙觀爲之
國朝順治甲午知縣李雨霑移遷鳳山之麓仍前歸厚菴也康熙壬午知縣姚士基遷於縣治西至癸巳知縣朱理昌復遷舊址乾隆二十四年夏五月知縣王眼同邑人周邦元等改建縣署之左五十三年知縣張元英教諭張增健同邑人陳楚華葉福澤等重加修葺
崇聖祠在文廟後祠三楹南向雍正元年奉
旨改建封爵祭儀詳學校志乾隆三十四年知縣王眼移建縣署之左名宦祠在縣宮戟門左祠三楹南向
鄉賢祠在縣宮戟門右祠三楹南向
忠義孝弟祠匕內立牌刻　恩旌忠義孝弟姓字於上雍正三年奉
旨建學宮內

節孝祠匕前建坊刻　恩旌節孝姓氏於上雍正三年奉
旨建學宮內
附宮墻地基
辛酉書院在城南永興門內知縣張琳建後知縣王眼移於城東玉屏山曰塔山書院旋又移歸舊址與蒙養書院並建乾隆四十四年知縣陳士鳳與邑人晏起鳳陳上珍余圻張柱相移就鳳山之玉閣下閣者王姣文夫婦以無子捐也知縣徐昱重修題之曰義川書院而辛酉書院官基猶存
興賢祠乾隆五十一年知縣張元英仝邑紳士建於

武聖宮之右
社學成化乙亥知縣沈雷建於縣西因地湫隘嘉靖
甲午知縣沈越買民地高爽者重新焉立社師以教
子弟鄉亦改淫祠爲之順治乙亥奉
旨復社學端蒙養隨奉提學道王申飭令於生童內考選
品端學優者許其教授各鄉村亦如之今則家塾黨
庠弦誦之聲接壤
名宦有專祠者六賢祠在譙樓內邑人爲知縣凌嗣音
梁太皞凌存燮姚孟昭王邦瀚白乃忠建也乾隆二
十七年知縣王珉重修西關外蘇文忠祠建自知縣
沈延楨捐置監生蕭雲會田稞二十三石大小塘二

口就祠起立義學今學舍移置城內祠猶存焉姚公
祠在縣治西知縣姚公士基也係本象鄒家坳李侯
棠舍祀泰安李雨霑治西倪公祠祀明鄞縣倪公景
豫治南思樹堂祀奉天金公世楨思蔭堂與思樹堂
接祀郎墨朱公理昌祠俱圮故址猶有能道之者惟
樾蔭堂爲王公光卲建於舊學宮左廊左繪賑飢圖
右繪平糴圖宛如峴山之石淚痕猶新也祠廟有在
祀典者
關帝廟王邦瀚建於大閱場乾隆三十五年監生晏起鳳
職員余圻耆民張村相等稟請邑侯左廷於城內舊
學宮右後殿祀帝三代與崇聖祠均蓋遵雍正三年

制也舊蕭斯和捐白楊冲田一百二十石於西關帝
廟乾隆三十九年蕭名曙世翼世榮請撥入新武聖
宮
城隍廟在縣治東約五百步洪武二年勅封鑒察司民
顯佑伯秩正四品成化時建大殿三重石坊一磚坊
一知縣徐泰重修嘉靖四年知縣唐鯉化募建石坊
知縣沈越倪景豫更新之崇正乙亥寇燬丙子知縣
白乃忠捐俸再造乾隆癸酉知縣孟炳同士庶重修
靜壇一爲頭門衛神之所祝房一在頭門右
興文祠教諭張增健建於黌宮之左文昌閣舊有廟景
泰時新之邑人胡效義建閣於聖宮後旋燬知縣王

珉遷建高家山乾隆五十六年陳錫封楊一鰲等繼
修
馬隍廟洪武二年命築壇祭馬祖天駟星也先牧始養
馬者馬社始乘馬者馬步害馬者之神永樂十二年
立馬神祠建於縣署之右知縣陳士鳳重修
旗纛廟旗謂牙旗將軍之精一軍之形候見黃帝出軍
訣纛謂旗頭也大將中營建纛見太白陰經唐宋及
元皆有祭明立廟題主曰軍牙之神六纛之神廟建
於西關之外今廢無專祀霜降日祭於大閱場勾芒
神亦無專祠立春日設位祭之獄神廟在獄內祭以
三月十六日倉神廟在倉內於收糧日祭之蠟神無

專廟祭於社稷壇側

萬壽寺邑朝賀宮也在箭坪嶺之左嘉靖十一年東寮釋子明玉募建邑士民相繼重修

東岳行祠舊在城東河畔釋子性啟募王之美庄改建柳樹坪祭以三月二十八日

四官殿即赤皇宮也建於鳳山左祭以四月十五日

龍神祠乾隆四十八年知縣張元英就建於四官殿

北岳廟在譙樓外左側乾隆二十七年知縣王䁓重修祭以五月二十二日

觀音閣在治西太學生蕭斯露建今水圮

其不在祀典者入方外志

典禮志

祀典

國家成民而致力於神以崇德則浩氣塞兩間者祀之以報功則洪恩被四野者祀之靈爽煥於星辰精誠萃於俎豆順時成歲示教弭災由是道也

武廟

每歲春秋仲月及月十三日致祭先期赴廟省牲

春秋二祭祭品　帛一白色　牛一　豕一　羊一　籩十　豆十

五月十三日祭品　帛一白色　牛一　豕一　羊一　果五盤

儀注

祭日贊引承祭官進左傍門至盥洗所贊唱盥洗盥洗畢引至殿內行禮處立通贊唱執事者各司其事贊唱就位引承祭官就位立通贊唱迎神司香者捧香盒就香爐左邊立贊引承祭官就香爐前立司香生跪贊唱上香承祭官立將炷香接舉插爐內又上塊香三次畢贊唱復位承祭官復位立贊唱跪叩興承祭官行三跪九叩首禮通贊唱奠帛爵行初獻禮捧帛爵者將帛爵捧進

神位前奠帛者跪獻畢行三叩首禮退執爵者立獻畢退讀祝者詣安祝文位前行一跪三叩首禮捧祝文立贊唱跪承祭官讀祝者俱跪贊讀祝讀祝畢捧至

神位前跪安盛帛盒內畢行三叩首禮退贊唱叩興承祭官行三叩首禮立通贊唱行亞獻禮執爵者照初獻禮獻畢退通贊唱行三獻禮執爵者自案右邊照亞獻禮獻畢退通贊唱徹饌唱送神贊唱跪叩興承祭官行三跪九叩首禮立通贊唱捧祝帛香饌各詣燎位捧祝帛香饌者各至

神位前俱跪捧祝帛者行三叩首禮捧香饌者不叩首將祝帛香饌依序捧送承祭官退至西傍立候捧祝帛各生過畢復位立贊唱詣望燎位承祭官至燎爐

前焚祝揖贊禮畢退
祭後殿　雍正三年追封代公爵
光昭公正中南向
裕昌公東一室南向
成忠公西一室南向
春秋二祭祭品　帛各一白色　豕各一　羊各一
籩豆各八
儀注
行二跪六叩首禮承祭官詣
光昭公
裕昌公

成忠公各爐前奉香餘同前殿
祭
先農耕籍田
每歲仲春月亥日巳時祭
先農壇午時行耕籍禮祭日承祭官率各官請
神位供於壇上衣朝衣行禮祭畢送
神入祠　壇高二尺一寸廣二丈五尺
牌　高二尺四寸廣六寸
座　高五寸廣九寸五分
壇後祠宇　正房三間房各一正房中供
先農神位　紅牌金字　東正房儲祭器農具

西正房　儲籍田米穀　東配房　買辦祭品
西配房　看守農民居住　籍田　四畝九分買於
東郊
祭品
帛一白色　羊一　豕一　鉶一　籩四　豆四
簠二　簋二
儀注
祭日各官衣朝衣禮生引承祭官至拜位通贊唱執
事者各司其事陪祭官各就位承祭官就位通贊唱
瘞毛血禮生引詣盥洗所贊盥淨淨巾引詣香案前
贊迎神行二跪六叩首禮興行初獻禮引詣

神位前跪奠帛獻爵叩首興詣讀祝位跪衆官皆跪宣
祝文畢叩首興引唱復位通贊唱行亞献禮引詣
神位前跪獻爵叩首興復位通贊唱行三獻禮如亞獻
儀通贊唱飲福受胙引唱詣飲福受胙位跪飲福酒
受福胙叩首興謝胙一跪三叩首興復位通贊唱徹
饌送神行二跪六叩首禮興通贊唱司祝者捧祝司
帛者捧帛各詣燎所引唱詣望燎位焚畢揖復位通
贊唱禮畢各官更蟒衣詣籍田行耕籍禮
耕籍儀
一官捧青箱一官播種秉耒官右手扶犁左手執鞭
行九推禮農夫終畝耕畢各回官廳更朝衣望

闕恭行三跪九叩首禮仍將遵行耕籍日期具奏

正印官秉耒佐貳執青箱播種

耕籍器具

農具一　赤色　牛一　黑色　耔種一　青色

耕籍人役

耆老一名　牽牛　農夫　名　扶犁

農童六名　唱歌

祭

龍神祠

每歲春秋仲月　日祭先期赴廟省牲

祭品

帛一　豕一　羊一　酒爵一

儀注

祭日主祭官衣蟒衣禮生稟請行禮至盥洗所贊盥洗盥洗畢引至殿內行禮處立通贊唱執事者各司其事部祭官各就位主祭官就位瘞毛血迎神行二跪六叩首禮興行初獻禮引唱詣酒樽所司樽者舉冪酌酒詣

神位前跪進帛進爵叩首興詣讀祝位跪衆官皆跪讀祝畢叩首俱興復位通贊唱行亞獻禮如初獻儀行三獻禮如亞獻通贊唱飲福受胙引唱詣飲福受胙位跪飲福酒受福胙叩首興謝胙一跪三叩首興復位通贊唱徹饌送神行二跪六叩首禮興司祝者捧祝司帛者捧帛各詣燎所引唱詣燎帛位引承祭官至燎位揖復位禮畢

祭

社稷壇

每歲春秋仲月上戊日出主於壇而祭之

祭品

帛一黑色　豕一　羊一　鉶一　籩四　豆四

簠二　簋二

儀注與先農同

祭

風雲雷雨之神

山川之神　共一壇

城隍之神　明勅封鑒察司民顯佑伯秩正四品

每歲春秋仲月合祭　風雲雷雨居中　帛四

山川居左　帛二　城隍居右　帛一　俱白色

祭品儀注與社稷同

祭

旗纛神

以霜降日祭於教場設酒奠三叩獻爵讀文復三叩

乃演武於廳校其技勇而賞罰之

祭品　帛一　豕一　羊

雩祭　禱雨祈晴附

在先農壇行禮祭日遇初夏水旱縣正率寮屬步詣
各壇行香禁屠沽旱以渥滂以晴始謝神馳禁

蜡祭

縣正於社稷壇側祭八蜡之神

祭

芒神

立春先一日於東郊行九叩禮迎春自場入於縣芒
神西向土牛南向各官退至次日黎明各官朝服設
果酒祭芒神三叩獻爵讀祝文復三叩禮畢擊鼓三
各執采仗環牛鞭者三遂碎牛鄉人競取其土以爲

宜年

祭厲壇

每歲清明日七月望十月朔祭先期詣城隍廟焚牒
厥明設城隍主於壇壇下列無祀鬼神分男女祀於
東西羊三豕三飯米三石香燭酒紙隨用祭時有告
城隍文

救

日月

設香案於縣露臺向日月所臨方位設金鼓於儀門
內設樂於露台下設各官拜位於露台上初献報各
官行禮執事者捧鼓班首擊鼓三衆齊鳴食甚報行
禮如之復圓報行禮如之畢退

典禮志

鄉飲酒禮

養老尊賢之古禮

聖朝重之鄉飲酒每歲遂爲定制惟良吏殫忱遵奉恪共
陳式務於賓僎得人斯足以動觀感崇教化非具文
已也

每歲正月十五日十月初一日於儒學行鄉飲酒禮
前一日執事者於儒學之講堂依圖陳設坐次司正

率執事習禮至次日黎明執事者宰牲具饌主席及
僚屬司正先詣學遣人速賓僎以下比至執事者先
報曰賓至主席率僚屬出迎於庠門之外揖入主居
東賓居西三揖三讓而後升堂東西相向立贊再拜
賓坐執事者又曰僎至主席又率僚屬出迎揖讓升
堂拜坐如前儀賓僎介至既就位執事者唱司正揚
觶執事者引司正由西階升詣堂中北向立執事者
唱賓僎以下皆立唱揖司正揖賓僎以下皆揖執事
者以觶酌酒授司正司正舉酒曰恭惟
朝廷率由舊章敦崇禮教舉行鄉飲非爲飲食凡我長
幼各相勸勉爲臣盡忠爲子盡孝長幼有序兄友弟

恭內睦宗族外和鄉里無或廢墜以忝所生讀畢執
事者唱司正飲酒飲畢以觶授執事者執事者唱揖
司正揖賓僎以下皆揖司正復位賓僎以下皆坐唱
讀律令執事者舉律令案於堂之中贊禮引讀律令
者詣案前北面立唱賓饌以下皆立行揖禮如初讀
畢復位執事者唱供饌案執事者舉饌案至賓前次
僎次介次主三賓以下各以次舉訖執事者唱獻賓
主起席北面立執事酌酒以授主主受爵詣賓前置
於席稍退贊兩拜賓答拜訖執事者又斟酒以授主
主受爵詣僎前置於席交拜如前儀畢主退復位執
事者唱賓酬酒賓起僎從執事者斟酒授賓賓受爵
詣主前置於席稍退贊兩拜賓僎主交拜訖各就位
坐執事者分列左右立介及三賓衆賓以下以次斟
酒於席訖執事者唱飲酒或三行或五行供湯又唱
斟酒飲酒供饌三品畢執事者唱徹饌候徹饌案訖
唱賓僎以下皆行禮僎主僚屬居東賓介三賓衆居
西贊兩拜訖唱送賓以次下堂分東西行仍三揖出
庠門而退

凡鄉飲酒禮序長幼論賢良別頑奸其坐席間高年
有德者居上高年篤厚者並之以次序齒而列其有
違條犯法者不許干與良善之席違者罪以違制敢
有喧嘩失禮者揚觶者以禮責之主席在縣知縣如

無正官佐貳官代位於東南大賓以致仕官爲之位
於西北僎賓擇鄉里年高有德之人位於東北介以
次長位於西南三賓以賓之次者爲之位於賓主介
僎之後除賓僎外衆賓序齒列坐其僚屬則序爵司
正以教職爲之主揚觶以罰贊禮者以老成生員爲
之　本學政全書

鄉飲酒禮圖

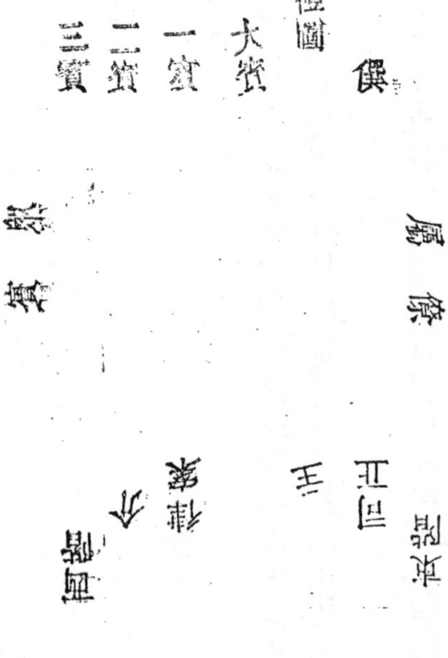

冠婚喪祭

禮移易風俗者也風俗亦相沿爲禮羅邑風氣樸龐冠婚喪祭未能悉合於典而習之既久猶存禮意則教澤之乖者遠矣

冠禮　勝冠後涼暖遵禮士庶稱其分衣華樸以家必整肅

婚禮　重門楣始通媒妁男家用金裝雙封婣啟女家答啟其納彩請期親迎皆遵禮制聘資粧奩稱家豐嗇

喪禮　親殁訃於戚友沐浴殮畢殯於中堂家人裂布裹頭成服齊哀下各以等朝暮奠涕泣杖歸飦粥

苫凷之節秉禮者不違也戚友赴吊以期至庶民或祟佛事用鼓樂治其醵錢夜坐則習俗使然擇地營葬用形家言其導葬如治喪

祭禮　庶民祭於墓士大夫立祠者祭於祠四時節序及生忌日祭於寢其廟祭族長主之春祖先生列木龕具牲醴潔豆薦歆讀祝焚楮幣祭畢燕飲分胙而還家饒者有祀田以供時祀

賦役志

夏后氏則壤成賦而不言役周以九賦歛財役則掌於司徒賦役之法始定禹貢載揚之賦下上荆之賦上下職方首列揚與荆其利其民其穀畧埒羅界荆揚之間賦役輕重此其權輿矣漢唐後因更口之名租庸調之目固非不善然輸粟納絹算賦戶調科牽煩而民始困雖廣貯蓄而時蠲免酌劑未甚精詳若夫定丁賦減田租相時緩徵隨地改折蠲卹之詔屢頒積貯之額日廣未有如
聖朝之度越古今者即一鄉一邑之額數不足徵普天率土之權衡乎作賦役志

户口

羅邑小而狹民多環山以居無大村落然生齒日繁比屋聞五口八口不啻焉蓋
國家休養生息沐浴涵濡者久矣宜乎户籍之增衍也司牧者撫綏而化導之惟樂室盈豈憂人滿哉

户伍千九百户
口八萬陸千二百九十口　府志所載原數
現在户三萬一千三百零七户
口一十七萬七千六百一十六口
丁原額四千五百三十八丁　每丁並加增等項共派銀三錢五分三釐二毫九忽七微四塵四纖四

渺　應徵銀一千六百二兩八錢六分五釐八毫
一絲九忽七微四塵一纖一渺內康熙四年豁免運
夫人丁三十丁豁除丁銀一十兩五錢九分六厘二
毫九絲二忽三微三塵二纖
實在人丁四千五百八丁實徵銀一千五百九十二兩
二錢六分九厘五毫二絲七忽四微九纖一渺
康熙二十五年編審額外增益人丁五丁派增丁銀
一兩七錢六分六厘四絲八忽七微二塵二纖
康熙三十年編審額外增益人丁三丁派增丁銀一
兩五分九厘六毫二絲九忽二微三塵三纖二渺
康熙四十五年編審額外增益人丁三丁派增丁銀

一兩五分九厘六毫二絲九忽二微三塵三纖二渺
康熙五十年編審額外增益人丁二丁派增丁銀七
錢六厘四毫一絲九忽四微八塵八纖八渺
以上額內額外人丁共四千五百二十一丁
共實徵丁銀一千五百九十六兩八錢六分厘二
五絲四忽八塵六纖三渺
遵奉
恩詔以康熙五十五年丁册定爲常額雍正六年彙同不
在額徵以內之優免丁銀四千一兩五錢七分六毫
六絲九忽三微連額徵共銀一千六百三十八兩四
錢三分一厘九毫二絲三忽三微八塵六纖三渺於

詳請丁隨糧派等事案內蒙
前督部院邁
前撫部院馬　會同
題准
部文自雍正七年爲始歸入闔省糧銀均攤帶徵每
糧銀一兩派徵丁銀一錢二分九厘八毫四絲九
忽七微二塵三纖三漠九茫六沙四[illegible]七銖
四溟九燼以本縣實徵糧銀扣算
共該銀一千四百五十八兩三分八厘八毫三絲一
忽六塵六纖九渺五漠一茫六沙三灰　計減原徵
丁銀一百八十兩三錢九分三厘九絲二忽二微

一塵九纖三渺四漠八茫三沙七灰
康熙五十五年編審增益滋生人丁七十丁
康熙六十年編審增益滋生人丁六十六丁
雍正四年編審增益滋生人丁二十五丁
雍正九年編審增益滋生人丁二十八丁
乾隆元年編審增益滋生人丁三十五丁
乾隆六年編審增益滋生人丁四十八丁
乾隆十一年編審增益滋生人丁四十二丁
乾隆十六年編審增益滋生人丁四十八丁
乾隆二十一年編審增益滋生人丁五十二丁
乾隆二十六年編審增益滋生人丁五十三丁

乾隆三十一年編審增益滋生人丁五十八丁
十一屆共增益滋生人丁五百二十五丁欽奉
恩詔永不加賦
五年編審人丁一次於乾隆三十七年七月內奉
准通政司咨乾隆三十七年六月內閣抄出奉
上諭五年編審不過沿襲虛文無裨實政嗣後編審之
例永行停止又乾隆三十六年屆當五年編審適
奉文停止造報新墾糧銀應攤丁銀奉准
戶部咨覆隨年攤徵嗣奉
上諭丁糧壹事仍襲其舊復經詳請咨准
部覆湖北民賦新墾地畝應攤丁銀係按陞糧科

則派算歸於五年編審具題其題報五年編審人
丁之例既已停止似可毋庸專案具題至攤派丁
銀欽奉
諭旨悉仍其舊亦應仍以五年壹次彙造攤徵丁册隨
同奏銷送部以備查核

附詳

康熙三十五年六月初十日知縣金世楨詳爲請除
編丁積習之弊永著照糧均派之法再詳　憲定以
甦民困以垂永遠事據本縣士民等情到案卑縣看
得編審人丁五年一舉以之稽查戶口添除老壯見
聖朝愛養蕃息之至而丁糧卽從此起也夫率土雖廣不
外丁照人當丁由糧派二法盡之然丁從人編其中
積弊不可勝窮而羅邑爲尤甚有如戶首開報作弊
以一人而此圖列其名彼甲列其號兩處輸糧則謂
之重丁有如家無立錐孑然一身與戶首有隙暗截
其名及至追比萬難完納則謂之寡丁有如身既承
丁初無田產可納丁糧忽然潛遁則謂之逃丁有如
年已垂暮及尚未承丁者得罪戶首暗報其名又謂
之白肉栽丁四者之弊每圖不下數十名徵收丁糧
紛紛哀愬比時卑職到任未及半載適值編審之年
目擊其艱是以於康熙三十年閏七月十三日以編
丁之積弊難除等事詳請照糧均派具詳前　藩憲

羅田縣志　卷之三　五

及本府已蒙　憲批妥議又於本年貳月十七日援
麻城蘄水二縣照式編審復詳本府蒙批仰候彙核
詳奪繳在案隨於編審完日具報册據五年以來既
無重丁寡丁逃丁栽丁之累又免吏胥差拘官比之
煩隨米徵收無多拖欠法亦可謂有便於民矣夫有
便於窮民自不能便於富室今若復循丁照人編之
例卑職以爲必大不協於輿情乃遍示三鄉公同酌
議不數日而窮黎環廷哀籲日不下數百人皆以丁
照糧派爲詞卑職揆厥編審一案在羅邑若丁照人
當其弊有五丁從糧派其便有五不得不臚列陳之
羅處萬山之中人居星散每逢編審之期勢不得不

由戶首開報其間隱富開貧匿多報少老者不除壯者不入戶冊尙未到官彼已先有成局此其弊一羅自明季兵燹以來土著之家甚少民多從鄰邑挈妻攜子佃田主之房佃田主之池平昔不講知交臨時又乏賄托報丁戶首卽報其人及完丁不起潛歸本土以致丁糧虛懸無從追比此其弊二羅邑鄉民有身無正米一生不入城內者本以惸獨之人也戶首欲栽以丁糧絕不通知暗注其名臨期點審倩人影射及後差催始知當丁越害深谷愚民無可控愬泣血吸髓終難完納此其弊三羅實山陬小邑紳衿以禮自好者多而亦間有持勢阻抗者每臨編審除身不應承丁外復曰此吾伯叔兄弟也可毋報又曰此吾宗親姪男也可毋報且覆庇親戚隱匿佃人在戶首不惟不欲報且不敢報則其現在所報可知矣此其弊四羅邑從前徵收丁糧別立一櫃另行查比至期無完紛差樸促依限責追窮民正項丁銀不能完納反滋差擾曠於農業其苦日甚舉家啼號究難辨足本年之糧此其弊五有此五弊而且戶首經吏暗地作奸指稱除丁有費升丁有費上房繳冊有費種種不法雖嚴申憲令痛加稽懲亦恐未能保其必無也至於丁從糧派則現在之糧屬何人而丁卽隨之間有買賣照糧徵收而戶首開報之處絕無其權安

能挾弊此便者一也產在則丁在產去則丁去有可逃之丁無可逃之產則正供不虛
國賦得實此便者二也紳衿士民概以糧起丁有產則有丁無產則無丁雖有豪強無從倖隱此便者三也丁從糧派徵糧而丁在其中不必別為催此窮民無糧之家負薪採蕨傭工力作熙熙皥皥於
聖王之世終身不識差役此便者四也伏查前令任內丁照人當而年年錢糧必至奏銷以新掩舊自卑職到任後丁從糧起而每年錢糧俱得歲內全完此彰明較著者且丁從糧派天下居半不必遠引卽現今圻水麻城同係黃屬皆行之何獨羅田不可效其成例此便者五也況彼有糧之家豈皆無丁之戶安知窮丁之子不作輸糧之人五年消長固難逆料設若今之紳衿殷戶果能常保其富厚抑又何惜此丁糧不上以輸
國課下以濟桑梓哉其弊若彼其便若此較如列眉自可洞燭況以　憲臺之明鑒乎在卑職照糧派丁之議豈不知與紳衿糧戶有所少抑然法垂日久自見公平且欲甦無告之苦丁除編審之積弊則雖有任怨之處而不暇顧矣幸值　憲台仁覆全楚凡可以軫恤民生者無利不舉無弊不除卑職仰體矢公矢慎之懷不無勢阻權撓之懼合申　憲臺俯念羅邑

窮民編丁受困飭查前案恩批俞允勤石以垂久遠
則萬戶窮黎世頂　鴻仁於不朽矣爲此備由另具
書冊同申伏乞照詳施行須至申者
康熙三十五年十月二十八日奉布政司王　牌開
奉　督部院批允前事飭取士民遵依在案
康熙五十二年三月十八日欽奉
恩詔海宇承平日久戶口日繁地畝並未加廣宜施寬大
之恩共享恬熙之樂其後直隸各省地方官遇編審
之期察出增益人丁止將實數另造清冊奏聞其徵
收錢糧但據康熙五十年丁冊定爲常額續生人丁
永不加賦仍不許有司於造冊之時藉端需索用副

朕休養生息之意欽此

賦稅

賦出於田稅因乎地羅邑山居什之九水居什之一
田地皆闢自山谷間隘矣特土會之法山林與邱陵
物宜布列無殊隰衍況近者巉巖崎硻之表有土可
耕無力不竭雨露所被盡爲膏腴惟正之供誰不輸
將恐後耶

土田

原額田地塘共貳千七百二十四頃七十七畝四分
一釐七毫內
原額田二千二百四十六頃二十八畝六分五釐一
毫　每畝科秋糧米四升六合　共該米一萬三百
三十二石九斗一升七合九勺六抄　每米一石派
銀七錢三分六釐六毫一絲七忽五微二塵三纖七
渺　共銀七千六百一十一兩四錢八釐四毫四絲
三微　每畝科夏稅絲五釐三絲八忽二微三塵九
纖八渺　該絲六十六斤一十五兩六錢七分六釐
三毫　原入秋糧內帶派桑絲三斤一十二兩五分
七釐一毫五絲四忽　原入秋糧內帶派
原額地三百五十七頃七十六畝八分四釐　每畝

科秋糧米七合七勺該米二百七十五石四斗八升
二合　每米一石照前則例派徵　共銀二百二兩
九錢二分四釐八毫六絲八忽七微　每畝科夏稅
大麥一合二勺五抄　該大麥四十四石七斗三升
折小麥二十二石三斗六升五合　每畝科小麥三
合六勺七抄五撮　該麥一百三十一石四斗七升
九合九勺共二麥一百五十三石八斗四升四合九
勺　每石派銀五錢七分三釐九毫九絲九忽七微
八塵八纖　共該銀八十八兩三錢六釐九毫四絲
每畝科夏稅絲照前則例　該絲一十斤一十兩
六錢八分四釐二毫　原入秋糧內帶派該桑絲九

兩五錢六分五厘二毫九絲六忽入秋糧內帶派
原額塘一百二十頃七十一畝九分二厘六毫　每
畝科秋糧米四升六合　該米五百五十五石三斗
八合六勺　每米一石照前則例　共銀四百九兩
五分四絲六忽二微一纖五渺　每畝科夏稅絲照
前則例該絲三斤九兩五錢九分二厘八毫　原入
秋糧內帶派　該桑絲三兩二錢二分七厘五毫五
絲　原入秋糧內帶派以上
共科秋糧米一萬一千一百六十三石七斗八合五
勺六抄　內有免糧三百四十四石每石派銀四錢
四分五厘一毫二絲二忽三微四塵八纖四渺無免

糧一萬八百一十九石七斗八合五勺六抄每石派
銀七錢四分五厘八毫八絲四忽九微四塵三纖六
渺　內二斗以上起科官等田米一千九十石四斗
二合一勺六抄一斗以上起科民米一萬七十三石
三斗六合四勺　後奉例清丈不分官民一體編差
額徵併加增共銀八千二百三十兩五錢八分三厘
三毫五絲五忽二微一纖五渺　內有舊志原載班
匠銀七兩二錢係乾隆二十三年奉　文於　奏銷
册內刪除班匠名色積歸地丁條編彙數造報
夏稅二麥共一百五十三石八斗四升四合九勺
每石派銀五錢七分三釐九毫九絲九忽七微八塵

八纖
共徵銀八十八兩三錢六厘九毫四絲
夏稅絲共八十一斤三兩九錢五分三厘三毫桑絲
四斤八兩八錢五分　二項俱秋糧內帶派
九厘地畝餉　舊志萬歷四十六七八三年加增遼
餉每秋糧一石派銀二錢二分一厘六毫四絲三忽
八微五塵七纖一漠二沙
該銀二千四百七十四兩三錢六分七厘四毫二絲
三忽七微七塵七纖
人丁項下實徵銀　數詳戶口志內
以上田地塘人丁並增益人丁及九厘餉優免共銀

一萬二千四百四十二兩二錢八分五厘九毫三絲
四忽六微九塵六纖八渺內除豁免運夫丁銀一十
兩五錢九分六厘二毫九絲二忽三微三塵二纖又
除丁隨糧派等事案內闔省均攤人丁應減丁銀一
百八十兩三錢九分三厘九絲　忽二微一塵九纖
三渺四漠八茫三沙七灰又除優免丁銀四十一兩
五錢七分六毫六絲九忽三微　按此優免丁銀後
入另款作收以符奏册開縣額實總數
實徵銀一萬二千二百九兩七錢二分五厘八毫八
絲八微四塵五纖四渺五漠一茫六沙三灰　以上
本賦役書

起運
戶部項下
夏稅折色起運
解南農桑絹三疋一丈九尺二寸七分五厘　每疋
正銀五錢五分損銀一錢五分
共銀二兩五錢四分九厘八毫七絲八忽五微　京
損銀每兩五分該銀一錢二分七厘四毫九絲三
忽九微二塵五纖
秋糧折色起運
京庫米一千九十石四斗二合一勺每石折銀二錢
五分

該銀二百七十二兩六錢五毫二絲五忽　每兩京
損銀三分滴珠銀一分　該銀一十兩九錢四厘二
絲　解費每兩九厘　該銀二兩五錢五分一厘
五毫
派剩太倉米三百五十七石四斗　每石折銀六錢
該銀二百一十四兩四錢四分　每百兩京損銀
一兩二錢　該銀二兩五錢七分三厘二毫八絲
辦費每兩九厘　該銀一兩九錢五分三厘
北富戶正損共銀六兩一錢二分　無閏
塩鈔折色起運
解南戶口鈔正銀四十七兩一錢一分三厘六毫八
絲二忽六微帶閏銀一兩五伐七分四毫五絲六忽
九塵　解費每兩九厘　該銀四錢二分四厘
清浪倉米改抵江南戶口鈔帶閏共銀二十五兩八
錢五分一厘九毫　解費每兩九厘　該銀二錢三
分二厘六毫六絲三忽五微
夏稅本色起運
辦北黃絹六十四疋二丈九尺九寸三分　每疋正
銀七錢織費二錢損銀二錢　共銀七十一兩四錢
九分八厘　當官買絲成造責令經手人役解司委
官搭解遇州縣官帶解不許僉累糧戶
新加扛絹銀二十二兩七錢四分九厘南糧運官盤

纏銀二十一兩五錢
篩竹圓頭等銀　每石派銀二分一厘六毫　該銀
五十兩一錢八分一厘一毫二絲
摘裁
宗祿折色等銀一千一百四十四兩九錢九分九厘
五絲六忽二微解費四錢五分一厘三毫
茶價正費共銀二十兩一錢六分八厘九毫
官員柴薪銀四十九兩六錢
民校等銀共一百六十一兩
賦役蓆編冗款銀八百七十三兩一錢六厘五毫三
絲八忽六微八塵七纖

禮部項下

秋糧起運

北藥味正價銀一十五兩二錢一分五厘六毫二絲五忽　每兩京攅銀四分　該銀六錢八釐六毫二絲五忽　解費每兩九厘　共銀一錢四分二厘四毫

解南藥味價銀八錢八分三絲一忽二微五塵　無費

工部項下

秋糧起運

緞疋正銀六十兩一錢二分攅銀九兩帶閏銀一兩五錢三分四厘　每兩京攅銀九厘　該銀六錢三分二厘八絲　解費每兩九厘　該銀六伐二分七厘七毫

翎毛正銀五両二錢三分二厘九毫　每兩脚價銀九厘　該銀四分七厘一毫　解費每兩九厘　該銀四分七厘五毫

清浪倉米折銀改抵盧溪縣班鳩鈔銀一兩二錢　京攅銀每兩九厘　該銀一分八毫　解費每兩九厘　該銀一分八毫九絲

營膳司科銀一百四十七兩八錢七分一厘　每兩京攅艮九厘　該銀一兩三錢三分八毫三絲九忽

解費每兩九厘　該銀一兩三錢四分二厘八毫

派剩辰州軍餉米八十九石四斗　每石折銀六錢　該銀五十三兩六錢四分奉文改抵辰州府屬盧溪縣屯田司料銀　每兩京攅銀九厘　該銀四錢八分二厘七毫六絲　解費每兩九厘　該銀四錢八分七厘一毫

清浪倉米折銀改抵盧溪縣屯田司料銀一十三兩一錢八分九厘八毫一絲五忽　京攅每兩九厘　該銀一錢一分八厘七毫八忽三微三塵六纖　解費每兩九厘　該銀一錢一分九厘七毫七絲六忽七微九纖九渺七漠

軍器銀二十八兩五錢二分五厘五毫　解費每兩九厘　該銀三錢四分六厘七毫二絲九忽五微

白硝麂皮一百四十張　每張正價銀四錢京攅銀二錢　共銀八十四兩　解費每兩九厘　該銀七錢五分六厘如或遇折色之年每兩另派攅銀九厘

胖衣褲鞋八十三副　每副正銀一兩二錢水脚銀三伐　共銀一百二十四兩五錢　官解領銀製造解司另給夫馬不必加派攅銀

狐狸皮正銀六兩四錢四分二釐二絲二忽　京攅銀每兩九厘　該銀五分七厘九毫七絲八忽　解費每兩九厘　該銀五分八厘五毫

白硝帶毛麂羔皮銀四十八兩　每兩京掯九厘
該銀四錢三分二釐　解費每兩九厘　該銀四錢
三分五厘九毫
清浪倉米改抵盧溪縣白硝麂皮銀三兩六錢　解
費每兩九厘　該銀三分二厘四毫
綾紗紙價銀八十九兩二錢三分五厘二毫一絲九
忽七微　候部文到日方派不必每年帶徵
光祿寺項下
光祿寺甲丁庫供應等銀二百兩　每兩京掯銀二
分該銀四兩　解費每兩九厘　該銀一兩八錢三
分六厘

新加顏料等銀二百二十四兩二錢四分二厘五毫
清浪倉米折銀改抵辰溪縣坐派光祿寺供應等銀
四十七兩二錢三分五厘六毫　每兩京掯銀二分
該銀九錢四分四厘七毫一絲二忽　解費每兩九
厘　該銀四錢二分五厘一毫二絲四微　以上載
舊志
戶禮工光各部寺地丁條餉及撥歸均祭餘剩共銀
八千二百九兩九錢七分六厘六毫三絲二忽二微
四塵二纖八渺內除奉撥
關帝三祭及支給奉復廪糧共銀八十三兩七錢四分六
厘入撥存項下開造外實額銀八千一百二十六兩

二錢三分六毫三絲二忽二微四塵二纖八渺內除
豁免運夫丁銀六兩七錢一分四厘四毫二絲六塵
九纖八渺二漠七茫五沙又除閏省均攤應減銀
數見土田項下
實徵銀七千九百三十九兩一錢二分三厘一毫一
絲九忽九微五塵三纖六渺二漠四茫一沙三灰
本賦役書
存留
撥運俱支官俸役食祭祀廪糧等項原額共銀三千
四百三十七兩四錢三分七厘三毫七絲四忽三微
五塵五纖內

按察司正堂
書吏三十名共銀三百六十兩　順治十四年裁銀
一百八十兩　康熙元年全裁
門子四名共銀二十八兩八錢　順治十四年裁銀
四兩八錢　存銀二十四兩
按察司經歷
俸薪銀六十三兩四錢九分　順治十四年裁銀一
十八兩四錢九分　存銀四十五兩
書辦一名工食銀七兩二錢　順治十四年裁銀一
兩二錢康熙元年裁銀六兩
門子一名工食銀七兩　錢　順治十四年裁銀一

両二錢　存銀六両
皂隸四名共銀二十八兩八錢　順治十四年裁銀
四兩八錢　存銀二十四兩
馬夫一名工食銀七兩二錢　順治十四年裁銀一
兩二錢　存銀六兩
按察司照磨
俸銀二十一兩一錢一分四厘　康熙三十八年撥
入起運
書辦一名工食銀七兩二錢　順治十四年裁銀一
兩二錢　康熙元年裁銀六兩
門子一名工食銀七兩二錢　順治十四年裁銀一

兩二錢　存銀六兩　康熙三十八年撥入起運
皂隸四名共銀廿八兩八錢　順治十四年裁銀四
兩八錢　存銀二十四兩　康熙三十八年撥入起
運馬夫一名工食銀七兩二錢　順治十四年裁銀
一兩二錢　存銀六兩　康熙三十八年撥入起運
撿校
皂隸四名共銀二十八兩八錢　順治十四年裁銀
四兩八錢　康熙五年全裁銀二十四兩
巡道
皂隸分派六名共銀四十三兩二錢　順治十四年
裁銀七兩二錢　康熙二年全裁銀三十六兩

學道
聽事吏二名共銀一十四兩四錢　順治十四年裁
銀二兩四錢　存銀一十二兩
鋪兵二名共銀一十四兩四錢　順治十四年裁銀
二兩四錢　存銀一十二兩
守道
鋪兵分派一名工食銀七兩二錢　順治十四年裁
銀一兩二錢　存銀六兩
通判
步快八名共銀五十七兩六錢　順治九年裁銀九
兩六錢　存銀四十八兩

皂[illegible]一十二名共銀八十六兩四錢　順治九年裁
銀[illegible]十四兩四錢　存銀七十二兩
知縣
俸薪銀六十三兩四錢九分　順治十四年裁銀一
十兩　康熙十七年裁銀二十兩　康熙二十六年
奉文彙入起運項下造報
修宅家伙銀二十兩　順治九年　裁
迎送上司傘扇銀一十兩　順治十四年全裁
吏書一十二名共銀一百廿九兩六錢　順治九年
裁銀五十七兩六錢　康熙元年全裁銀七十二兩
門子二名共銀一十四兩四錢　順治九年裁銀二

兩四錢　存銀一十二兩
皂隸一十六名共銀一百一十五兩二錢　順治九
年裁銀一十九兩二錢　存銀九十六兩　雍正六
年奉文撥給仵作及學習仵作工食銀一十二兩餘
銀八十四兩仍給皂隸
馬快八名工食並草料銀一百四十四兩　順治九
年裁工食銀九兩六錢　順治十六年裁草料銀八
十六兩四錢　康熙二十六年奉文彙入起運造報
存工食銀四兩八錢　乾隆十六年内奉　文將馬
快名色改爲捕役即食本班工食
步快即民壯五十名共銀三百六十兩　順治九年

裁銀六十兩　存銀三百兩係伍拾名支領　雍正
十一年奉　文撥給多雲鎭廵檢民壯四名工食銀
二十四兩又奉裁二十六名工食銀一百五十六兩
乾隆七年奉裁二名工食銀一十二兩解司以作
加增各屬存留民壯修理器械之用　存一十八名
工食銀一百八兩　按此存留民壯於乾隆元年奉
文每石每年加增修理器械銀一兩共加增銀一
十八兩係在司庫各屬完解裁汰民壯工食欵内支
給不在本縣額徵之内　乾隆四十二年裁減一半
以爲修整軍裝搪扐銀九兩實給民壯銀九兩
燈籠夫四名共銀一十八兩八錢　順治九年裁銀

四兩八錢　存銀二十四兩　雍正五年全裁另款
解司充餉
禁卒八名共銀五十七兩六錢　順治九年裁銀九
兩六伐　存銀四十八兩
修理倉監銀二十兩　康熙十七年全裁　康熙二
十六年奉文彙入起運項下造報
轎傘扇夫七名共銀五十七兩四錢　順治九年裁銀
八兩四錢　存銀四十二兩
庫書一名工食銀一十二兩　順治九年裁銀六兩
康熙元年裁銀六兩
倉書一名工食銀一十二兩　順治九年裁銀六兩

康熙元年裁銀六兩
庫子四名共銀二十八兩八錢　順治九年裁銀四
兩八錢　存銀二十四兩
斗級四名共銀二十八兩八錢　順治九年裁銀四
兩八錢　存銀二十四兩
教官二員
俸銀共六十三兩四分　順治十六年裁銀三十一
兩五伐二分　存銀三十一兩五錢二分　援教諭
已奉復設此項俸銀二官各半分支
齋夫六名共銀七十二兩　順治十六年裁銀三十
六兩　存銀三十六兩　二官各半分支

膳夫二名共銀四十兩　廩生支領　順治十四年裁銀二十六兩六錢六分六厘六毫六絲六忽七微

存銀一十三兩三錢三分三厘三纖三忽三微

門子伍名共銀三十六兩　順治十六年裁銀一十四兩四錢又補裁銀七兩二錢　存銀一十四兩四錢

學書一名銀七兩二錢　康熙元年全裁

喂馬草料每匹該銀一十二兩共銀二十四兩　順治十六年裁銀一十二兩　康熙十七年裁銀一十二兩　康熙二十六年奉　文彙入起運項下造報

多雲鎮廵檢

俸銀三十一兩五錢二分

書辦一名工食銀七兩二錢　順治九年裁銀一兩二錢　康熙元年全裁六兩

皂隷二名工食銀一十四兩四錢　順治九年裁銀二兩四錢

門子一名工食銀七兩二錢　順治九年裁銀一兩二錢　存銀六兩

皂隷四名共銀二十八兩八錢　順治九年裁銀四兩八錢　存銀二十四兩

馬夫一名工食銀七兩二錢　順治九年裁銀一兩二錢　存銀六兩

撥運

撥時憲書銀七兩四錢一分一厘一毫八絲

解費銀六分六厘七毫六微二塵

科舉銀廿兩二錢七分五厘　康熙十七年裁銀十兩一錢三分七厘伍毫　康熙廿六年奉　文彙入起運項下造報　存銀一十兩一錢三分七厘五毫

解費銀一錢八分二厘四毫七絲五忽　康熙十七年裁銀九分一厘二毫三絲七忽五微　康熙二十六年奉　文彙入起運項下造報　存銀九分一厘二毫三絲七忽五微

原派湞倉米改抵辰溪縣坐派布政司表夫銀一兩二錢　順治十四年奉裁銀六錢　存銀六錢

乾隆十八年奉　文停止另款解司充餉

按察司表夫銀七兩九錢　順治十四年裁銀三兩九錢五分　存銀三兩九錢五分　乾隆十八年奉

文停止另欵解司充餉

脚馬解費銀八錢六分六厘五毫

均徭各舖司兵徭編一十六名共銀六十六兩八分三厘三毫　每名原額正閏銀四兩一錢三分

永充二十一名銀三十七兩八錢　每名原額正閏銀一兩八錢

共銀一百三兩八錢八分三厘三毫　同後欵弓兵

備用撥補共銀二百六十六兩四錢　每名支銀七
兩二錢縣前舖徭編二名永充九名又縣前南路十
里三舖各徭編三名永充二名嚴家舖並縣前東路
共徭編二名永充一名鳳凰舖徭編二名永充一名
石橋舖並縣前東北路共徭編一名永充二名又大
河岸舖係縣前十里長嶺三舖抽撥舖兵接遞公文
渡夫一名工食銀六兩帶閏銀一錢給蘄水縣巴河
鎮　順治十四年裁銀三兩五分　存銀三兩五分
多雲鎮弓兵徭編四十三兩　每名銀五兩
帶閏銀八分三厘三毫永充四名　每名正閏銀五
錢四分九厘　共銀二百二十兩七錢七分七厘九

毫　順治十四年裁銀一百一十兩三錢八分八厘
九毫五絲奉　文撥補舖兵工食　存銀一百一十
兩三錢八分八厘九毫五絲

祭祀雜支

修理

龍亭儀仗銀二兩　康熙十七年全裁　康熙二十六年
奉文彙入起運項下造報

文廟二祭共四十兩
名宦鄉賢二祭銀七兩

崇聖祠二祭銀七兩
香燭米銀一兩二錢六分　乾隆七年均祭案內減
銀二錢一分　存銀一十兩五分

山川壇二祭共銀一十二兩　乾隆七年均祭案內減銀
二兩　存銀一十兩

社稷壇二祭共銀一十兩
郡厲壇三祭共銀一十二兩　乾隆七年均祭案內
減銀一兩　存銀一十一兩
霜降祭銀一兩二錢　乾隆七年均祭案內裁減
厲祭米折銀一兩二錢二分　乾隆七年均祭案內
設立

以上各項祭祀均祭案內按款增減計餘銀三兩一
錢九分已照實徵之數歸入起運項下充餉

鄉飲二次共銀一十兩　順治十四年裁銀五兩
存銀五兩
春牛芒神門神桃符酒席開印封印牲體香燭等項
共銀四兩　順治十年全裁
本縣孤貧三十五名口糧銀六十三兩孤貧三十五
名布花銀一十兩五錢二項共銀七十三兩五錢
乾隆三年奉　文小建扣除遇閏加增並每名每年
增給銀四錢二分於司庫地丁銀內撥給又奉准
部洛收養額外孤貧六名其口糧布花銀數照額設
孤貧之例計口按日支結係司庫存公銀內動支均
不在本縣徵銀之內至此項額外孤貧每年增減多

寡不等原無定數

本縣應役吹手八名　每名銀七兩三錢二分共銀五十八兩五錢六分

本縣學倉米麥折銀支給廩生二十名糧銀共一百四十四兩　順治十四年裁銀九十六兩　康熙二年全裁銀四十八兩

供應銀八十兩　順治十四年全裁

備用銀一百二兩四錢　內撥補舖兵工食銀五十二兩一錢二分七毫五絲　存銀五十兩二錢七分二釐二毫五絲　康熙十七年全裁　康熙二十六年奉　文彙入起運項下造報

歲貢盤纏銀一十五兩　康熙十七年全裁

歲貢生員正貢盤纏花紅旗匾酒席脚力等銀一十二兩二年一次　每年該銀六兩　乾隆二年奉　文將此項銀兩按年解交司庫合計出貢名數均派給領六年報銷一次

歲科考生童合用試卷供應給賞等項每年派銀五十兩　臨期扣銀五兩協濟黃岡縣搭厰外餘銀扣算造册申學道印發本縣存照　順治十四年裁銀二十五兩　存銀二十五兩　康熙十七年全裁　康熙二十六年奉　文彙入起運項下造報

科場對讀五名　每名銀一兩　書手三十名刊錄匠二名每名銀五錢　共銀二十一兩　三年一次　每年該銀七兩　康熙十七年裁銀三兩五錢　康熙二十六年奉　文彙入起運項下造報　存銀三兩五錢

新舊會試舉人以四名爲率每名長夫銀二十四兩共銀九十六兩三年一次　每年該銀三十二兩此項銀兩按年解交司庫遇會試之年按照會試舉人名數均派給領

本府應　朝盤纏銀六兩　順治十四年裁銀四兩　康熙二十六年奉　文彙入起運項下造報

本縣應　朝正佐吏並紙劄盤纏等銀每年二十七

兩　順治十四年裁銀一十八兩　康熙十七年裁銀九兩　康熙二十六年奉　文彙入起運項下造報

部寺解費銀一十二兩二錢八分三毫一絲八忽七微三塵五纖

各款共合原額銀三千四百三十七兩四錢三分七釐三毫七絲四忽三微五塵五纖內除　順治九年起至　康熙三十八年奉裁歸起運彙報銀一千六百二十八兩八錢八分一釐六毫五絲四忽二微外實存留銀一千八百八兩五錢五分五釐五毫二絲一微五塵四纖又添設

廩糧銀四十八兩　康熙二十四年奉　文復設支
給府縣兩學廩生係起運項下撥給
關帝三祭銀三十五兩七錢四分六厘　雍正七年奉
文添設祭祀係起運項下撥給二項合前原額共銀
一千八百九十二兩三錢一分九毫二絲一微五塵
四纖以本縣撒額合算少零尾銀一毫九絲九忽九
微九塵九纖內除均派祭祀餘剩歸入起運充餉
銀三兩一錢九分二厘共實徵銀一千八百八十九
兩一錢一分一厘九毫二絲一微五塵四纖適合每
年　奏銷册載本縣俸工等項額支之數內除故丁
銀二兩七錢六分八厘五毫五絲四忽六微五塵七
纖一渺七漠二淽五沙　按民壯各役工食孤貧口
糧布花內豁免運夫丁銀已動支司庫地丁補足祭
祀內豁免運夫丁銀已動支司庫　公項銀兩補足
均不在本縣徵銀之內實徵銀一千八百八十六兩
三錢四分三厘三毫六絲五忽四微九塵六纖八渺
二漠七淽五灰又加入敬獻蒭蕘等事案內奉　部
行令將起運地丁撥歸存留項下補給縣學膳夫缺
故丁銀二分四毫五絲三忽六微九塵二渺六漠九
淽共實徵銀一千八百八十六兩三錢六分三厘八
毫一絲九忽一微八塵七纖九漠六淽五沙內有奉
裁登夫工食銀二十三兩九錢六分三厘一毫八
絲三忽三微五塵七纖四渺二漠四淽表夫共銀四
兩五錢四分三厘二絲一微七塵八纖一渺七漠俱
另款解司充餉
添設各項
教官加品俸銀四十八兩四錢八分　乾隆元年奉
文教職加以品級給與全俸具加增銀兩係司庫
地丁銀內支給二官各半分支
多雲鋪巡檢民壯四名共銀二十四兩　係雍正十
一年奉　文於本縣民壯內撥給再乾隆元年奉
文民壯每年加增修理器械銀一兩共加增銀四兩
係在司庫各屬完解裁汰民壯工食款內支給不在

本縣額徵之內又加增銀兩乾隆四十二年裁減一
半以爲修整軍裝塘房之用
先農壇祭祀銀五兩　乾隆五年奉　文將籍田存
穀變價動用如有不敷仍於司庫存公銀內湊給復
於　乾隆十三年奉　文於耕羨酌定章程案內每
年赴司請領銀二兩八錢二分五厘其不敷銀二兩
一錢七分五厘在於籍田收獲舊存穀石變價湊辦
如無舊存穀石本縣自行捐湊備辦祭品　乾隆二
十四年奉　文禁用捐墊字樣又經咨准　部覆將
存穀石儘數備如易有不敷按數找給不必以二
兩八錢二分五厘之數爲定　常雩祭祀銀五兩

乾隆七年奉　文設立係司庫存公銀內動支
以上各項銀兩除多雲鎮廵檢民壯工食係本縣撥
給其餘均不在本縣存留支款額徵之內
驛站
蘄州遞運所紅船一隻水夫一十名　每名正閏銀
七兩三錢二分
修船銀一十二兩共銀八十五兩二錢　廵道座用
陽邏驛馬二匹　每匹正閏銀三十兩五錢又零銀
二兩帶閏銀三分三厘　共銀六十三兩三分三厘
站船水夫五名　每名正閏銀六兩一錢　共銀三
十兩五錢

新增齊安馹三匹每匹銀三十兩帶閏銀五錢共銀
九十一兩五錢
編協襄陽府屬呂堰馹馬二匹每匹正銀三十兩帶
閏銀五錢又零銀一十三兩帶閏銀二錢一分六厘
六毫共銀七十四兩二錢一分六厘六毫　解費銀
每兩九厘　該銀三錢七分一厘八絲二忽
漢江馹馬一匹銀三十兩帶閏銀五錢又零銀廿四
兩帶閏銀四錢共銀五十四兩九錢　解費每兩五
厘　該銀二錢七分四厘五毫
原代編黄陂縣編協漢江馹馬一匹銀三十兩帶閏
銀五錢又零銀一十三兩四錢五分九厘二毫八絲

帶閏銀二錢二分四厘三毫二絲共銀四十四兩一
錢八分三厘六毫　解費每兩五厘該銀二錢二分
九毫一絲八忽
編協武昌遞運所紅船一隻水夫十一名　每名銀
七兩二錢帶閏銀一錢二分　修船銀一十二兩
共銀八十五兩二錢
武昌廵船水手四名　每名正閏銀七兩一錢一分
六厘六毫　又修船銀二兩共銀三十兩四錢六分
六厘四毫
走遞夫馬
排夫二十六名內除六名應役轎傘外實排夫二十

名　每名銀七兩二錢帶閏銀一錢二分　共銀一
百四十六兩四錢
脚馬一十九匹　每匹銀二十二兩帶閏銀三錢三
分三厘　共銀四百二十四兩三錢三分　排夫脚
馬二項俱徵銀給領
以上各款共銀一千一百二十九兩九錢二分九厘
六毫係本縣原編額徵驛站夫馬之項按年徵銀均
解道庫支用並移司充餉
脚馬五匹該草料並馬夫工食藥餌銀一百九兩四
錢　乾隆十八年奉　文添設係麻城縣解道裁馬
工料銀內動支不在本縣額徵之內　乾隆四十年

裁馬二匹工料等銀四十一兩六錢改設江陵縣屬
丫角廟　實存馬三匹工料銀六十七兩八錢　乾
隆四年奉　文扣除小建遇閏加增
兵部項下
秋糧折色起運
觧南江濟水夫八十四名　每名銀四兩九分五厘
共銀三百四十三兩九錢八分　每兩京掯銀九
厘　該銀三兩九分五厘八毫二絲解司
觧南大理寺柴薪二名每名銀一十二兩　共銀二
十四兩帶閏銀八錢
二項連前原編額徵驛站共銀一千五百一兩八錢

五厘四毫二絲内豁免故夫丁銀一兩五分二厘四
四毫三絲四忽七微三塵外
實徵銀一千五百兩七錢五分二厘九毫八絲五忽
一微七塵内紅船水手工食銀一百十五兩六錢六
分六厘六毫裁二銀一千三百八十五兩八分六厘
三毫八絲五忽二微七塵係另款解交道庫支用並
移司充餉
隨漕
運糧官軍行月二糧米五百六十二石六斗三升
每石折銀四錢　該銀二百二十五兩五分二厘
解水次交兌

江西運糧官軍月糧米五百三十六石二斗七合四
勺七抄　每石折銀四錢　該銀二百一十四兩四
錢八分二厘九毫八絲八忽　觧糧儲道
三六耗蓆輕賫銀三　九十四兩一錢九分八厘
每百兩解准掯銀一兩　該銀三兩九錢四分一厘
九毫八絲　付兌糧官並解
楞木松板銀八兩五伐二分三厘二毫部觧兌糧運
官盤纏銀一十兩
淺船銀二十七兩一伐二分五厘　觧官盤費銀每
兩九厘　該銀二錢四分四厘一毫二絲五忽
原額共銀八百八十三兩五錢六分七厘二毫九絲

三忽内除豁免運夫丁銀六分八毫八絲二忽八微
七塵五纖
實徵銀八百八十三兩五錢六厘四毫一絲一微二
塵五纖
秋糧本色起運
兌軍本色正米　每秋糧一石派正米一斗九升八
勺八抄八撮四圭七粒五粟　該正米二千一百三
十石八斗　每石耗米四斗　該耗米八百五十二
石三斗二升　又糧道條陳於四斗外加耗米二斗
順治九年楚撫遲題請免加戶部覆奉
旨革除多加耗米二斗於康熙十一年奉

文另正米一石徵給贈貼米二斗
額徵贈貼米四百二十六石一斗六升
漕糧共三千四百九石二斗八升
南糧本色正米　每秋糧一石派正米二斗八合一
勺二抄八圭八粒八粟　該正米二千三百二十三
石二斗　每石耗米二斗五升　該耗米五百八十
石八斗
南糧共二千九百四石　另正一担派里納船贓
脚米一斗五升
額徵贓脚米三百四十八石四斗八升　奉　文每
石折銀一兩以二錢給解役　該銀六十九兩六錢

九分六厘　奉　文裁解　餘八錢充餉銀二百七
十八兩七錢八分四厘
共額銀三百四十八兩四錢八分
以上俱賦役書
附舊志邑侯張　論
明初取民之制名目不一全書所載約十餘條民之
困於支移者奔走道路日不暇給萬歷間始允大學
士張居正請行條鞭法宇內便之至我
朝兩稅因時議減相地改徵
德洋恩溥尤曠古所未有者矣然漕南二糧在他邑
濱水者當船交兌官民兩便惟羅田接壤英霍盤繞

崇山隔大江數百餘里舟楫不通既不可以船裝又
不能以擔負倉廒遠寄蘄水巴鎮轉運至伏山澗竹
簰積雨則冲激難防稍晴則沙淤莫措黃郡九屬羅
田麻城黃安地勢相埒而羅之去江尤遠麻安兩邑
紳耆痛哭陳言蒙前
督撫與　董諫交章請
旨永折准入條鞭民享其福者今數十載琳自涖任以來
每見三鄉完納秋糧陟嶺踰壑喘息載道而山溪水
溜寸步難通一經雨雪水又易合簰夫擬運維艱目
擊心傷難入告無由而陳情有志倘獲備列官民交
困情由詳請

上憲轉奏
九重照麻城黃安定例改入條鞭則窮山編戶焚頂無疆
即撫兹士者並荷
皇仁於無既矣
雜課銀一十六兩一分二厘八毫七絲一忽八微一
塵九纖　內除荒銀九兩零　實徵銀七兩　舊志
商稅及湖州雜稞等事
加徵麂皮另派京撌　每秋糧一石派銀七絲六微
二塵一纖六渺九漠三茫
該銀七錢八分八厘四毫
另款

奉裁優免充餉銀一百四十五兩二分九厘四毫六絲九忽三微　優免丁銀總在數內

雜税

牙税銀九兩八錢　本縣原經報　部牙税銀七兩

乾隆二十五年於遵

旨議奏事案內遵奉　部咨分州纂盛

偏僻量增税銀二兩八錢

田房税正額銀四兩三錢五分六厘　其盈餘銀兩儘徵儘解原無定額

額銷鹽引四千八百三十八引　每引改子鹽四十一包六分九厘六毫

乾隆十三年內奉

旨清草糤產加鹽十斤　又乾隆十六年內奉

旨恩加鹽十斤共配鹽三百六十四斤改子鹽四十四包一分二厘一毫　每引納税銀二分　係商人支納解司撥用每年行銷原無一定

總數

田地塘秋糧銀　八千二百三十兩五錢八分三厘三毫五絲五忽二微一纖五渺

夏税絲桑絲帶派　班匠銀七兩二錢在內　夏税麥　八十八兩三錢六厘九毫四絲　人丁銀　一千四百五十八兩三分八厘八毫三絲一忽一微六塵六纖九渺五漠四茫六沙三灰　九厘遼餉　二千四百七十四兩三錢六分七厘四毫二絲三忽七微七塵七纖　驢脚銀　三百四十八兩四錢八分

雜稞銀　七兩　麂皮京擴七錢八分八厘四毫

以上地丁正雜舊額新加除無徵豁免共徵銀一萬二千六百七兩五錢六分四厘九毫五絲　微四塵五纖四渺五漠一茫六沙三灰　內除優免丁銀四十兩五錢七分六毫六絲九忽三微八另款登收外實起運存留銀一萬二千五百六十五兩九錢九分四厘二毫八絲八微四塵五纖四渺五漠一茫六沙三灰

起運戶禮工光四部寺地丁條遼並解費　此欵賦役書列雜支項下雜稞麂皮京擴共銀七千九百五十九兩一錢七分四厘二毫七絲六忽五微八塵八纖六渺二漠四茫一沙三灰府志

存留撥運官役俸食祭祀雜支廩糧驛站江濟隨漕驛脚共銀四千六百六兩八錢二分四忽二微五塵六纖八　二漠七茫五沙府志

另欵雜税數見前

南漕二糧正耗並增貼共六千三百一十三百二斗八升

積貯

積貯生民大命也羅邑田少而歲僅一收故民鮮餘
蓄然常平貯於官社倉貯於民良有司掌之或糶或
貸以特金粟之權衡亦庶幾有備無患矣
順治元年奉
詔置常平義社等倉
康熙二十八年部覆河南道御史周士皇為積 天
下本計等事條奏疏稱采前古募民納粟之意或入
太學或給頂帶鼓舞誘勸以開其端等語應如所請
文武官員捐加紀錄生俊捐作監生富民捐給頂帶
各若干石所捐穀米交與州縣官員將常平等倉修
理收貯其官員陞遷離任者同正項錢糧交代侵蝕

短少者督撫指名題叅穀足停例
康熙三十一年欽奉
上諭諭大學士等積貯米穀最為要務倘能實有蓋藏則
雖遭凶荒不至於飢餒但小民不知儲蓄每於豐稔
之年恣意糜費一遇歉歲即坐困不支今正值麥石
收穫之時應行各該地方官勸諭百姓令各量力捐
輸積貯該州縣官以輸納之人姓名數目詳記冊籍
其秋未收穫以後亦依此例舉行如春月轉貸於乏
谷之人俟秋月即照此數償還備用每歲當收穫時
遵行此捐輸之法不數年間米谷充裕縱使歲值不
登何至閭閻艱於粒食爾等與九卿詹事科道會議

具奏欽此會議應行各該督撫令州縣衛所官員勸
鄉紳士民人等令各量力所能不論幾石幾斗聽捐
諭該州縣衛所官員將輸納之人麥石數目造報該
秋收後亦照此捐輸積貯若將米麥貸於乏谷之民
俟秋穫時即照原領米麥之數交納如有不肖官員
混行抑勒多收情弊事發即照私派錢糧例處分每
歲收穫時俱照此遵行至於秋納米麥該州縣衛所
官員於所屬地方城市鄉村適中之處酌量設倉凡
所於本地方紳衿耆老內令公舉誠實可任者几人
交付管理敬謹收貯毋致浥爛一切借貸償還該管
之人俱造冊呈明地方官用印存案凡此捐輸乃為

小民代謀積貯如有竟不捐輸者將姓名另記一冊
設遇蠲免錢糧此戶錢糧不准豁免其地方官員將
捐輸米麥應不時稽察交代收受時俱照正項錢糧
交代收管該知府於歲中察看詳明該撫該撫將輸
總數造報戶部遇有司薦舉時於事蹟內註明勸輸
有法字樣方准薦舉若有官吏侵蝕即照虧空正項
糧錢例處可也 康熙三十一年五月初八日奉
旨依議
常平倉谷數正額一萬石副額一萬五千四百八十
五石四斗四升四合七勺

社倉建立各鄉每座委正副社長經管每年春借秋
還照例收息自雍正元年總督楊諭宗仁行文勸捐
貯倉至乾隆十三年底共貯本息谷九千七百六十
五石七斗八升七合五勺載府志累年生息今實貯
本穀一萬九百七十五石三斗三升五合一勺　倉
厫刻載置志

蠲卹

蠲租議賑代傳盛事我

朝簡征寛賦

深仁厚澤軼于前代水旱賑卹漕南地丁數蒙豁免謹將
被於茲邑者詳書於策順治元年大兵經過地方免
正糧一年歸順地方免三分之一　十年蠲免九年
旱災十分之二　十一年豁免順治六七兩年地丁
本折錢糧拖在民者　十四年旱發積谷以賑知府
于成龍勸民輸賑　十七年蠲免順治十二年至十
五年民欠錢糧　康熙元年蠲免順治十五年以前
未徵錢糧　四年蠲免順治十八年以前各項舊欠
錢糧　十年大旱并本年錢糧十分之三　十三年
旱奉　文照分數蠲免又奉　文停徵後三年補完
十八年旱奉　文照分數蠲免其南糧腳亦照
分數蠲免　二十三年報災　二十四年蠲免錢糧
之半　四十五蠲免地丁銀米舊欠未完者並停輸
納　四十五年豁免四十三年以前未完銀米　五
十年蠲免五十一年地丁銀並歷年舊欠俱着免徵
雍正四年發帑銀採買谷石於省倉及府州縣應貯
之處加謹收貯　八年蠲免湖北九年分錢糧四十
萬兩
乾隆十年蠲免湖北十三年分應徵錢糧除漕項外

其地丁銀米一概免徵
乾隆十四年　豁免漕糧
乾隆三十五年　豁免地丁銀
乾隆四十四年　豁免地丁銀
乾隆四十八年　豁免漕糧
乾隆五十年歲大旱災奉
旨發賑蠲免地丁漕米

附養濟院
嘉靖癸未知縣夏國孝買黃綬地建於縣治西丙申
知縣林宗桂遷於下新街社學冦燬今仍遷縣治西
孤貧額內額外共四十一名口糧布
花銀兩詳賦
育嬰堂
雍正間知縣金璿奉　督憲邁飭令會同闔邑士民
捐銀一百四十兩建保赤堂於縣治鳳山左巷剩銀
一百兩付城內耆民領放乾隆六年李同周捐銀三
十兩知縣彭朝佐將所捐暨前剩息湊當三竹山集
仙寺水田六畝七分乾隆九年又當三竹山僧身修

水田一畝共銀六十二兩契存耆民收貯除支銷外
尚存本銀八十兩仍付耆民胡意誠等營放每年租
收除完條糧外存谷九石七斗五升定價五兩八錢
五分並營放之息付嬰母應用　堂內嬰兒三口乳
母三名每大月給工食銀四錢小月銀三錢八分六
厘七毫共銀一十四兩一錢三分九厘供奉　神像
香燭祀品暨賞給嬰兒鞋襪冬帽共銀七兩四錢四
分總計二十一兩五伐七分九厘
藥局
邑惠民藥局久廢無稽相傳在縣治前邑令白公嘗
每歲盛暑時捐銀二十兩廣施藥劑以療無告窮民

漏澤園

邑原置義塚有三　一在縣西知縣徐泰置一在縣東三里橋一在縣西北知縣金世楨置

新置義塚有二　一在栗子坳萬松寺前康熙四十二年知縣沈廷楨捐俸銀一十六兩買生員程兆奎山田一處四至分明立義塚並建亭施茶改修官路以埀不朽契約存案一在西關外陳河山康熙四十一年知縣姚士基捐俸銀四兩買生員王堞山一面四至立明為義塚契約存案

又邑人潘

又邑人王大壽兄弟三房捐山一面

物産

古先王經理天下物土之宜而布其利有山川原隰之不同計其所利大約穀爲先蔬菓次之禽獸又次之草木又次之花藥昆蟲又次之羅邑峯連谷邃平疇阡陌之所登恒不及其三之一然天道地寶两間每無盡藏故瑶琨篠簜齒革羽毛登於禹貢金錫織貝栝栢菁茅載在職方造物日出其精華以供生民之日用初未嘗於下邑靳也且物産之難易豐嗇實與風俗之勤惰奢儉相爲表裡方今

國家軫念民艱賢司牧滋培有道以故土無不毛人皆竭作而百物順成民用康阜雖僻壤窮鄉無不可稽其所出埀諸邑乘以昭底愼財賦之休焉志物産

谷屬

稻有秈糯二種而二者又各有名類數十種如雲南烏風柳條蓋草以及紅桃熟千家愛三朝齊望水白等名則秈之屬也烏羊紅殼馬牙变秋鐵脚以及馬鬃寄蚌白穀三百零等名則糯之屬也其中或宜早或宜晚或宜高燥或宜卑濕性各不同惟老農能辨之而咸若其性

麥有大麥有小麥詩所謂來牟也高田陸地崇山邃谷隨地可種又有蕎麥一種正名荍又名烏麥可作餅餌村落間多種之

黍之屬有赤白黑三種赤曰穈白曰芑黑曰秬又有一稃二米者曰秠黏曰秫可釀酒

稷一名穄五谷之長也苗似蘆乃黍之不黏者粟俗稱小米古人以粟爲谷屬之總名漢以後乃謂粱之細者爲粟粱粒大而毛長粟粒小而毛短以上四者皆非常産山邊地角間有種之者

菽今謂之豆其類不一有黃豆　赤豆　黑豆　大豆　蠶豆　白豆　菉豆　青皮豆　豌豆　泥豆　羊眼豆　龍瓜豆　雞婴豆　猪牙豆　䆩蜂豆　刀豆　西山豆　茶柯豆　四月豆

麻屬

胡麻

蔬屬

芥菜　白菜　莧菜　芹菜　花菜　月光菜　蕨菜　麻臘菜　春不老　萵苣菜　蒼蓬菜　黃花　葫蘆　筍蒜　茄　葱　韭　芋　菠菜　冬瓜　王瓜　蘿蔔　絲瓜　芫荽　木耳　石耳　蘘菰　蛾眉豆　油菜　苦瓜　馬齒莧　大椒

菓屬

梨　杏　桃　橙　石榴　李　梅　橘　棗　柿　菱　栗　柑　木瓜　櫻桃　銀杏　茨菰　荸薺　藕

花屬

蘭　蕙　牡丹　紫荊　薔薇　山躑躅　葵　鳳仙　雞冠　菊　桂花　芙蓉　天竹　梅　蓮花　紫薇　山茶　茉莉　芍藥　海棠　夾竹桃　千葉桃　水仙　石竹　酴醾　玉簪

草屬

芭蕉　龍鬚　薜蘿　茅艾　藜藿　鳳尾　茭　老少年　茜草　紫草　菖蒲　蓬蒿　萍　鏡面草　狗尾　豬耳草

竹屬

水竹　箬竹　紫竹　桂竹　斑竹　鳳尾竹　黃

連竹　白覃竹　貓竺

木屬

松　柏　桑　椿　槐　楓　桐　栗　蠟　栢　株　檀　楊　柳　杉　桂　棗　苦楝　椴皮　鷺掌　望春

羽屬

鷄　鵝　鴨　鷺　雉　竹雞　百舌　鸜鵒　鸚　啄木鳥　麻雀　燕　斑鳩　杜鵑　鵶鵲　山鵲　梟　鷗

獸屬

牛　馬　羊　豕　驢　騾　貓　犬　狸　兎

獺　狐　猪貛　果狸

鱗屬

鯉　鱘　鯿　鰱　鱓　鱔　鱧　鰺　草魚

甲屬

龜　鱉　螺　蚌

蟲屬

蠶　蜘蛛　喜子　蜂　蟻　蚯蚓　鼠　蜩　寒蟬　水蛭　蚱蜢　蠅　蚊　蜉蝣　蚋　螢　蝦　蟇　蜥蜴　蟋蟀

藥屬

黄精　車前子　百合　麥門冬　牛膝　薄荷　紫蘓　山查　荆芥　香茹　艾葉　菖蒲　天南星　枸杞子　枳壳　枳實　茱萸　附子　何首烏　天花粉　薏苡　山藥　茯苓

貨屬

絲　棉花　栗　木油　桐油

風俗

隋志云黄俗尙淳質多儉約蘇文忠公云山水清遠風土厚善其民寡求而不争其士静而文樸而不陋尊道樂德異於他邦而閼詠光記則稱蘄西民俗富庶秀民樂於爲儒而不輕釋其業彬彬喜學有鄒魯遺風則黄俗之大畧可覩矣羅爲齊安郡治之一隅以今所見驗古所聞亦正有相爲脗合者冠禮久湮僅存遺意其婚姻則問名請期親迎合巹儀節具脩蓋家守正始之義焉士夫之室矜尙名節以從一爲貞以再醮爲辱故年例合旌表者比比也喪葬則親友交助祭祀則宗族合行賦稅不煩官吏之催桑梓自篤恭敬之誼齊民敬長吏如臨於神紳士恥庭訊若撻於市且詩書之聲達乎四境非彬彬乎鄒魯遺風哉雖邑故多山崇巖邃谷民生罕見外事然務本力農鮮商賈工百有伎之術作奇技淫以蕩巧心其而富民徃來燕會服用餽遺一以紛華爲戒即縉紳家居非大公事無乘輿張蓋者隋書所謂淳質儉約斯豈其故俗耶蓋由我

國家治化日隆賢牧轉移相繼俗之善者更進於善不善者亦漸趨於善也至於一歲相沿之節三鄉習舉之文是又可撮而言之以俟後之君子觀覽焉志風俗

冠婚喪祭重典也詳曲禮茲不俻載

業士

邑士習淳雅以孝友爲本詩書爲業其機茂近古而風氣亦漸開也縣壇文會之興殆蒸蒸日上矣

農事

邑田山隰各半當春初農人皆取塘泥以壅之力多則獲多力少則獲少清明後布穀或早或中遲異種及栽秧東西陵易力助工擊作歌以相督及秋乃穫負郭平原者氣煖土沃穫最早山穀及谿澗者氣冷土瘠穫稍遲三鄉一歲一穫稼事畢隨播秋雜泥豆蕎麥蘿蔔油菜大小麥之類以次播收

邑係山河春夏多雨河遂泛溢秋冬便成渴澤近河之

田遇水溢之歲則淹浸隨之壤近山麓其地異乾歲旱則戶集桔槔車塘堰水以救甚且數車轉激送度高原以相灌注至於旱甚雖低下亦不可救矣

每歲暮春鄉人間治蠶事其初風種始生則以鵝羽拂之既食則剉桑葉以謹食之歷初眠再眠至於大起分箔登簇采繭繅絲蓋辛苦者三十餘晝夜矣

入夏於地之亢爽者多棉花七月既望以後從而十之紡而織之以爲布機杼聲相聞抑且化之以輸正供此貧家婦工之常業也

邑人重去其鄉離家百里則有難色非上差士宦不遠遊業農者習於勤苦然不之怨也其無田而佃人之田者曰佃戶亦有饒者最貧則爲人傭工或計歲計月而受值焉

歲時

立春前一日官吏里民出東關外迎春以土牛身首色卜水旱以芒神帽鞋占寒煖比戶焚香酹酒曰接春

正月一日三元之日也雞鳴而起爆竹以辟除不詳長幼悉盛衣冠盥洗焚香楮拜祖先畢開戶向吉方拜過往及出行神祇謂之出方歸卑幼以次復拜祖先及尊長前禮畢男子出拜宗黨親友謂之賀節家設酒肴延客酒三五行即辭出亦有盡醉而歸者

十三日試燈元夕張燈街巷悉結彩棚懸各色花燈

於下城鄉士女羅綺如雲諸舞隊次第簇擁歡遊達旦

二月賽社十數家共一社築室植樹其日首事備粢祀神於社祭畢羣飲其家極歡而罷至秋社另一首事儀亦如之即古春祈秋報也

十五日曰花朝民間多以是日嫁娶

三月清明前一日爲寒食節各家詣墓所祭掃掘土填墳掛紙標兒童爲風鳶之戲遊人攜酒具簪桃李花謂之踏青

二十八日係東嶽誕辰行宮所在演劇醮累十日

四月八日爲佛節寺僧造青精飯相餽遺

五月端午各家門首懸蒲劍艾虎包角黍泛菖蒲雄黃酒堂設天師像或以五色絲線香囊等物與小兒佩之辟諸毒惡日午採百草以備藥物觀競渡於河

二十八日邑城隍誕辰建會自康熙丁丑年起屆期於前二日裝扮故事雜劇歌舞之屬二十七日出巡邑人民持旛蓋香花班迎道上或充執事與衛務極一時之盛

六月六日曬書籍衣物造醬醋鹽豉俗以為半年福

七月七日婦女設茶菓於露地看巧雲謂之乞巧

中元祀先又浮屠為盂蘭會

八月初戊賽社如春

十五日中秋節以月餅藕栗相餽送夜賞月或至達曙

九月重陽登高掃墓飲菊酒以辟不祥

十月十五夜多設饌賑孤

十一月冬至有家廟者合族祀祖先

十二月初八日啜臘粥雜杭豆棗栗亦有以是日嫁娶者

二十四日曰小年掃舍宇夜祀竈神數日內金鼓爆竹喧聲不絕具酒饌祀祖先曰年羹飯除日張春聯於門閭戶後燃燭焚香拜祖先及尊長舉室歡坐飲酒曰團年或有圍爐終夕不寐者謂之守歲

學校

學校為育才之地而人材以實踐為先我
朝本
聖學以為教化崇祀
先聖度越古今典至鉅也舊志附見建置今另為一門詳其典禮其入學之額及本邑書院與賢庄附焉多士幸生
明備之時先賢先儒仰止如在而肄業則有膏火觀光則有資斧其兢兢於敦本崇實以仰副菁莪棫樸之化者宜何如也志學校

聖祖仁皇帝康熙二十五年恭頒
御書萬世師表匾額
御製至聖先師孔子贊並序

蓋自三才建而天地不居其功一中傳而聖人代宣其蘊有行道之聖得位以綏猷有明道之聖立言以垂憲此正學所以常明而人心所以不泯也粤稽往緒仰溯前徽堯舜禹湯文武達而在上兼君師之寄行道之聖人也孔子不得位窮而在下秉刪述之權明道之聖人也行道者勳業炳於一朝明道者教思周於百世堯舜禹湯文武之後不有孔子則學術紛淆仁義湮塞斯道之失傳也久矣後之人而欲探二

帝三王之心法以爲治國平天下之準其奚所取衷
焉然則孔子之爲萬古一人也審矣朕巡省東國謁
祀闕里景企滋深敬摛筆而爲之贊曰清濁有氣剛
柔有質聖人參之人極以立行著習察舍道莫由惟
皇建極惟后綏猷作君作師垂統萬古曰惟堯舜禹
湯文武五百餘歲至聖挺生聲金振玉集大成序
書刪詩定禮正樂既窮象繫亦嚴筆削上紹往緒下
示來型道不終晦秩然大經百家紛紜殊途異趣日
月無踰羹牆可晤孔子之道惟中與庸此心此理千
聖所同孔子之德仁義中正秉彝之好根本天性庶
幾夙夜勗哉令圖溯源洙泗景躅唐虞載歷庭除式

觀禮器摛毫仰贊心焉遐企百世而上以聖爲歸百
世而下以聖爲師非師夫子惟師於道統天御世惟
道爲寶泰山巖巖東海泱泱墻高萬仞夫子之堂孰
窺其藩孰窺其徑道不遠人克念作聖

復聖顏子贊

聖道早聞天資獨粹約禮博文不遷不貳一善服膺
萬德來萃能化而齊其樂一致禮樂四代治法兼備
用行舍藏王佐之器

宗聖曾子贊

洙泗之傳魯以得之一貫曰唯聖學在茲明德新民
止善爲期格致誠正均平以推至德要道百行所基

纂承統緒修明訓辭

述聖子思贊

於穆天命道之大源靜養動察庸德庸言以育萬物
以贊坤乾九經三重大法是存篤恭慎獨成德之門
卷之藏密擴之無垠

亞聖孟子贊

哲人既萎楊墨昌熾子輿闢之曰仁曰義性善獨闡
知言養氣道稱堯舜學屏功利煌煌七篇並垂六藝
孔學攸傳禹功作配

世宗憲皇帝雍正三年奉頒
御書生民未有匾額

今上乾隆三年奉頒
御書與天地參匾額
先師廟　在縣治儀門左正位南向　五楹前露台下拜
台左東廡五間右西廡五間前戟門三間門左名宦
祠右鄉賢祠前爲泮池又前爲櫺星門戟門左右櫺
星門外繞以垣爲黌宮
廟後
崇聖祠
廟右爲明倫堂堂後教諭公署

正殿

至聖先師孔子正位

木主高二尺三寸七分濶四寸厚七分座高四寸
長七寸厚三寸四分朱地金書

四配

復聖顔子

述聖子思子　殿内東旁西向

宗聖曾子

亞聖孟子　殿内西旁東向

木主高二尺五寸濶三寸二分厚六分赤地墨字

十二哲

先賢閔子損

先賢冉子雍

先賢端木子賜

先賢仲子由

先賢卜子商

先賢有子若　殿内次東西向

先賢冉子耕

先賢宰子予

先賢冉子求

先賢言子偃

先賢顓孫子師

先賢朱子熹　殿内次西東向

木主高一尺四寸濶二寸六分厚五分赤地墨字

東廡

先賢蘧子瑗

澹臺子滅明

原子憲

南宮子适

商子瞿

漆雕子開

司馬子耕

商子澤

梁子鱣

冉子孺

伯子虔

冉子季

漆雕子徒父

漆雕子哆

公西子赤

任子不齊

公良子孺

公肩子定

子單

罕父子黑

榮子旂

左人子郢
薛子邦
原子亢
廉子潔
叔仲子會
公西子輿如
邽子巽
陳子亢
琴子張
步叔子乘
秦子非

顏子噲　以上唐開元中從祀
顏子何　雍正三年復祀
縣子亶　雍正三年增祀
樂正子克　雍正三年增祀
萬子章　雍正三年增祀
周子敦頤
程子顥
邵子雍　俱宋淳祐元年從祀雍正三年陞為先賢
先儒公羊子高
伏子勝　俱唐貞觀二十二年從祀
董仲子舒　明洪武十八年從祀

后子蒼　明嘉靖九年從祀
杜子春　唐貞觀二十二年從祀
諸葛子亮　雍正三年增祀
王子通　明嘉靖九年從祀
范子仲淹　康熙五十五年從祀
歐陽子修　嘉靖九年從祀
楊子時　明宏　八年從祀
羅子從彥　俱明萬歷四十一年從祀
李子侗　萬歷四十年從祀
呂子祖謙　宋景定二年從祀
蔡子沈　明正統二年從祀

陳子淳　雍正三年增祀
魏子了翁　雍正三年增祀
王子柏　雍正三年從祀
趙子復　雍正三年從祀
吳子澄　明正統八年從祀
許子謙　雍正三年從祀
胡子居仁　明萬歷十二年從祀
王子守仁　明萬歷十二年從祀
羅子欽順　雍正三年增祀

西廡

先賢林子放　雍正三年復祀

宓子不齊

公冶子長

公晳子哀

高子柴

樊子須

巫馬子施

顏子辛

曹子卹

公孫子龍

秦子商

顏子高

壤駟子赤

石作子蜀

公夏子首

后子處

奚容子蒧

顏子祖

句井子疆

秦子祖

縣子成

公祖子句茲

燕子伋

樂子欬

狄子黑

孔忠子忠

公西子蒧

顏子僕

施子之常

申子棖　以上唐開元中從祀

左子邱明　雍正三年陞爲先賢

秦子冉　雍正三年復祀

牧子皮　雍正三年增祀

公子都　雍正三年增祀

公孫子丑　雍正三年增祀

張子載

程子頤　俱宋淳佑三年從祀雍正三年陞爲先賢

先儒穀梁子

高堂子生

孔子安國

毛子長　俱唐貞觀二十二年從祀

鄭子康成　雍正三年復祀

范子甯　雍正三年復祀

韓子愈　宋元豐七年從祀
胡子瑗　明嘉靖九年從祀
司馬子光　宋咸淳三年從祀
尹子焞　雍正三年從祀
胡子安國　明正統二年從祀
張子栻　宋景定三年從祀
陸子九淵　明嘉靖九年從祀
黄子榦　雍正三年從祀
眞子德秀　明正統二年從祀
金子履祥　雍正年三增祀
何子基　雍正三年增祀

趙子復　雍正三年增祀
陳子澔　雍正三年增祀
薛子瑄　明隆慶六年從祀
許子衡　元皇慶二年從祀
陳子獻章　明萬歷二年從祀
蔡子清　雍正三年增祀
陸子龍其　雍正三年增祀

崇聖祠
雍正元年
上諭加封　孔子五代改啟聖祠爲崇聖祠
肇聖王木金父公　位中
裕聖王祈父公　位左
詒聖王防叔公　位右
昌聖王伯夏公　又左
啟王聖叔梁公　又右　　俱南向
木主規制同四配
配享
先賢顔氏　無繇

先賢孔氏　鯉　明正統三年俱自聖殿西廡升配俱西向
先賢曾氏　點
先賢孟孫氏　激　俱正統三年升配　俱東向
先儒周氏　輔成　明萬歷二十三年從祀
先儒程氏　珦　明嘉靖九年從祀
先儒蔡氏　元定　嘉靖九年從祀
先儒張氏　迪　雍正元年從祀　俱西向
先儒朱氏　松　嘉靖九年從祀
木主規制同十哲　俱東向

義學共田一千零一十三石

奉鄉七十里朱家山田四百石　係朱欽賢家所施入元妙觀後撥入義學子孫永遠耕種

平鄉七里萬松寺田二十石　係沈太爺所置入義學

平鄉六里蘇公祠田二十三石　係沈太爺捐置入義學

平鄉六里作木坳田五十石　係金太爺所置入義學

奉鄉十五里聞家畈田一百二十石　係慈惠菴捐入義學

多鄉五十五里唐家冲田八十石　元妙觀撥入義學

又田一百石　思蔭堂撥入義學原係元妙觀田

奉鄉七十里潛山磡田六十石　元觀撥入義學

奉鄉十五里馬驛坳　田八十石元妙觀撥入義學

多鄉十五里碎石嶺田八十石　思蔭堂撥入義學原係元妙觀田予耕種

平鄉七里栗子園官基一十七間半　二兩五錢

多鄉一百一十里萬應菴田六十石　上堡係土[illegible]甫家施善應菴請撥入義學

便民倉息穀　十二石

興賢庄記

羅田興賢庄創始前任張君何興賢乎爾制田取稞給諸生科舉資需乎此與無需乎此興之使勉爲賢而已張君既捐廉俸邑人士翕然從令或以施爲或以公罰或以閒田之無主者經營五載而庄成於是張君署襄陽尋丁內憂未暇善厥後也今年余始承乏邑人士請定章程以垂久遠適張君將歸來羅別余具道顛末相語酌議規條鐫諸琰珉附於庄所自張君立庄以來羅田四人登賢書後人加惠士林者從而潤色之羅田之士不蒸蒸日進乎上哉是張君又能成其終矣抑余更有進者三王學皆明倫文行交修乃不愧於賢稱之以庄樸而厚有志興起者其顧名思義焉庶不負張君之雅意夫張君名元英陝西膚施人與其事者邑教諭張君增健貢生郭地燦葉福澤及紳士潘文萃崔員陳錫封崔鼎郭地鵬

乾隆己酉嘉平月知羅田縣事太原姜廷銘記

計開條規

一事權歸一庄名興賢庄乃士子大比資斧之助非在官物也一有牽制則不能無弊專令歲科批首輪管再於每案內慎選方正幹濟一人公收公發並須公放恐衆士入手不能附出但放須着實或穩妥之家或興旺舖戶每月只取一五息以便屆期完償未

一蕭姓捐充雲峯寺田二十石有魚塘山地坐落多
鄉入延河
一獅子林撥入田三十石有魚塘山地坐落平鄉方
家坳
一曇花菴撥入田三十石有魚塘山地坐落平鄉方
家坳
一典福菴撥入田一十三石有魚塘屋山地坐落多
鄉李家樓
一集仙寺田九十五石有山地塘屋坐落奉鄉腰帶
水
一劉買姓田二十五石坐落深水河有田地塘屋等
項
一葉姓捐蓮花地田四十石有山地塘屋等項坐落
奉鄉石磯鋪
一張姓捐田十五石係公共九十石內摘六股之一
雜項照股分坐落東關外烟墩堖
一僧正海捐所當趙耀丹葉家河田四十石有塘屋
山地等項

康熙五十六年奉　提督學院李　科考知縣張琳
詳撥府學原案
湖廣黃州府羅田縣知縣張　爲教育洪恩浩蕩籲
懇一視同仁事據儒學廩增附生員程艮法周易劉
漢宗徐思源徐得時胡師清雷天鐸龔天秩朱文魯
劉餘蔭余寀歐時雍董敬棟葉自成嚴時愼嚴時楨
周諏徐乾源晏一麟胡師洪葉繼煋葉繼詩葉鋭善
葉成善汪基洋程伸程艮謨胡師洛等呈前事詳稱
竊羅邑雖山僻微區均係版宇封邑况每遇修葺本
府學宮羅邑文武生員亦各黽勉捐輸罔敢異視查
黃屬州縣每考俱有撥入府學卽羅邑科歲撥入府
學自來亦有成例若府庠生員徐文瑞嚴時望陳大
俊余有璋等俱係羅邑進取文童撥入府學前案炳
據詎邇來數科羅邑竟無一名撥府固屬山陬僻壤
猶希化雨均沾伏乞賜文轉詳照例均撥庶彈丸下
邑咸歌有脚陽春共沐同仁惠澤矣據此該卑職看
得科歲考試所取童生應入府者卽於各州縣內量
撥不必另送等語載在學政全書遵循已久查楚省
各府州縣每考取進童生照例量撥一二名收入府
學事同一例而詳稽羅田從前考試俱撥入府均蒙
作養宏仁原無岐視者也乃邇來羅邑數考未荷均
撥祇以山陬僻壤致深向隅之嗟兹據通學廩增附

生員公呈籲懇前來卑職仰體
憲臺振興文教棫樸作人之化合應據呈轉請伏乞
恩賜轉詳　學憲一視同仁俯准照例取進均撥府
庠庶多士共沐作養洪庥而從此人文蔚起爭自濯
磨益沾雨露於靡既矣等情申詳湖廣黃州府正堂
加三級紀錄四次蔣　蒙批仰候轉詳　學憲繳隨
蒙湖廣黃州府正堂加三級紀錄四次蔣　爲教育
洪恩浩蕩等事據詳轉申　提督學院李　請照羅
田縣詳請取進童生量撥一二名收入府學[illegible]由蒙
批仰候閱文酌奪繳等因批府行縣遵照在案隨於
本年奉　提督學院李科試羅田縣文童除照原額
取准新進生員余樞嵩等一十二名外照詳准羅田
縣撥入府學新生一名蕭光表

文職官

朝廷設官分職惟縣令與民最親得賢有司拊循之邑之福也而簿尉爲縣佐學校爲教士之官雖品秩有崇卑職任有閒劇要之承流宣化牧民育才其責均重羅於楚址爲簡缺吏多悃愊與民相安特宋元祐以前職官刓蝕者無攷前志止載宋縣令二人主簿一人元達魯花赤二人主簿教諭各二人典史一人世次未盡詳至明乃詳著於篇主簿以下仍多闕畧今畧次其先後與
國朝歷任各職合爲一表傳諸來禩猶可案籍而稽矣

表

宋

縣令　主簿

吳季益　弋陽人
義興
史季瞻
吳仁傑

紹興
詹魯山　籍未詳
舊志載巳上二人典史今按宋止有尉元至元
巳後不詮者倣此

二十年
上中下
縣制始
有典史
又通志
載吳仁
傑登科
詣部詮
調官羅
田未詳
其職舊
志恐誤

元
達魯花赤　主簿　教諭　典史
大德　周廣　可立　廖王佐　鄔世榮
宏農人
至順　陳珂　吉思　蔣翹之
大德成　江西盧
宗年號　陵舉人
至順文
宗年號
前志失

效正之
明
知縣　主簿　教諭　訓導　典史
洪武　唐元　田道　曾嘉勉　明初二　虞俊
舉人　貴州石　舉人府　員天啟　山東淄
阡人監　志廬江　間裁一　川人吏
生有傳　人舊志　員　員有傳
廬陵人
石璞　葉琳
舉人　何明
浙江人

鄧宣
錢休
象山人
舉人
宣德　王昇　章瓚　丁思孔
浙江紹　廣東欽　人名宦
興人進　州人監　祠舊志
士有傳　生有傳　遺依府
志補入
汪鵬　溫仁
張儀　陳璉

山東鄒平舉人有傳

羅如　江西南昌歲貢有傳

陳鼎　廣西慶遠衛人解元有傳

陸斂　鄔程人

江西南昌舉人有傳

陳瓚　淮安舉人有傳

陳訪　直隸桐陵舉人

逯聰

王恕　淡觀

江西廬陵舉人

段　咨

監生

正統

龎敬　譚天禄

浙江嘉興舉人依府志序此有傳

李勉　歲貢廬陵人有傳

蔣昇

天順

翁勉　浙江人監生

張時瑞

胡學儉　太和人歲貢

李唐

李鑑　山東人歲貢

葉春　潁川人

吳承宗　莆田人歲貢

王宏道

雲南人

成化

張遲　雲南人

徐泰　直隸江陰人解元有傳

胡紳　[illegible]人監生

袁英　常熟人歲貢

石彬　浙江天台人歲貢有傳

陳誌

浙江永嘉人歲貢

余洪　直隸六安人有傳

崔瓘

張佑　河南固始人歲貢生有傳

陳德成　福建長樂人

何曜

姚瓚　鄧州人

歲貢

宏治

沈雷　華亭人歲貢

崔見賢　揚州人歲貢

韓鎰　桐城人歲貢

齊鋥　河南臨漳人有傳巳上主簿俱不知年

王爍

王璣　山東人

徐衢　餘姚人歲貢

趙廷佐　桂林中衛舉人

羅勳　四川永

程勉

州人進士有傳

河南人

楊琦　浙江鄞縣舉人

康紹儒　順天宛平舉人

正德

蕭英　江西新塗舉人

曾嘉慶

鄧穆

渠璽

江西太和舉人舊志作慶嘉

吉水人歲貢

四川巴縣

夏雷　浙江嵊縣人舉人

馬順　四川定遠人歲貢

陶清臣　浙江泰順人選貢

殷佐　山東高唐人舉人

郭愈華　江西龍南人歲貢

楊鑾　秀水人

章　式　　舉人　　孫本淑
江西臨　　蔡元偉　　四川璧
川舉人　　福建晉　　山人歲
張　愉　　江舉人　　貢　　彭仕寅
四川南　　　　福清人
充人舉　　鄧　山　　洪　炯
人　　銅梁人　　歙縣人
周　英　　歲貢　　歲貢
四川忠
州舉人
嘉靖　夏國孝　李　鑴　李明言　黃彥珠

四川涪　　雲南大　　揭陽人　　邛州人
州人進　　理人前　　歲貢　　歲貢
士　　志又作
鄒明魁　　備有傳　　黃德裕　　蔡　方
四川綦　　浮梁人　　邛州人
賓舉人　　舉人　　歲貢　　張　磐
勞　樟　　石　煥
浙江崇　　寧州人
德人舉　　冉　珣　　歲貢
人有傳　　四川瀘　　熊　炯
州人　　桂林人

舉人　　王尚儒
沈　越　　四川人
江南錦　　歲貢
衣衛人　　黃　深
進士　　信陽人
唐繼化　　邱　鐩　　歲貢
福建閩　　鄞縣人　　方可成
縣舉人　　淳安人
林宗桂　　歲貢　　陶于沂
閩縣人　　徐　瑞　　王文實
舉人　　龍遊人　　德平人

祝　翊　　歲貢　　歲貢
浙江蘭　　王德民
溪人舉　　貴州人
人前志　　歲貢
作翊　　鄭　楷
梁士翹　　張　翊
東海人　　雲南人
舉人　　歲貢
徐文炯
宜興人　　張體有　　劉　僎
歲貢

方長卿
餘杭人
舉人
張廷器　桂汝明　陳以政
閩縣人
舉人
余懷善
象山人
歲貢府
志作喜　唐汝璧
朱艮用　方乘雲

廣德人
舉人
隆慶
蔡銳　許寅　劉實
泰興人　曲江人　歲貢
歲貢　歲貢
梁大韓　蔣學成　狄延
桂平人　山陽人
舉人　歲貢
凌嗣音　陸夢豸
浙江烏
程人進

士有傳　吳繼武　冉三元
萬歷
張三畏　井陘人　萬縣人
獲鹿人
歲貢　甯東海　歲貢　顧應文
葉于僉　饒思鄒　黃恒
閩縣人　新淦人　倉山人
舉人　歲貢　歲貢
莊量　蕭懋功　王重氏
福建人　江夏人　南康人
舉人　溫尚禮　歲貢　歲貢
浙江烏

王燾　程人有　錢文昇　金閣
前志在　傳　歲貢生
徐言後
考府志
序此　劉儔　王鳴鳳　屠名揚
舊志無　浙江人
姚孟昭　倪子恬　依府志
浙江慈　補入
谿人舉
人　蕭應鳳　馬應龍
彝陵人　穀城人

徐言
何客人
舉人　張克魯　徐恬
河南人　巴東人
芮聰　卜居豐　歲貢　馮堯臣
前志序　莆田人
隆慶間
考府志　唐良機　韓養量
序此　宿松人　山西人
王邦翰　府志作

陝西高　劉廌鶴　機前志　冷逢選
陵人舉　作撰　南漳人
人　程先裕　陳芳喬
張世維　江夏人　張濂
海門人　貢生　四川人
舉人　胡天定
李一陽　巴陵人
前志烏　貢生
城人府
志歸安　孫一元　吳國泰　嚴惟懋

人舉人　六安人　池州人　孝感人
有傳　貢生舊　歲貢生
志序崇　壬子任
袁應龍　正間依　有傳
江西餘　府志序
干人選　此
貢府志　程三樂　朱廣　莊世恩
載壬子　王應先　四川合　南雄人　莆田人
任有傳　六安人　江舉人　壬子任
壬子任　李時春
周迪　辰溪人

范世楨　莆田人　張謙亨
陳用庠　己酉解　江陵人
直隸靖　峽江人　元依府
江人　志序此　烏應元
襄陽人　梁時敏
凌存彝　夏之霈　楊芴　北直人
舊志無　上海人　瀘溪人　□上典
今依六　史俱不
賢祠補　蕭貢　知年
入　岳州人
黃甲士

周德友 四川人

南昌人

楊可標

晉江人

鄭餘慶

當陽人

吳翰東

廣東人

張守心

唐縣人

傅宗夔

雲南人

天啟

倪景豫 張應期

浙江鄞 丹徒人 牛化質

縣人舊 彰德人

志序崇 府志作

正間依 化前志

府志序 林啟鶴 作光

此有傳 福建莆 鐘明朝

田人吏 浙江人

員已前 貢生

主簿自

冉珣王

此俱不

崇正 張其舉 知年

廣西人

歲貢

楊見龍 鄭之麟

廣東人 揚州人

舉人 貢生

梁志仁 譚光先 盧大受 畢思仁

江寧舉 武陵人 寶慶人 有傳

人甲戌 舉人 有傳

任有傳

吳鳳來

白乃忠 周有德 福建人

四川江 夿兵燹 舉人有

津舉人 志內補 傳

乙亥任 入 金道合 李楷 孟國棨

有傳 潛山貢 山西人 江西人

劉熾 生

四川經

縣人 李占典 吳時爰

嘉魚人 雲南彌

貢生府 勒州人

志嘉典　有傳
人
沈壽嶽　李鯤騰
宣城舉　陝西人
人　有傳
汪洋謙　歐陽煌
廣西人　潛江人
歲貢　有傳

國朝
知縣一員
主簿一員　涂彬任三月奉裁
儒學復設教諭一員
儒學訓導一員
多雲鎮巡檢司巡檢一員
典史一員
陰陽學訓術一人
醫學訓科一人
僧會司僧會一人
道會司道會一人

順治
知縣　教諭　訓導　巡檢　典史
白廷芳　胡念祖　陳修　徐明貞
山東人　大冶人　漢川人　浙江海
歲貢丙　舉人　鹽人
戌任
胡應徵　吳緒揚
三河進　鄖陽人
士　歲貢
李雨霑　袁一鏡
山東泰
安人有
傳

呂鳴和
北直人
乙酉副
榜有傳
婁　泰
巢州人
恩貢有傳
康熙
王政資　喬士魁　項之芹　俞從先
福建莆　巴陵人　徽州人　浙江人
田人辛　歲貢

丑進士　李　偁　胡士魁　孫　藺　陳從禮
蔡嗣襄　荆門州　沔陽人　宛平人　會稽人
福建舉　人歲貢
人　有傳
吳大成　向宗可　周之楨
江夏人　荆門州　浙江紹
王光鼎　舉人有　人歲貢　興人
遼東人　傳
蔭生有　張佐瑞　何孔義　金　鎮
傳　漢陽人　漢陽人　揚州人
例貢　歲貢

林甲春　陸錫穀
莆田人　雲南人
舉人壬　有傳
戌任有　夏尚忠　張若曰　徐廷佐
傳　江夏人　江夏人　南昌人
歲貢　歲貢前　何邦榮
志荆州　浙江人
人有傳
金世楨　程大肇　楊承熊
奉天人　孝感人　揚州人
貢生有　歲貢有

傳　傳　萬鍾粟　邵廷棻
平溪衛　紹興人
人歲貢
有傳
姚士基　戴　俊
桐城舉　臨利人
人有傳　歲貢壬
午任有　王宏勲　李　蕙
沈廷楨　傳　梨平人　北直人
鑲白旗　歲貢有
貢生癸　傳

未任有　劉祈年　吳思泳
傳　江陵歲　通州人
貢有傳
劉芳遠　楊九錫
江西崇
仁人進
士有傳
朱理昌
山東郎
墨舉人
有傳　殷維哲

巴東人歲貢壬辰任

張琳　鑲紅旗生員癸巳任有傳

葉采　江寧人有傳

錢廷棟　杭州人

謝耕雲　沔陽人例貢丁

何肇魁　順天武陵人庚子任

酉任有傳

張坦含

雍正

余執中　山東舉人有傳

商世業

大典人癸卯任

周璽　江陵人舉人乙巳任有傳

陳燦　遠安人歲貢丙午任

沈光國　順天人丁未任

張謙　太原府人戊申任

劉宏雋　正黃旗人監生己酉任

金瑀　廣順人恩貢壬子任有傳

黃椿　崇陽人歲貢壬子任

乾隆

張正品 天台舉人元年署

彭朝佐 溧陽人舉人元年任有傳

丁翊壽 戊午

許成珂 荊門州歲貢元年任有傳

李适 沔陽州

鮑梓昇 江南青

人舉人三年任

陽人三年任

朱宏仁 清平衛人四年任

施宗達 平湖人舉人六年任

黃士相

王培仁 安福縣人舉人八年任

王瑩中 深澤人進士九

李作朋 當陽人副貢八年任有傳

竹谿人歲貢七年任

沈學周 大興人八年任

年任

馮係龍 歸安籍仁和舉人十二年任

九延祚 竹谿人歲貢十年任有傳

彭大本 江夏人

劉崇文 江夏人拔貢十三年任

羅田縣志　卷之四　四一

孟炳　鑲紅旗人漢軍十七年任

歲貢

蔣熊之　江南陽湖人進士十九年任

熊士臯　荆州人

王文鍵　長陽歲貢十九年任

李茂才　四川儀隴人十七年任

王賑　河南汝州人進士二十年任有傳

冦軫　鄖陽人

向治　歸州人

張中權　浙江蕭山人二十二年任

羅田縣志　卷之四　四二

唐鍾甲　通州人恩貢二十四年任有傳

萬載甫　雲夢人歲貢二十六年任有傳

王文瑗　山西絳州人二十六年任

於永隆　二十六年任有傳

沈廷楨　大興人二十三年任

王燾　會稽人二十年任

陸學泌　江蘇吳縣人監生三十年任

王鴻典

直隸雄縣人舉人三十二年署有傳

左世瑯 江南桐城人監生三十二年任有傳

王典 竹谿人歲貢三十三年任有傳

龍鎬 江夏人選貢三十五年任

楊越 山陰人三十五年任

鄧元才 宜都人歲貢三十六年任

永慶 正黃旗人舉人三十七年任有

傳

王湘 江蘇常熟人舉人三十八年署

陳士鳳 雲南河陽人癸未進士三十九年任有傳

褚華 應城人舉人三十九年任

趙廷鈺 會稽人四十一年任

韓皓 廣東人四十一年任

程文衡 孝感人選貢四十二年任

劉永華

湖南益陽人四十五年署

徐昱　江西金谿人舉人四十七年署有傳

張元英

陝西膚施人舉人教諭陞四十七年任有傳

張增健　天門人副榜四十九年任有傳

楊界　正黃旗人漢軍五十二年署

楊開鏡　江蘇陽湖人監生五十三年署

姜廷銘　山西保德州人選教習五十四年任

蕭學晋

梁珖　襄陽人歲貢五十四年任

孝感人副榜五十五年任

汪師孟江南吳縣人監生五十六年任

武職官

文以致治武以防奸羅據蘄黃上游接壤英霍乃南北咽喉防汛綦要按明史載郭金城爲守　舊志載都司李懋功領兵追賊餘悉無傳

國初武弁分設原無定員後設經制把總復設千總駐防武職始定今紀其名見文武無偏重之意云

表

千總

翁際盛黃岡人

傅鼎和興國人

趙天開大冶人

余士選黃岡人

王之鴻圻州人

石光泰圻州人

葛正新江皀人

黃之璉黃岡人

李正太安陸人

把總

余士進

翁際盛

顏上瑄

吳士俊

萬祜

熊見龍

張封侯

胡得仲

趙治國

曾煌

黃之璉

陳臨

張文年

徐鳴盛

楊金陞
施士龍
李正太
胡得用

政蹟

文武分職既臚於表矣詳著政蹟非妄擬也存其名不當沒其實周廣而下一一載於前志厥有成蹟應盡錄之勿敢遺其續登者則必實堪比蹟前烈始依類增入以著一邑之循良至他志傳職官皆目名宦今以未盡詳請不敢概以名宦目之但著其行政之實蹟云爾

元

周廣大德閒任達魯花赤歲甲寅以縣祠在魁山下崎嶇不便民遷官渡河至今賴之祀名宦祠

明

王昇紹興人宣德間由進士任知縣居官以廉治事以謹惠政在人卓卓可傳

張儀山東鄒平人由舉人任縣事清介自矢勇於有爲邑人沐其澤

陳鼎廣西慶遠衛人由解元任知縣仁恕精明案無陳牘民懷其德吏畏其明

龐敬嘉興舉人正統間短縣治政嚴明律己廉介壇壝鋪舍祠廟捐貲建置不憚經營祀名宦祠通志府志

徐泰字士亨江陰舉人正統間知縣清白仁恕教民務農桑四郊創便民倉以備凶荒邑糧轉運水次

甚勦買蘄水巴河地建倉厫廳舍數十間並置附近田畝爲歲時修倉費豪右欺隱田糧六百餘石窮民受累乃據糧丈田宿弊盡露賠累得免時公署及祠壇徧植佳木衆芳垂蔭後人比之甘棠成化四年膺都憲吳琛薦陞荆門州知州祀名宦祠　一統志參舊志

余淇六安州人成化間由太學生任縣事有吏才操守無私判民訟一出以平情之論或有訴疾苦者必爲區畫周詳感激者嘖嘖盈道路惜終以直道去

羅勳四川永州人宏治中以進士知縣事清靜簡易重儒勸學臨民恒衣布衣服綺羅者望而自愧其儉樸

可風也如此　參府志

勞樟浙江崇德人嘉靖時由舉人任萬年縣知縣以骨鯁遷羅田當是時民苦凋敝身親會計稽賦懲奸新學廟葺石城凡事肩行已志雖上吏不能撓且不輕聽人言左右憚之有鐵耳之稱城無猾吏邑無冤民入名宦事　一統志參舊志

凌嗣音浙江烏程人隆慶間由進士知縣事潔已愛民有趙清獻遺意用刑最矜恤見囚多斃獄中改建於縣治東自後獄無沉冤黎民懷之僉曰我凌侯造福無彊矣其他政教皆本惻怛之意不尚嚴威泰祀六賢祠以陞任去有詩載藝文志

李一陽歸安人萬歷間以舉　任縣事性篤孝事母竭力無違公餘不忘舉子業登臨山水每留題亭臺嘗選邑子弟有文行者讀書丙署多所造就以憂去

袁應龍餘干人由拔貢知縣事才優經濟心乎恤民編條銀立繇單以稽出納人咸稱便

倪景豫鄞縣舉人天啟中來任縣事愷悌人也勤撫字不沽名自額其堂曰實心實政歷任五年學校聿新百廢俱舉嘗建鳴鳳堂作歌以紀其事鐫諸石陞夔陵知州去邑人以祠祀呈請道憲允之且曰景豫慈祥清白冠冕一時撫綏山城其心更苦宜人心愛戴陳情出至誠也乃建祠於縣之西　後燬

梁志仁事詳明史忠義傳載藝文祀名宦祠

白乃忠字邇事四川江津人崇正乙亥年由舉人任縣事是歲二月[illegible]日流寇陷城前任梁侯死之人民逃竄邑里爲墟公以六月二十八日單騎到任招輯散之民而安集之謀於衆曰吾奉命守斯土撫斯民慈來在吾但守禦之法不可不講遂急爲築城計請於朝得一年之賦集里長二百五十戶分段承修水旱二城務極堅固築培垣設垛口邑之城制始備乃募壯丁爲義勇分七營一曰里兵營二曰東義營三曰南義營四曰智營五曰勇營六曰遊兵營七曰師中營又造信炮數十鳥鎗數百貯於各營以備戎器寇

退則商安於市農安於野寇至則丁壯雲集歸於各營且守且禦法極精詳時諸生王固執義士也闔邑舉之謂其可當一面公如衆所請卜吉日拜而授之令俾監各營教義勇以軍法莫敢有違當是時寇盜盤據窺伺一嘯百集難孔棘矣公以大義激勵人心使衆志成城依壘效命屹然爲蘄黄保障賊不敢近城闉有犯境者卽率七營兵攻之披堅執銳不避矢石每陷陣輒爲先鋒斬其魁散其黨用正用奇大小凡十餘戰戰無不捷寇盜引去民獲安堵公在任五年水清玉潔一錢不苟其貌謙恭和易而才兼文武不爲時事困備內捍外四應從容卽如邑舊志燼於

兵火猶於寇戎倥偬中重修而新之焉雖公去而賊漸熾築者圯修者燬然功在一邑澤在人心宜乎至今歌思不忘也　參舊志本傳及守城畧

劉燧四川經縣人事母孝値歲飢民散以逋賦無徵坐免當事者知其寃具疏力辯得全　以上明知縣

徐紳山東東平州人太學生守介節人不能干以私遇事剛斷存心慈愛以親老在籍迎養無資遇恩例請終養去　舊志載縣丞不知何時人

田道　亦作白道貴州石阡人以監生爲主簿卓有材幹佐政無潰議嘗攝麻城廣濟縣篆事竣去送者遮道

陸敏浙江烏程人監生廉而有威亦勤且敏嘗曰官無大小務在稱職彼變其素心者特爲家口累耳獨居冷署不急催科亦不失官守巡按王公見而嘆曰各屬主簿無如陸敏者任五載致仕祀名宦祠

齊錕河南臨漳人由監生爲主簿恬淡渾樸不欺人任事極敏捷曾署理蘄水縣事胥吏奸卒者屏跡祀名宦祠

李鎬大理人嘉靖時爲縣簿不携妻孥獨甘澹泊時値賦役繁興不妄施敲撲公退之下揮琴咏詩依然名士風流嘗以明道先生春日絶句冠於篇首

續和成帖其清雅如此甲午冬例應朝覲郡縣先期啟行公檄獨後至民皆憂其無犒卽曰匹馬就道無所顧慮卒於京祀名宦祠　參府志

温尙禮浙江烏程人以簿署縣事奉法循理取與不苟訟獄無冤　以上明主簿

章瓊廣東欽州人宣德時任教諭博聞廣記諸生質疑問難皆立解講說旣必曰文藝末也士君子最切要者惟植品爲先士咸信從陞湖州司馬

陳璉江西南昌府舉人持已謙恭與人易直潛心理學力除浮靡解說經書原原本本瞭如指掌陝西鄉試應聘入闈所得皆名士任九年陞鎮江府別

駕祀名宦祠

陳瓚福建淮安舉人學問淵博著作等身立教不拘科條寛嚴得體督學使者愛其才薦陞崇義縣令祀名宦祠

陶清臣浙江泰順人正德時由選貢任教諭意象雍容和氣滿座門下士皆樂親炙傾廉橐建學舍送諸生試皆捐已俸不外索分給廩餼除宿蠹之弊無絲毫侵漁遇同寅則彬彬有禮不以小嫌介意時有以病聞者遣人致問不憚其遠訃至厚賻之以艱去

程三樂四川合江人萬歷壬子由舉人任教諭樂於爲善尤樂以善及人其心聯云做得過好人心静身安

魂夢穏行些子善事天知人敬鬼神欽以陞任去

周廸莆田人萬歷乙酉解元教諸生婉而摯不以利重不以貧疏陞翰林院待詔

吳鳳來福建舉人崇正末任教諭流寇陷城不屈死祀名宦祠　通志忠臣傳以上明教諭

李勉江西盧陵人正統間由歲貢任訓導能自守不阿權貴士之有氣骨者皆宗之

石彬浙江天台歲貢成化時訓導性嚴正言笑不苟有古君子風才高學博工詩賦教士悉准成法無喜厭訓子則座右皆箴銘務令身體力行易簀時猶戒其必爲君子焉

張祐河南固始人歲貢舉止嚴重課士勤敏諸生皆喜得師奔走日益恭旋陞南皮教諭

鄧穆江南吉水人正德時由歲貢任訓導博覧羣書日務精肄聚諸生月課甄定甲乙嚴於去取臨財則一介不苟任五年陞善化教去

嚴惟懋孝感人萬歷壬子任訓導課士教子俱有典型都人士咸沐其化

盧大受賓慶貢生崇正時訓導流寇陷城死之祀名宦祠　通志忠臣傳

吳時俊雲南彌勒州人有氣節不畏強禦崇正時送生童應郡試事竣回縣至江家山遇寇死

李鯤騰陜西涼州衛人重名義維世教師道自任值土賊倡亂令長子率義兵進勦被殺遂以憂卒

歐陽煌潛江人崇正末訓導世亂而不變其節啟迪後儒無愧師道

許昂嘉靖時巡檢也值賊黨行刼邑民受害昂攻之挺身前驅直搗賊穴賊從間道出昂被殺　明巡檢舊志無攷玆從兵事查出特爲補傳

虞俊山東淄州人洪武時以吏員爲典史佐理靖職有守有爲俸滿當去士民呈請留任前後十有八年

單思仁典史崇正乙亥流寇陷城同縣令欒志仁不屈死祀名宦祠　通志忠臣傳

郭金城四川人崇正末提兵五百爲羅守將賊逼城率所部大戰斬首餘級追至英山休州畈賊大集困三日突圍不得出被執脅降不從遂遇害祀名宦祠

明史忠義傳

國朝

李雨霈山東泰安人順治己丑進士任知縣是時寇盜甫熄巷無居人百務俱廢公單騎入境多方招撫修城郭以禦寇教民墾田復本業明季宿弊多矣乃水蘗自茹一以掃剔爲務丁賦田糧不許栽派飛詭立由單便民完納催辦錢糧止用里長法押差華陋規勒禁公堂然後興學立教定月課法論文則以闡明經義爲主定士優劣敦品者爲上善記誦者次之士風丕振任六載以賢能擢福州知府後陞肅州道以終養致仕祀名宦祠

呂鳴和北直人乙酉副榜順治間知縣仁慈善下不矜已長而勤於政徵收正賦立自封投櫃法不假手吏胥火耗一概革除在任五年不以鞭撲催科人爭輸納工詩又工書意與所至揮毫如雲烟時稱雙絕陞均州去祀名宦祠

婁泰眞定府冀州貢生性慈祥而渾樸長者也治縣事九年人無不被其澤以公務卒於郡

王光門遼東人康熙癸丑由蔭生知縣事儉約明決爲廉能吏最蒞任時馳一騎至值荆岳用兵軍需嚴急悉傾槖代民科率邑中竟不知有軍需又發粟救荒有賑飢圖討賊鄰境有平寇圖其常時則徵收有制捕緝有方教養兼舉崇正黜邪民愛之如慈父畏之如嚴師旁邑人慕之爲歌義州行陞嚴州知府去祀名宦祠

林甲春福建莆田舉人康熙間來任縣事廉里長卹窮黎咸歌樂只君子其振興文教鼓勵士風又父母而師保矣陞大興知縣擢鴻臚司丞

金世楨奉天人貢生康熙間知縣有幹濟才邑無廢事除編審積弊詳允丁隨糧派歲大飢設法募賑存活

無算好讀書工於詩字時以政平訟理增修亭舍於塔山下與士民憩息迄今百餘年口碑載道

姚士基江南桐城人康熙間由舉人任知縣修大堂遷學宮於縣治西著不可錄以訓飭士子其臨民則教以務本力農崇儉樸而敦風俗壬午卒於官

沈廷楨鑲白旗人由貢生任知縣發奸而不刻剔弊而非激吏畏民懷捐俸建義學置倉基施義園公餘臨山水亭榭稱觴發咏雅有鳴琴風度卽其精鍼法立起沉疴亦仁術一端也不次之擢人皆善之

劉芳遠江西人由進士任知縣誠心愛人不爲利誘邑有敗類者妄指殷實之家誣以非法必燭其奸邑人

嘆服以爲神惜未朞月以憂去
朱理昌山東即墨人由舉人任知縣存心愷悌立政和
平以坐事去
張琳鑲紅旗人順天府學生康熙癸巳春三月任縣事
下車時年未弱冠好讀書以邑號易治日與都人士
相安無事前志自明末自公重修後八十餘年乃網
羅放失續緝爲若干卷　以前俱錄舊志
余執中山東舉人雍正間知縣廉潔自矢聽斷無私
金堉廣順人　恩貢生雍正壬子任縣事俊敏有才幹
勤於吏治事無大小一投即判未嘗留獄
彭朝佐溧陽人乾隆元年由舉人任知縣聽訟以哀矜

爲念不忍輕用大刑每歲徵收秋糧親坐櫃口令花
戶執攜平量正粿外不浮收一粒嘗謂隣邑英霍麻
城黃安米俱改折羅地僻民窮物力甚艱且山路崎
嶇轉運最苦深爲軫念將詳請改折邑人歡呼以去
任未果其兩袖清風父老無不傳頌
蔣熊芝江西陽湖人乾隆十九年由進士任知縣文章
工麗重儒林治民事勤且恪未久以艱去
王眼河南汝州人乙丑進士乾隆乙亥任蒞縣事十有
一年剛決果斷善治獄發奸摘伏如神盜賊屏息老
於文律加意士風改建學宮於治之東立塔山書院
延師教授時親自督課口講指畫於嚴師下車素載

清風凜凜邑境肅然以調繁
王鴻典直隸雄縣人乾隆三十二年由舉人署縣事優
禮文士勤恤民隱有訟牒立斷皆中情理無不輸服
時値山水衝城壞民廬舍捐俸以給其最貧者任三
月去送者遮道有留別詩載藝文志
左世卿江南桐城人監生能詩雅愛文人尤喜作育寒
士有應試艱於費者輒贈以錢用刑最平恕監禁屢
空在任六年安靜不擾有古循良風焉
永慶正黃旗人舉人三十七年任縣事精明渾厚心乎
愛民度量寬宏不輕喜怒陞武昌府歷湖南道現御
史

徐昱江西金谿人舉人乾隆四十四年署縣事才識通
融因應方無尤喜接文士知名者多被優禮
陳士鳳雲南河陽人癸未進士乾隆三十九年任知縣
與人寬平不立巖岸文章爾雅工於詩關風教者輒
以詩表之
張元英陝西膚施人舉人四十七年任知縣事母孝至
誠待人聽民事一準乎天理人情鮮有不當修葺學
宮振興文教立書院生童課程時加獎勵念寒士科
場艱費兩次解囊贈之乃多方經畫置與賢庄田二
百餘石章程未及定旋調任去　已上知縣
胡念祖大治人順治間由舉人任教諭世家能甘淡泊

力學敦倫性直行方師道凛然不輕談笑以疾卒於官

吳緒揚鄖陽人歲貢才識過人而守之確當時以果稱之陞上虞縣丞

李偁荆門州歲貢康熙間教諭學養深邃氣度渾雅戒子弟以莊恭敦風俗以樸扉數年致仕

吳大成江夏舉人善事母有文名詩亦擅長其課諸生也於有品者力爲推奬以表正羣倫學校之風駸駸日上

程大肇孝感人歲貢慷慨有氣節精制藝每試輒冠軍督學潘賞之曰此眞楚國材也及秉鐸道範尊嚴所

講說皆關世道人心士惟特立者乃能與遊否則鮮有合也其風範有如此者

戴佼監利歲貢生任教諭學問深醇舉止嚴肅捐俸建黌牆文物一新教士甚切至奬進童子尤諄諄弗倦以艱去祀名宦祠　糸府志

謝耕雲沔陽人由歲貢任教諭初到署即以課士爲務有志者樂就之　已上舊志

周璽江陵舉人雍正乙巳任教諭學優才富諸生資其教育感佩不忘

李作朋當陽人副榜乾隆癸亥年任教諭恬澹渾厚有溫溫君子風焉

張增健荆門州人副榜乾隆四十九年任教諭世擬科名以文章爲家法制藝及詩古文皆可爲後學式老成醇謹接人以直不厲聲色人皆愛敬督葺黌宮鳩工庀材不辭勞瘁事有關學校者輒慷慨自任無所畏避月課則甄鑒至精指授詳悉任五年致仕　以上教諭

萬鍾粟平溪衛人歲貢康熙間訓導學宮將圮葺之安居泠署門無苞苴

張若日江夏人由歲貢任訓導整躬率物師範巖巖巖餘卒

王宏勳黎平人歲貢持身端謹嚴月課之規文風丕振

劉昕年荆州江陵歲貢忠厚長者與人不欺人亦不忍欺之卒於任　舊志

許成珂荆門州歲貢乾隆元年任導訓視師生之誼最眞宛於一體

萬載常雲夢人歲貢乾隆二十六年任訓導古道自處操守清介士之入學者束修厚薄隨人意不强索門下士皆德之

尤延祚竹谿人歲貢性坦率不飾儀容於諸生丁艱者矜恤之概蠲其費

王典竹谿人歲貢乃前任尤之甥也乾隆三十九年任訓導不索贄費而貧直無私以上訓導

徐明貞浙江海鹽人順治間典史甘清苦勤於捕緝民有小訟曲直立判事母以孝聞出入必稟命於母年二十妻歿不再娶陞廣東馬宮鎮巡檢

陸錫緞雲南人康熙間任典史老成練達官不失職以押糧罣誤遂入籍

葉采江西江陵人遵守法令治民不擾　俱舊志

於永隆典史佐治循理不紛更洵寬厚有餘者也　以前典史

選舉

自鄉舉里選之法難行而科目之得人爲盛歷代取士之法備矣明洪永而後乃專重甲乙科嘉隆以降尤稱盛焉又歲貢外有恩貢有選貢有例貢鄉試副榜亦間有懋績其以騎射中選曰武舉曰武進士而武舉中三科者例得授官此其旁求亦云至矣我

國家取士之典鑒前代而益精邑雖彈丸而科甲觀光後先相望邑建於宋其前隸蘄者無考宋元之代舊志所載寥寥數人世遠年湮亦莫得而詳焉自明以後乃頗可述謹按其年次着於篇至於辟薦有條又以收秋賦南宮所不逮貤封有典且以普恩榮慶洽於無窮與夫盲矢石於行間奏勳名於册府忠武勳之卓有可紀者其年代先後遠近之殊勢難彙輯爰附列於後以俟後之稽攷焉耳作選舉表

宋　表

進士　舉人　武科　貢生　應例

王世規　王漢舉
王　韶
文淵閣
學士
王　厚
王　宋
翰林院

學士
余天錫
大學士
余天任
兵部尚
書依宋
史補入
李俊臣
程　綸
文天祥
同　榜

元
大定
李　謙　林景春
李黼榜　解元
官行人　楊　華
詳鄉賢　程均美
志　任監縣
郎令英
山
至正
余　闕　汪世豪
府志未

總管有　載見縣
傳　志
蕭再瑞
知縣府
志未載
見縣志
陳治太
程志剛
進士不　丁未科
知科　舉人

明

洪武二年詔開科取士六年罷科舉舉賢良十五
年詔復設科取士以子午卯酉年鄉試辰戌丑未
年會試

洪武
二十　廖士芳　吳純　徐助
三年　　　　　御史舊　豐邱縣
庚午　　　　　志遺見　主簿
　　　王樸　府志
　　　兵科給
　　　事中
　　　　　　　王道

　　　李楚山　知府舊　張義
　　　　　　　志遺見　馬驛縣
　　　　　　　府志　丞
　　　　　　　祝瓊　胡祥
　　　周志雄　通政使　邛州判
　　　戶部主　蔡明甫　黃錦
　　　事　　浙江鹽　順德丞
　　　　　　　提舉　胡明忠
　　　　　　　方永忠　唐府審
　　　　　　　縣丞　理
建文　廖敏　蕭再輔　胡鑽

四年　　　　　太湖縣　唐縣丞
壬午　　通判　令見舊
　　　　　　　志
　　　　　　　蕭以禮
　　　　　　　云陵縣
　　　　　　　令見舊
　　　　　　　志
永樂　徐克賢　祝成才　胡明誠
三年　禮部儀　　　　　壽州知
乙酉　制司郎　　　　　事
　　　中

　　　唐有義　徐志亮　汪衢
　　　有傳　　御史　　鉊山縣
　　　　　　　　　　　丞
　　　黃杲　　吳昇　　張木
　　　　　　　福建道　惠州知
　　　　　　　衞史　　事
　　　　　　　李志亨　汪慶舟
　　　　　　　推官　　蒼梧知
　　　　　　　董儀　　縣
　　　　　　　同知　　胡明儒

十二年甲午

陳甫

胡文彬

樂眞

蕭洧 商城教諭

鄒奇

王吉

鄒玭 永豐王簿

蕭珊 荊府奉祀

宣德七年壬子

葉剛

葉璲

胡凱

徐昱 通判

陳哲 通判

鄒淵

胡進

胡鍾

周相

樂鳳儀

程思謨

汪秉舟 永新縣丞

胡明詩 清豐縣丞

朱祿

周書

景泰元年庚午

廖侃 知縣

李秉 永平府

七品散官

蕭志徽 歲貢見舊志

蕭志脩

吳齡

蕭時正 荊州教

胡明著

胡汀 四川忠州判

汪鳴鳳

四年癸酉

教授

周楫 知縣有傳

方瑞

蕭洪 固始知

諭

盧鑑

蕭繼愚 安陸教諭

孫裕

蕭繼慶

聞林

蕭銓 長沙教

胡鳴顯 無錫縣丞

汪梧鳳

汪起鳳

汪季鳳

縣　諭
成化　熊飛　王棠
元年　徐楪　晏謙　汪一鳳
乙酉　擅海知府志作
縣諫
四年　開部　王憲　胡滋
戊子　知縣有　四川蓬
傳　吳文　萊主簿
周錦　熊敏
王昇　汪文鳳

羅田縣志　卷之五　八

十年　周銳　蔚禧　張翼
甲午　通志作　謝謙
銳　潁上縣
訓導
宏治　蕭時賓　王定
五年　分宜知
壬子　縣通志　洪清　胡效伊
作賢
蕭時臣　朱啟　胡效明
上蔡知　縣佐
縣　會煥

胡明新
十一　楊學
年戊　何景明　饒觀
午　中河南　四川重
榜進士　慶府檢
校　汪之清
周濟
雲南布
政司理　王棐
問　餘阜主
方正　事

羅田縣志　卷之五　九

十四　王澄　盛思
年辛　進士　徐信
酉　辰溪縣　胡澈
教諭
李儲
李宗　胡深
十五　何景明　李本
年壬　康海榜
戌　徐尚敏　胡效力
永州教

正德二年丁卯

胡大有　天長縣知縣

諭山陰知縣

涂敏　翰鈞

胡效孔

蕭天和　經歷

林玉　四川重慶府通判

周瓚

蕭春先

傅全　中北闈

舊志遺依通志補入

李洪　中北闈

鎮本　四川仁壽舉簿

胡全　思恩知事

張彥　翰林院孔目

韓忠

蕭珍　陝西長安縣丞

張科　成都檢校

五年庚午

匡輔　經魁　同知

張蓋

胡沁　王簿

王邦儀　彬州學正

胡澧　河南府

葉源　別駕

樂九成

王儀　浙江武康知縣

胡效宏

葉隆

張洪陽

八年癸酉

張明道　亞元　有傳

方敬　中北闈

陳倫　項清

胡效義　豐縣主簿

河南池州同知

程仲智　邳州判

汪韶鳳　鄱陽縣佐

胡大倫

程仲信

曾思武　建昌知縣

府經歷

胡效謨　浙江海

九年甲戌

王澄　唐皐榜　郎中

十一年丙子
王德純 雲南道御史
葛鳴 中河南榜進士按明史及楚本
政司經歷
陳灝 德興知縣
胡效能 浙江處州府照磨
余大德 聞廣 豐縣主簿
鄒瀾淵 太倉州
胡效讜 雲南府

紀本葛鳴
葛盛 中北闈
曾倫 中雲南榜
通判
經歷
李本勝 陽武縣佐
胡效美
王應時 高淳縣主簿
張顯榮 江安知縣
王邦俊
祝壽

十五

年庚辰
葛鳴
楊雄驄 榜給事中
華陽縣主簿
余孟正 楊州衛經歷
徐聘 應天府同知
張羨 有傳
蕭世相 光祿寺署丞
祝鳳
余羨 有傳
徐千五

嘉靖

四年乙酉
胡明庶 經魁進士有傳
王沼 崇府審理
王邦衡
汪吉舟 河南臨潼縣佐
鄒應祥 福建大田主簿
歐陽時
汪昆 淮府紀善
汪之淑 吳縣主簿
胡九鼎

羅田縣志　卷之五　十四

七年
戊子
胡明書
通判有
傳
胡明通
通判有
傳

李朝陽
四川寶　汪之道
寗通判　劉濵
張煒　廣海衛
聞嘉識　經歷有
合肥知　傳
縣　胡效京
胡明睿
有傳
王德盛
四川峨　胡一賓

八年
己丑
張明道
羅洪先
榜目副
使

眉知縣　江西布
舒翼　政司理
四川酆　問陞雲
都王部　南都司
黃梅　有傳
廣東塩
運使　蕭斯露
王渠
鄠嘉縣　蕭有亨
知縣　武英殿
閔奇　中書

羅田縣志　卷之五　十五

十一
年壬
辰
胡明庭
林大欽
榜
十三
年甲

檢校
董正
遂寗縣　胡一鶴
訓導
胡大亨
眉川訓
導
王德茂　余大兆
學正
祝敬宗
教諭　胡一定

午
熊兆
襄陽軍
籍
二十
二年
癸卯
汪本淶
經魁靈
璧知縣

龔相
蔡惟孝
海豐訓
導後壁
知縣
蕭克紹
廣西桂
林府通
判　汪猶龍
蔡惟忠
知縣有

二十五年

傳
黃可望　葉新陽
承天教　撫寧縣
授　佐
黃之愚
長沙教
授　葉一新
余　慶　龍驤衛
教授
余　裕
王　棨　劉一炎

丙午
蕭繼美
知縣有
傳

三十一年
壬子
萬言策
經魁知
縣

都督僉
周　玠　事
兵池教
諭有傳　葉紹春
布政司
獄
胡效勞
新寧教
諭　蕭　詵
胡效順　經歷
四川成

隆慶
四年
庚子
余　瑞
知州歷
福建副
使
高　儀
浙江鹽
提舉有
傳

都教授
王來儀　葉濟陽
胡　漸
有傳
胡效華　劉繼昌
萬言試
松江訓
導
胡效恭

萬歷
元年
癸酉
蕭　豐
兵部主
事有傳

四年
丙子
胡效臣
旌德知
縣

胡
江西陝
江知縣
蔡相衡
岳州教
授
萬言書
訓導
徐代棟
鍾祥訓
導

蕭繼顏
房縣訓
導
童蒙吉
瞿邱訓
導八年
任
十三　祝啟宸
年乙　王榆　洛陽縣
酉　六安州　佐府志
知州有　作表

傳　張萬善
王檪
十九　黃之士　聞嘉謨　胡效祖
年辛　河南閿　漢川教
卯　鄉縣知　諭
縣　余可甲
咸寧訓
導
二十　汪之沠
二年　臨武縣
甲午　教諭

朱一統　胡範
知州有　昌黎縣
傳　縣丞
二十　汪之泳　胡瀛
八年　廣東南　閻時泰
庚子　雄知府　河南武
蕭魚　安訓導
知府有　蕭熙
傳　有傳
三十　余一貫
一年　王焯　教諭

癸卯　有傳　張翼兆
永州訓
導
三十　王輝
四年　張含心　胡一驄　教諭
丙午　有傳　宋烶
有傳
秦楨　胡一祥
府志作
蕭應鳳　立祥
知縣　廖應聘

三十七年己酉

王先　進士有傳

汪攀龍

陳維賢　中河南榜解元

胡文坦

余祉

周玉

高德厚

朱鳳來

廖讓

廖之鵾　以前俱歲貢不知年

徐志亮　洪武三十年選貢南京東城監察御史

胡存忠

秦昌恩　選陝西中部縣知縣

聞士偉　萬歷癸

四十年壬子

胡向義

謝錦

四十三年乙卯

黃可柱　咸寧教諭授國子監學正歷工部主事

洪應高　解元河南榜

己選貢

余先覺　天啟辛酉恩選四川嘉定州判

周明偉　崇正戊辰恩選授晉江丞陞廣東始興知縣

林槃　崇正八年新例選貢四川簡州同歷江西龍南縣知縣

四十四年丙辰

王先　錢士鼎榜主事

洪應衡

廖逢節　任陝西甘肅巡撫提督御史

四十六年戊午 王煋 經魁有傳

四十七年己未 秦植

天啟元年辛酉 胡芳

四年甲子 胡芳 中三科 方榮棠 副榜授

葉煥明 拔貢廣靈縣教諭

七年丁卯 王增 知縣 胡斌 四川馬 王爊 湖府守 四川廣安州州同以憝亂未任

崇禎三年 盛世彥 教諭 王脩 知縣 蕭鄧

羅田縣志 卷之五 二三

庚午

六年癸酉 毛師甚 原名胡一匡

十二年己卯 余彌綸 浙江仁和縣教諭

羅田縣志 卷之五 二三

國朝 進士 舉人 武科 生貢 應例

順治三年丙戌

胡一鉉 濬江訓導 桃源教諭 常德教授

劉名超 襄陽訓導

胡一濟 平江訓導 陞清田縣

郭聯第 州同

方應星

八年辛卯

徐熙明 知縣 有傳

茶陵訓導 劉一炅 有傳

方鑄 候選訓導

余彌峻 安仁縣訓導

周光垣 湘潭訓導

江之進 主簿

羅三才

羅田縣志 卷之五 二一四

十七年庚子

余斌

援貢 四川開縣令

喻於義 恩拔縣丞

祝永年 主簿

黃維鍜 恩貢官 貴州驛鹽道轉 廣西柳州分守道

王嘉燾 候選訓導

金有聲 恩貢縣佐

劉之珙 經歷理問

蕭燾 見府志

王光運

有傳

蕭晏

涂宗尼 教諭

胡開然

郭達

羅田縣志 卷之五 二一五

康熙　通志作附貢
闇然
胡叔然　廖啟芳
王光範　附貢
有傳　劉鉞
葉逢明　庠貢
有傳
余鑑
八年　程達　有傳　葉中坦
桃源教　喻於禮　選巡檢
諭後拔　貢導有　未仕

隨州學　傳
正轉荊　張[illegible]
州府教　訓導有　劉餘才
授有傳　傳
十七　胡起龍　李紹錦
年戊　黃亮　劉朝興　縣丞
午　進士知　有傳
縣
十八　黃亮　周錫袞　胡斯鐸
年己　歸允肅　胡圻　廣東陽
未　榜　徐鉅　江巡檢

拔貢崇　兼署縣
陽教諭　丞
秦文爋
有傳　王樸子
徐登明　劉維鑽
有傳　候選經
歷
二十　許文岐　余黃鏞
年辛　見舊通　有傳　潘魁
酉　志　例貢
陳世奇

秦之鐸
貢
諭有傳　廖棟
三十　段雲　葉自成
二年　恩貢
癸酉　閔煜　屈如松
訓導
馬其爵
五十　雷天鐸　周文蔚　廖彬
六年　進士有　何維聖
丁酉　傳　劉鑾運　郭允清

五十　蕭　晏　附貢
潛江訓　崔　淳
導　例貢
徐士敏
七年　雷天鐸　林煥騰　李　鄴
戊戌　汪應鈴　榜翰林　胡　鋐　附貢
院庶吉　張作仁　汪泰籓
士　徐思源　附貢　張其燕
例貢
雍正　周　旻

二年　朱文會　周　易　潘文萃
甲辰　拔貢　州同
徐乾源　崔　員
訓導　附貢
董槩棟　李光文
汪德溥　例貢
歐時雍　金朝爕
十年　陳之琯　何　昇　州同
壬子　進士知　拔中北　黃正瑞
縣有傳　闈有傳　候　候選
熊之聘　廵檢

十一　朱文順　唐正材
年癸　有傳　候選廵
丑　楊　珏　檢
陳之琯　胡師淇　周倚志
山西太　晏一麟　縣丞
府興縣　宜都訓
知縣改　導　周之進
授安陸　董啟杜　附貢
府教授　劉餘蔭
訓導　林全金
葉繼詩　例貢

乾隆　何　昇　董啟栢　王　鐘
元年　拔貢中　余　淮　候選廵
丙辰　京闈授　副榜　檢
浙江德　陳文煌
清餘姚　恩貢　廖鵬萬
奉化縉　汪有元　州同
雲泉山　胡師清　周　錕
天台秀　恩貢任　縣丞
水仁和　長陽教
知縣歷　諭
河南彰

德湯陰知縣

三十三年 戊子

周應昌 中式第二十九名

李德錦 庚申拔貢有附 周永臣

胡履業

徐學溥

朱效乾

崇陽訓導

朱維鰲

三十五年 庚午

蕭光詠 中式第十七名 湖南長沙府寧鄉知縣

監利訓導

葉名松

胡履木

余勳

恩貢

李一清

程伸

鄒廷幹

汪澤嗣

晏二銘

房縣訓導

林衔

史彥懋

余邦

拔貢

閔錯

吳士魁

副榜

董元

恩貢州

四十八年 癸卯

廖易元 中式第七名揀選知縣

判

閻增彩

田如霖

廖易元 丁酉拔貢癸卯中式

何毓珣

鄭國俊

周鰲

恩貢

五十三年

余杰 中式第二十五名

五十四年己酉恩科

陳景程
經魁
郭地鵬
中式第十一名

葉夔翥
匡邴
郭地煥
恩貢
葉福澤
徐學顯
陳景程
戊申拔
貢己酉
中式
全朝傑
陳維祚
恩貢
胡履仁
晏嘉賓

羅田縣志　卷之五　三二

按舊志選舉志後有附外籍甲科者考列於後

明進士

許
國考明史係徽州歙縣籍本籍無考不入表

樊玉衡舊志載本邑樊家冲人衡猶應本縣童子試後遷
黃岡今裔孫現住黃岡明史省志府志俱載黃岡籍
不入表

洪應衡舊志載本邑洪家冲人遷居商城去縣治
上保六十里今收入

秦
植舊志載本邑襄敏公王韶其始祖也隨母居黃安
從母姓今收入

聶
鵠本縣人舊志載中應天鄉試遂附外籍按明亦南
北兩試非外籍今收入

何景明何景韶省志府志俱載羅田人舊志載何瑞徵任
平湖後遷信陽所載裔孫有誤今查本邑有何祖墓
按僉人墓誌及景明爲祖行狀錄入其裔孫何洛書
何洛文在信代遠自屬信陽籍不盡錄入

黃
亮本邑人省志府志俱載羅田籍舊志載入籍漢川
今收入

明舉人

傅
全按省志正德二年丁卯鄉榜列傅全羅田人與本
邑胡大有同榜而府志載中北闈舊志載中廣西皆
誤今據省志鄉榜收入

羅田縣志　卷之五　三三

李　漢府志載麻城人正德丁卯中廣西榜不知何據查省志丁卯鄉榜無其名舊志載中順天鄉試今收入

熊　氷舊志載襄陽軍籍今收入

方　敬府志載羅田人舊志載中順天鄉試授順慶府推官遂附外籍今收入

葛　盛　附見葛鴟下　舊志載中順天鄉試授蕪湖知縣今收入

曾　倫舊志載中雲南榜原籍羅田今收入

陳維賢舊志載中河南榜原籍羅田今收入

蕭繼芫省志府志舊志俱載黃州人不入表

國朝舉人

王光珊通志載孝感籍本姓盧不入表

陳士俊省志麻志俱載黃岡人不入表

補遺

陳治泰省府志舊志俱未載今據本家世系及紙棚河墓碑補入

廖逢節原籍羅田遷河南固始見固始縣志今據本世系祠墓補入

廖進忠原籍羅田遷商城見商城縣志今據本家世系祠墓補入

宋　元　明

薦辟

程廷佐勑贈行人　程志剛以孝廉舉授行人司勅贈禮部郎中　李子文

貤封

王世規以子部貴封燕國公　劉應春以子廣殉難贈宣武將軍　妻汪氏

武勲

蕭彥和以功鎮圻州　劉廣指揮殉難給功臣田　蕭江以功任貴州將

以人才授洽化知縣　王思忠以人才授分宜知縣　方雄才以人才擢鴻臚寺卿

贈德人　張立以子義貴贈徵仕郎　妻汪氏贈孺人　王永昌以子澄貴贈承德郎進

軍　胡渤　劉寬　蕭議任廣東守備　蕭斯用舊志作斯和任汴梁守偹

陳　燾　陞奉政　廖進忠
以人才　大夫妻　歷雲南
擢江西　李氏贈　騰越州
寧府儀　宜人　總兵官
賓　王　澄
趙　洪　以子德
舊志遺　純貴封
見通志　奉政大
程　瑩　夫妻許
以人才　氏進封
擢禮部　宜人

王事員　張大洪
外郎陞　以子明
廣東瓊　道貴贈
州知府　奉直大
又擢陞　夫妻毛
江西布　氏贈宜
政　人
聞玉成　汪　汶
以人才　以子慶
授奉新　舟貴贈
知縣舊　徵仕郎

志作程　妻胡氏
王　成　封孺人
劉　蘷　蕭　玭
舊志遺　以子繼
見通志　美貴贈
胡　渤　文林郎
以韜畧　妻胡氏
授指揮　封孺人
僉事　余　梧
黎氏範　以子瑞
舊志遺　貴贈奉

見通志　政大夫
李　鍾　妻李氏
以精通　封宜人
天文陞　王德立
欽天監　以子楡
副擢南　貴贈奉
京太常　政大夫
寺少卿　妻李氏
李　相　贈宜人
由天文　王德純
坐陞南　以子儀

京欽天　貴贈文
監司業　林郎妻
陳氏贈
余登龍　孺人
以武勇　王宋
擢靖州　以子儼
總兵　貴封文
林郎妻
汪氏贈
孺人
蕭繼美

以子譽
貴贈奉
直大夫
妻王氏
贈宜人
汪韶鳳
以子之
泱貴贈
奉政大
夫妻胡
氏孫氏

贈宜人
蕭天叙
以子魚
貴贈奉
政大夫
妻廖氏
贈宜人
王邦伯
以子先
貴贈文
林郎妻

胡氏贈
孺人
胡效藎
以子一
甯貴贈
儒林郎
妻周氏
陳氏贈
安人
廖鳳
以子逢

節貴誥封都御史今補入

國朝

閔三元以人才授大同府經歷有傳

周日庠以子室鼎貴誥封榮祿大夫妻汪氏一品夫人

周室聞累攻堅總兵

李雄千總

陳文煥以子之琯貴贈誥文林郎妻雷氏吳氏周氏贈孺人

何天祐以子鼎貴誥贈文林郎妻李贈孺人

鄉飲賓

明

蕭斯露

張盩

祝啟宸

國朝

閔三元

匡治民

徐鉅

董庭源

李壬復

李勃然

李秩

劉之巨

金國林

廖彌芳

童斯錦

潘一棟

汪基洵

何天貴

史啟溥

嚴欽蔚

楊逢期

姚二泳

陳之珍

李應選

人物

古之所謂鄉先生歿而可祭於社者豈偶然哉其出爲國家有賴之士其處爲幽獨可信之人德業文學往往足垂不朽後死者流連慨慕詢其邑里而想見其爲人雖之爲邑小矣漢唐之世並入他邑其人物亦散入他志而不以羅名年代既遠搜考斯艱宋元以來疆理始定山川之靈淑亦鬱而始伸於是乎爲邦家光爲閭里榮者畧可紀述有杖掉從王捐軀殉國者曰忠烈丹心浩氣照耀史册嗚乎壯矣其徇恂然祇爻恭兄至性所流内外無間言降及匹夫一往之誠割股廬墓有令人油然而生心者惻孝友其人也文以載道立言不朽或墨守乎五子或乳嗣乎八家修之爲良士措之爲良臣勳績見於馳驅功名垂於簡策若是者曰文苑曰宦績其或潛深伏隩于一編以窮年仗義輕財芥千金而不恤蓋古者惟曰學匕幾而後已緩急時有貨力不私之風未遠也則篤學義行以類附焉嗟夫時代荒遠有明嘉靖崇正兩次修志至

國朝康熙間張公修纂時已茫乎無考士之砥節勵行懷抱瑰奇淪落於淪荒烟蔓草中者可勝道哉其幸而傳者亦可不爲鄭重愛惜而紀述之與況

聖朝久道化成人材烝烝日盛伐柯不遠則之彙而書之生斯土者其庶有對高山景行而慨焉興者乎

忠烈　職官

梁志仁江南人崇正乙亥由舉人任羅田縣事寇至城陷公手殺六賊執罵賊不屈賊碎其屍夫人康氏奮死奪賊刀口齧賊亦被閤家死之事聞諭祭塟　參明史通志舊志

吳鳳來教諭盧大受訓導與梁公同日死於賊單思仁典史乙亥同梁公守城城破梁公死於賊思仁死之　參明史通志舊志

郭金城四川人以五百人守羅田紀律嚴肅民間秋毫無犯值賊突至城率與兵戰斬賊首數百追至英山休州畈被賊困三晝夜衝營血戰力竭被執挾降不屈賊殺之邑士民哭之　參舊志

忠烈

元

余闕　傳詳藝文志

明

劉廣邑多雲鄉人洪武中以軍功授指揮僉事守永平邊騎入寇廣率四十騎禦於城北力戰死之事聞賜祭塟金陵紫金山詔令原籍給功臣田二百畝與其戶丁看守廣父應春墓仍勒碑墓前碑文載藝文志　參通志

張正福勇敢善戰正德六年流賊趙風子等掠黃州

等處入羅田太守胡公定命福統鄉兵追擊福與弟正顯姪友舜友琇入賊壘斬賊首八人深入受困福死於陣弟姪俱戰死胡公撰文祭之載藝文志　參通志

蕭斯和邑貢生譽之子授光祿寺丞流賊破羅田不屈死之防道唐公遣祭贈匾

王　爊字安定號火叅中天啟丁卯鄉試任淯川縣事清　方正歷河南撫軍道歸里偕白公　生築水旱二城保聚鄉邑後城為賊破知縣汪洋識携印遠遁甲申之變安遂盡室南遷遇賊不屈死之妻汪氏殉焉　以上參舊志

余彌綸崇正己卯舉人授浙江仁和教諭歸流賊破羅田不屈死之　載蕭斯和下

孝友

元

吳大中字時夫性至孝父疾衣不解帶父殁泣血幾死奉母陳氏廬於墓側十有七年母年踰九十無疾而殁終身哀慕事聞旌其門曰吳氏孝子　本通志

明

方雄才以人才擢鴻臚卿成祖御書如存孝思二匾旌其門　本舊志

胡明性淳謹好義尤篤於倫訓諸弟以學治家無私財家庭雍睦人皆義之後弟明睿教育多士明通仕有聲政皆性之教也　舊志

胡全邑諸生幼時得藥蔬必以奉母友愛兄弟母病刲股肉作糜以進病尋愈邑令欲以孝聞於朝全自辨無是事乃止　參通志

張　羨歲貢生性淳厚有爭其地者讓不校捐貲修學宮尤篤於孝友弟兄讓產雖千金不計也　參通志

張棨邑諸生甫知覺即能定省侍父疾以身禱衣不解帶者經年父母卒哀毀骨立廬墓三載兄弟有私鬻其產者不與校妻林氏亦賢林死終身不娶拾遺金還于處鄉黨靄然和氣嘗勗其子孫曰俯仰間唯求無愧父京處都付不知　本通志

金百鍊邑諸生父母早歿事祖母以孝稱侍疾歲冬永夜不倦學憲褒以扁額　参舊志

汪之達自幼卽能承順父母歿廬墓三年人稱西廬先生　本舊志

胡一驥邑諸生割股愈母病邑令匾以褒之　本舊志通志

江萬紀母卒哀毁率妻王氏養父三十年竭力承歡侍父病两年不懈割股以療王氏亦代紀割股禱神日告憐爾夫婦純孝許延七月事聞表　通志

汪瀚邑諸生字長敷事母孝嘗捐金全人婚濟困賑貧爲母求壽

胡培輿邑諸生崇正八年流賊破城其母被執培輿忿救母得脫培輿死於賊

王鯉邑諸生善書法父爲流賊所執鯉急請代不許以身殉焉

胡明濬歲貢生剛直好義人敬憚之建書院教授生徒貧者出資助之於兄弟尤友愛著兄弟交警思錄二書　以上參舊志

國朝

徐生明天性淳篤父益謙居邑之平湖鄉伏子嶺歲戊子流寇自霍山攻破平湖諸寨伏子嶺首當其衝時生明讀書城中夜半聞之縋城匍赴跣足走冒刃以歸其父已爲寇窘黑夜奔竄跌足覆卧十二郎廟山之石崖生明呼號環泣尋至背負父棲山上足傷重恐兆愈割股肉置湯藥中越十四日始痊年十六卽受知于提學使李保安入庠後每歲春秋丁祭必齋戒執事誠恪無倦容嘗捐祖塋大樹數百株以營學宮至賑貧濟完人婚姻樂育後學皆孝思所流遺者子鉅善嗣父志另有傳

徐鉅生明子事親奉義承歡人謂孝子有子父歿友愛異母弟以父嘗爲貧民輸丁稅因力請當事得丁隨糧派如隣邑以拔貢授崇陽教諭雍正十二年旌賜父子孝子坊　参府志

郭艮甲邑庠生居家孝友人無閒言當流寇未靖土賊煽引艮甲避兵高鵬山鄉里咸往依之賊偵知率衆蟻赴以上鄉人皆知力不敵涕泣待死艮甲曰事急矣惟遣人赴賊營感以大義或可免不然徒死無益衆曰若然誰肯往艮甲曰衆依我我當往遂齎錢米單騎詣寇轅告以蓄積已盡徒殺人無益賊感其誠遂解散鄉里皆賴以生至今猶頌其錫類之仁云子聯第有傳　参舊志

郭聯第歲貢生幼受庭訓能文章歷鍊有經濟才尤善承父志事繼母王氏奉養無違其母初歲而終慈人問之母曰有子如此吾何可異視也父母歿喪葬

克盡其誠營墓厚封身親搚簣以運灰石不假僕匠
家素而能儉及見義勇爲雖捐千金不吝其有守爲
類如此　參舊志
胡榮家貧善事其親飲食供奉必竭力以盡歡母年
九十病篤割股以愈　本舊志
李之乾性至孝平居侍養無違熙照四十五年夏大
水乾父年八十有八病卧危樓中乾侍疾不離水大
至乾禱天哀號依依不舍比鄰輪奐盡付洪流死者
過半而李氏危樓巋然獨存之乾父子皆免於難
參舊志
董其鑒邑庠生積學有聲明季兵亂負母避深山中

適與賊遇鑒以身蔽母願以身代賊感其誠並釋其
母後與兄弟析箸產讓其腴完人之婚濟人之困鄉
里咸稱之子四人皆賢幼子庭清另有傳鑑後裔列
明經者四入黌序者十餘人
金穉有懿行克讀父書不負母訓教諸昆弟皆成名
一時文名甚著
汪時阜字公康性孝友不以流離困阨異撫孤姪如
子
匡治民字覽舉弱年力學嘗竭死力脫父於難邑令
林公屢請鄉飲大賓且爲族譜序許其懿行
余寅中性敏嗜學教人有法尤篤友于之愛人稱爲

人倫雅望　以上參舊志
董廷清庠生其鑒之季子也常多孺慕夜黒流賊入
室肓刃救親親脫於亂廷清爲賊殺清無子墓未及
封堂姪位南盡費家資築馬鬣廷碑以表之越數日
死族人以爲義塟南於廷清墓側
余彥臣善事立母母歿臣蔬素廬墓數載邑主馮詳
請撫院唐賜匾曰孝思彌篤
庠生余寅母病癲委曲承順數年無難色母卒値家
多變塟地不安寅日夜悲泣獨營遷塟時年僅十餘
歲事後母能得其歡兄弟友愛無間父有側室子幾
不舉曲爲保護俾之成立其子錦及鑾俱入庠敦孝

友錦早卒子淮甫六歲鑾撫之於子以父書後中丙
子鄉試
庠生李正芳少孤事孀母喜怒不敢違父卒哀毀骨
立獨居三年不飲酒茹葷嘗爲其兄病割股與姪析
居田畝取瘠者基屋器具美好皆歸姪
郭天林字濟川父爲仇家誣繫獄林廢寢竭食力營
救奔叩上臺弗許憤走京師寃白奉父歸色養承歡
有子四三入庠
郭天枚字亭植邑儒士少穎悟日記數百言長能文
章數歲遭母喪哀毀骨立於成人後事繼母如所生
其父爲仇家所誣繫之獄枚就養獄所寢食與俱方

爰書未定時於岳翁黄岡曾任訓導鄧光旦家偶與
客共館客詢其父慘然色變左手盌墮地强持箸忍
泣不能語其憂傷眞摯如此卒以此致疾及父寃白
而疽已發背死且爲作郭孝子傳藏於家

郭大松字台見爲人醇厚孝友根於天性立母王氏
於夫病篤時撫爲子依依膝下者五十餘年覘志承
歡曲盡孝養凡事親生父母者皆愧且感之後爲母
請
旌受書吏紿變產拮据勞瘁母悔母卒年八十餘松年六
十餘鬚鬢皓然衣齊衰日夜泣血苦次觀者爲之泣
下

葉繼鼎母老染瘻疾不能起鼎左右奉侍數年衣食
起居概不假他人手母卒蔬素三年

葉仲勳字對棐性剛直尚義勇爲母病禱北辰求
以身代病愈持齋三年與弟最友愛生平捐修橋路
累數十區有因貧鬻子者出金贖之

佳人仁字惠浦母喪弟人義尚幼父怒撻弟人卿號
泣父卒每朔望哭輒嘔血幾死事後母甚敬後母
貧老遇荒仁出金安集其家仁年三十餘卒遺孤幼
義差長恒母事其嫂而子視其孤

國學葉璨桂父病晝夜奉侍不敢暫離寢側母殁三
年以敝席卧靈側不飲酒茹葷途侍遺金俟其人還

之

鄭聯字竹書父早喪事母孝母逝其喪禮盡愼雖弟
兄有六並未分派鄉里稱其孝友兄子少孤令其合
爨撫養析居之日田產增倍不私分毫與姪四杷私
捐田四十担以作六房祀產建祠縣祀

余鑾字會儀庠生慷慨有大志尤篤於孝友總戶政
最久敬祖睦宗任勞無悔傳家有法教子孫唯以讀
書務本爲圖子孫皆能體其志孫杰中戊辰鄉試

郭允青字灌運事父母孝竭力營喪葬廢寢食性坦
白濟人不望報受人欺不屑校總戶政三十年置祀
產數百担豐祭祀贍族人兄弟皆早世治家無私財

延師課讀教孤姪皆成名

樊行若力農事親及沒蔬素三年

鄭仕柏字宗茂性孝友母雙瞽親自供養扶持九載
不懈兄亡撫孤姪如子後置買祀田敬宗收族邑令
左嘉其人授田畯

鄭如松撫弟婦與孤姪松兄弟五獨竭力事父母喪
葬如禮爲房兄完娶

朱文順字洪宇歲貢生少喪母後母涂氏病垂危籲
天求代獲愈復因風成癱瘓扶持不離左右躬自滌
滌七閱寒暑無倦容雍正元年府尊郭以孝行優獎

周　字洪深縣丞性淳厚持身謹愼事父母以孝

稱好讀書隆師友以教子孫子姪孫成名者十餘人
金啟沃字盛冉少孤善事孀母撫遺腹弟啟濬延師課讀補諸生後析居曰弟弱能解作家乎舊田園室盧膏腴者悉以與前竹籬茅舍甘焉
閻增成字展懷邑諸生性疎放而善事親好飲受母戒自是以半月一飲爲度母喜聽書聲增成誦必高朗病侍湯藥未嘗離寢室猶日夜吟哦以悅母耳居苫次梡凷三年日輒狂起疾誦誦竟輒泣妻亡子幼義不再娶躬哺嬰兒疎於財周卹貧人不盡所有不快
嚴肇仁字育萬母雙瞽竭力負持飲食必親調衣服穢器躬爲澣滌從不假他人手如此者四十餘年不懈母衰仁亦老嘗籲天自視以得送終爲願母八十三歿歸櫬仁泣血哀毀隨卒
蕭光河字玉書邑諸生性至孝館饋必先擇精潔者封貽遺母然後食其餘
廖有才國學存心醇厚孝友其家素封濟急周貧畧無吝容子孫能繼其志
職員余靳字秀川性孝友好施與其父弟兄五早年析居諸堂弟不善治家漸近衰落圻不忍坐視概將自己恒產變賣償宿負收聚合爨閱數十年嫌隙不生故各能有成族人貧乏常行周給歲杪更益之薪米俾無顧慮嘗有某姓者與靳夙好衣食常藉其力

又貸銀五十兩貧無以償後某病垂危恐累其子遂招靳至卧側懇其寬待靳竟辦券約對某焚之終不取分文鄉里稱善人焉其生平推解不可殫述子世昌以府首列膠庠
尹之奎字兑瑞秉性端厚尤篤友愛弟早喪遺孤幼弱奎撫之如已出稍長延師教讀飲食衣服視已子更有加焉後姪受室生男一女一志欲析居奎亦樂觀其自立成家凡田畝房屋器用惟姪所好雖其有債負絲毫不以相累族戚衰落者多相依存活見隣里困乏輒私自嘗給不欲人知皆天性然也現年六十有五子嗣發嗣順亦克繩父志忠厚相傳邑中推爲人望
胡全經字傳猷自幼即多孺慕長孝養益篤父歿居喪盡禮食粗糲寢苫塊者歲餘雖服闋每當鄉里聚燕時偶一談及未嘗不卽席流涕久之
何恒升少孤依祖母程養卽能順志及壯授徒里中暮歸晨往定省無稍懈程年過八十卧病不能起一功飲食起居皆升親之如是者十餘年
高素仲邑庠生事父母竭力承歡昆季之間怡怡如也以誠信待人人亦無有欺之者唯以讀書勤儉教子孫後人皆能繼其志
童大楷邑庠生力登孝友兄弟同居六十餘年傳家

以醇謹儉樸爲務教子孫皆成名
王鉉字汝璉國學生性醇篤急義好施孝友成性先是嬸母胡苦節撫孤子達鉉友愛如親弟後達卒鉉慟甚胡知其有至性撫爲己子自是孝養倍至雖就外傳未嘗忘定省母病割股啖之甦後竭力請旌其於本生父母亦盡禮盡養歿爲建祠置田以供祭祀子三大福大祿國學大壽庠生皆能繼其志
涂再瓊字玉班甫三歲父母俱喪胞兄再瑞撫養飲食教誨倍於己子及長愛寀嫂歐氏染痿疾動止須人瓊囑妻易氏侍湯藥愼扶持凡嫂意所向必親負以往如是者五年不倦瑞之晚年瓊事之尤篤每得食必兄食而後食其居心誠悫待人忠厚皆與兄等長子一錞考授職員幼子一銑補諸生
崔淳字禮風例貢生少孤祖母張母蕭兩世孀居憂零丁嘗勤施與淳天性甚厚善體親心鄰里有喪葬莫辦婚嫁無資水火災告無不傾囊以助求得母歡大中丞唐贈匾以孝友爲先
涂一鑄字齡鑑以縣首入郡庠兄早喪遵父命撫孤姪名魁朝夕課讀亦列名郡庠第一銑姪浩子泌好孫國梁皆教入黌序生平制藝清醇植品端厚惟以卧碑自守卒年八十有四
羅啟萬市中貧民無妻負販度日事立母盡養每視

晨膳乃出歸懷必餅餌以奉母母年八十餘卒喪葬竭力盡愼
歲貢生胡師淇淇父鉉另有傳鉉病淇以身禱代及沒哀毀幾斃母命之食乃粥三載之不離苦次母亦如之
胡師洪鉉第三子嗜學能文成就後學甚多尤敦孝友教諸姪與子無異
胡履東弟履梁早卒遺子女東與弟履業履采皆貧士各出筆耕資以贍梁家業卒東采復贍業家教姪全福入庠
庠生胡履欒家貧待繼母病六載不離卧榻分餡侔助姪讀書成名
潘魁貢生急公義好施予周濟貧乏與兄同居數十年孝友無間言隆師友義方教子弟皆成名
陳之仁性孝友弟病親嘗湯藥欲代分病及歿憂傷廢食維持弟媳以節著撫孤姪三皆成立長姪亡撫姪媳侄孫亦如之
陳上啟昆仲三次上榮次上發豫早世從堂弟楚華均善體先祖書升遺訓力敦友愛啟卒遺子錫封年六歲榮與華鞠若己子延師課讀及成立補邑弟子員榮三子錫朋接入泮水榮卒華仍撫諸侄教讀不懈後侄景槎列膠庠食廩餼由己酉選貢中本年

恩科經魁華子尚幼業儒聯被合爨五世同居蓋友愛足
錄云
陳楚華字宗堯國學生與兄上啟上榮同居數世友
愛無間兄歿友愛不異隆師友教諸孤姪皆成名邑
文廟圮華倡義募修不憚勞瘁卒復舊煥工成華歿教諭
張公爲序其事
歲貢生徐學顯事繼母敬不違勞不怨內外無間言
崑員附貢生器宇端凝醇謹積學尤精於醫理以其
術濟人而不受謝天性篤摯嘗割股療親病其先人
好施與員能續其行
庠生晏奇英母染痰疾不能自食英每以口哺之教

孤始如子
葉瑞年繼母孝母病三載侍養不懈胞兄病足妻亡
子幼瑞與合爨
方應駿事母孝養隆師睦族嘗賑火災施棺木子孫
均敦孝友兩孫入庠
王均家貧遭水屋圮均侍父不出人救免父患哽唯
粥可食均亦食粥數十餘年不易
朱廷和事父母至孝素行誠信教子孫惟以讀書勤
儉子孫亦能繼其志
考授職員晏同殊字恒泰孝順性成好善樂施母年
九十餘晨昏定省無間每食必侍母側母食畢乃食

常於歲之臘一日始周給貧乏以月滿爲率並攜錢
千餘召乞丐分與之生平不履公庭教子孫以詩書
無許與外事卒年九十有八子起鳳入國學孫春魁
邑庠生
附割股類
龔明溪割股以療父病父歿三年不離苦茨
廖楷廖封才文楚傳鄂楚珩俱割股救母
余孚宣父病割股爲糜以進尋愈母病亦如之
方元名割股救父又割股救母踰年母復病弟元章
亦割股啖之名子亭桂後亦效之以救父皆痊
張東魯父病篤割股療之尋愈魯病弟青安亦割股

救之
余廷則師鐸余勝瑞之六子也天性孝和生平不改
孺慕持長齋爲父母祈壽父病剔割股救之愈及父
歿哀甚幾斃廬於墓側並塑父真容朝夕供奉自食
惟粥齊衰不脫者三年縣令姜廉得其實書繼美中
郎四大字贈之
郭忠廷事立母母病篤割股和藥日以療母病自是
愈每月齋戒三日焚香以祈親年
葉復伊割股救母子秉春幼伊病亦割股以救
樊武列父病割股救之得蘇
張乘股割股救母

葉應宗母病篤割股以療母病
門得中年未冠割股救母
國學張文鯨幼事父過病悲泣不絕病篤割股以救遂愈復康健如常
李元淮字盅川父病篤割股和藥沉疴立起後母患髮疽几死復割股搗藥療母疽
張熙盛父病隔飲食不得進熙割股爲糜以進遂愈
國學朱文柏年十八母病割股以療母病
葉席周父病割股救之
陳連貴母病割股救之
汪屏翰儒童汪文璧之子也璧嗜學晝夜不倦遂以攻苦致疾歲餘醫藥罔效翰年方十五於夜半刲股和羹以進璧食之弗知也旋夢有人曰汝有孝子可延汝壽及寤詢知嗟嘆不已璧疾果隨愈鄉里常稱道之
庠生李正芳少孤事母孝兄病割股以救兄
明學俊繼母童氏病割股救之愈
郡庠晏二表父病垂危表割股救之愈三年卒

文苑

明

何景明字大復其祖徙信陽廬墓在羅故大復時居羅鄉人愛之以爲羅人也大復亦曰吾本羅人才聯七子名齊崆峒世之論何李者猶夫論馬班焉事見文集選入藝文志

胡明庶字功甫嘉靖壬辰進士孝友力學尤精律呂皇極二書嘗衍爲圖章分句解其所自敘則揭中與幾希以蔽二書之旨惜其書無傳

胡明通嘉靖戊子舉人學本程朱嘗曰主敬窮理可到聖賢不必求新異也幼育於兄事之甚謹同居四十年無間言鄉薦後以兄疾不上公車者三兄卒撫孤姪如子授信豐知縣設法賑飢弭盜有奇策陞金華府判甫一月致仕家居學者稱東郊先生

胡明書與兄明通同榜文學亦與兄齊名士林宗之官亦通判

王樸洪武庚午舉人官給事中天資英敏博通典籍讀書窺見本原文如布帛菽粟

王極萬歷辛卯副榜性穎悟讀書目數行下千言立就未壯卒

王梃歲貢生究心理學以持敬爲工讀書不事浮靡講學終身士多出其門

蕭繼美學淵博有濟世才常以扶衰起靡爲已任官惠安縣令禦倭有奇功倡明道學士景從之萬言策經元有才名手錄文集詩賦後學以爲楷模

張會心萬歷丙午舉人才華美贍晚益肆力於學穉毛詩着論文諸則

王焜萬歷戊午舉人號東白萬歷戊午亞元少孤力學博洽經史藏書充棟性樂施予

蔡惟忠博洽羣書猶精究於五子暨真氏蕪氏書以明經授滄溪訓導建城有功陞縣令致仕歸

胡漸博通經史言規行矩後學多宗之曾與張江陵友善後江陵貴盛招之不往

王邦懷嗜古樂道安貧縱筆千言傾刻立就年踰九十猶手不釋卷

余瀛學有本原絶去浮靡輕財好客後學之問字者屨常滿焉子彌綸己卯孝廉能讀父書　以上舊志

徐重謙少孤貧母童氏苦節教以力學遂潛心經史閉戶著述敦品自好從遊皆名士邑令李公雨霑李公成紀皆名儒常造其廬講學子熙明孝廉

朱日振字叙九邑廪生明季逸亂廬舍盡焚父爾旦避兵猶袖卷課讀因博極羣書性不耐舉子業酷好詩古文詞搆別墅涉趣園著有亦山詩草

萬全邑學生號客齋博通經史淹貫諸家士林仰之

尤精醫理治輙神效以醫顯文章並爲所掩着有保命歌括養生四要育嬰家秘廣嗣紀要痘疹心法諸書行世刀七家奉爲圭臬實岐黃百世之功臣其事跡掘見方技　舊志

國朝

王固統少力於學諸子百家推見本原不爲尋章摘句撰文最多人皆頌之兼精韜畧常佐白公破賊有功

蔡容遠淡獵羣書學問淵博尤長於古文所撰志銘膾炙人口一時張思明劉繼元胡來賓胡節張大鳴張人鵬蔡芳皆藝林名諸生惜乎淪落不遇着述亦無存矣舊志弟空傳其姓名到今尚論猶數稱某某邑之才士焉風流爾雅可慨然想見其爲人

蕭雲青字敦士潛心經史尚氣骨慎交遊後學多宗之

劉一煌姿性穎慧沉浸書史援例入太學卒困棘闈遂怡情山水吟咏無慮日篤根本厚風俗教子弟有法蓋文行兼優者邑令林公時過訪之其廬相與唱和最多

葉泰明讀書立品歲應薦領單卷不赴遯嘯歌終身

劉朝興博學有經濟才邑士多出其門保聚鄉里得周官比受法

林煥膺字孟詞秉性純厚通敏嗜學行文典雅直追二陸義利之辨最嚴邑大夫心儀其人自講學外罕見顔色子四　奎壋嘉善埜　皆爲邑名諸生執經之士濟濟盈門雷公次聞少貧困卒得登第館選實賴其力其造就後學多類此

胡鉉字鼎峙功甫裔孫少英敏及長淵博付身傳家皆自讀書中來遊其門者亦恒多自好之士

余大新敦品力學鄉里倚爲重

國朝定鼎奔叩柯車門呈請兩縣招安全活僉萬且爲保集民無侵奪之患子袁庚亦能以文章經濟佐乃父邑令白公嘆曰余氏父子其後必昌後果驗

閔燝端方自立閉戶潛修浸淫典籍不輟寒暑咸以遠大之器目之惜享年不永子孫繼起皆俊髦人謂讀書之報

周邦士字自貴幼孤苦事母孝貧而好學文名籍甚一時撫軍林公及郡伯端清于公目爲偉器子孫亦克繩其武

余兼力培根本順父母篤同氣博涉古籍不尚浮華成就後學者衆人稱爲迎山先生　以上舊志

雷大鐸字次開性英敏抗志希古倜儻不羣康熙丁酉戊戌聯捷成進士選庶吉士文章爾雅爲後學矜式

秦之鐸字滕木九歲能文十二補諸生其大父文煒以學行受知楚撫延之教授遭夏逢龍之亂沈於江其父基亦諸生以哀毀卒鐸孤而貧事母孝苦志力學以乙卯拔貢肄業太學大司成以楚材目之歸益耽經史富於着述九善闡揚節孝自號楓盧先生

劉之珙博學能文工詩應舉不第以西域助馳例議敘得經歷不赴任優游林下嘯咏終身

遂穀老人國初諸生善書法以大令爲骨以顛素爲姿嘗避兵蕭寺得衲子衣帽服之敲木魚唱梵唄賊哭入人索無所得問和尚操何術過活謾以字傭對未信裂紙立揮數幅羣詫爲奇僧竟舍去因篆其章

曰半僧復一日病卧自言有人召作字戒家人勿遽歛遂葦絶累日始蘇由是晚年書欵更號又蘇後由羅遷河南商邑故遂穀老人書惟楚豫間馳聲最着老人姓廖國遇其名

朱文魯字禮在知秦州一統之裔孫也少孤母秦氏撫之成立以敦品力學無羞清白吏中雍正癸卯副車甲辰舉於鄉學先躬行書居敬窮理以自佩爲文醇潔敦勉後學子維鰲字立峯能讀書性淳厚藹然善氣迎人乾隆辛卯以歲貢任監利訓導整飭士習培植學校士服其教咸以鹿洞遺風猶存

徐乾源歲貢生任興國州訓導博學能文才識明敏

與修省志

葉自成拔貢生資敏務學淵博文品醇潔後學奉爲矜式

廖棟貢生字隆起性好學嫻吟咏詩格大類中唐所交皆名士一觴一咏有輞州洛下之風

余淮字晴川少孤貧事母孝每主人西席盡心訓誨丙子巳中經魁以論中二字誤遂置副車邑令王延主書院成就後學者衆

周應昌字本先少好讀書爲文窮幽抉奧日夜攻苦得咯血疾不倦先是邑文運方衰抉科者漸少老師宿儒皆爲奪氣昌以少年獨奮志期必售戊子舉於

鄉兩赴會試抱疾入闈已得復失歸以疾夭士林惜之

秦潤累世皆業儒家貧讀書不輟持身端厚教人以窮理存心爲主家無長物惟積書以貽子孫邑俗富於財者多靡學貧士又限於謀生計家貧嗜學世守不衰咸推秦氏云

明

宦蹟

祥瑩　爲椽以人才擢禮部主事陞廣東瓊州府知府又擢陞江西布政幼孤事母孝官禮部時曾翻思親圖知瓊識邱瓊山於未遇時惠政遍一郡士民立祠祀之　通志

王澄字克青正德甲戌進士少好學善啟迪人撫幼弟淑尤友愛貲産悉歸之初任番禺令行取禮部主事陞郎中歷官俱有聲祀鄉賢　參廣東志

張明道字希程嘉靖乙丑進士少有大志視勢利蔑如初知吳江陞紹興府知府廉潔方正慈惠愛民人傳其採木棉絕句云朵朵西風雪滿籃人人賴得勝冬寒世間多少名花草無補民生空自閒其養民有實政類此迄今紹興有張公廟凡訟冤者咸往訴之陞江西贛州兵備道士民叩闕留鎮九年著有玉虹泉集不傳　舊志

王先字思侗丙辰進士博學多識評論人物無有不當初任溧陽令陞淮安理刑卒於任

國朝順治丁酉湖廣提學狄公敬溧陽人也甫下車檄取家傳行述崇祀鄉賢檄云溧陽生祠人食其德羅田享祀世仰其型溧陽崇祀蓋累世不諼云　舊志

葛鳴字子中正德庚辰進士授庶常擢刑科給事中會戶部主事羅洪載以杖錦衣衛百戶張偉下詔獄鳴與同官安磐張漢卿張逵等抗疏請付之法司不聽出補知府　參楚紀明史

王榆萬歷乙酉舉人知六安州悃愊無華每朔望向神誓曰愛民不及愛子殃及我子治郡不及治家殃

及我家民感其恩建有生祠　明一統志
高儀隆慶庚子舉人池州府石棣縣知縣陞浙江鹽
提舉有長者風歷任多政聲咸敬禮之　舊志
蕭譽萬歷癸酉舉人河南安陽教諭轉國子監學正
陞吏部司務歷兵部主事員外積文成帙設義田義
學義倉義塚以厚梓里見李本寔史四義記　舊志
胡敎臣萬歷丙子舉人任旌德令存心撫字多善政
去任後士民追思不置
朱一統萬歷甲午舉人家貧苦志力學敦品自好後
擢巍科官知州清廉有聲
汪之浹萬歷庚子舉人歷仕階任廣東南雄太守所

聲至有政
汪吉舟歲貢生性孝友任河南臨漳縣佐廉而愛民
祀鄉賢
余洸字楚望貢生秉經鐸有賢聲歷任太倉州牧不
尚嚴苛修舉廢墜士民德之
林玉貢生任四川重慶府通判清操不苟人皆敬服
祝啟宸貢生洛陽縣佐立身端居官廉後致歸林下
行李蕭然終身恬淡
蔡惟孝歲貢生渺寍訓導才情恢達禦倭寇有功陞
知縣父因劳年八旬與其兄忠同歸奉
張翼兆歲貢生永川訓導以奉委提兵勦賊陞監紀

卒於湖
徐志亮拔貢生任山東武城清眞有聲擢南京東城
監察御史祀鄉賢
湖汀例貢生四川忠州判處巳廉行政惠士民感誦
周明偉字白石恩選貢生初授晉江丞轉江陵佐陞
廣東始興知縣以文章爲吏治民敬奉之所着有焚
餘草今不傳
劉濱例貢廣川廣海衛經歷以才守推重署四會縣
事多善政士民賴之　以上叅舊志
周揖景泰癸酉舉人居家孝友歷官清愼教子以驕
奢爲戒獎進士類周卹貧乏所至有聲　舊志

蕭洪景泰癸酉舉人恬淡清介三任學博所得俸貲
分給諸生中之貧乏者自置產業分給諸弟子時賓
時臣皆青年鄉魁同科　舊志
蕭魚庚子舉人汝州學正遷溫江知縣勦奢寇有功
入爲兵部主事時閹寺柄國魚不屈出爲登州知州
清操如冰青天之頌盈於道路　通志
開部成化戊子舉人才識通敏遇事敢爲授石城令
開拓城池以禦廣寇石城人至今賴之事詳贛州府
志　江西贛州名宦
王德純字一之正德丙子舉人授襄城令擢御史出
守姚安剛明正大不事煩苛新棟川書院修儒學遷

養汾院志篤士民思周無告　雲南名宦

國朝

徐熙明字子寅順治辛卯舉人歷湘潭教諭陞汾陽令寛賦減刑丁艱起補永新令從徵南藩辦理糧餉屢著軍功因勞成疾遂致仕　通志

程達康熙己酉舉人桃源教諭復授隨州學正轉荆州教授性謹厚勵清操士習民其彿達

周光垣字勝木歲貢生湘陰縣訓導捐修學宮士苦差役力請得免時吳逆叛據誓死不屈隱居終老

羅三才拔貢任　知縣清廉有聲士民爲文紀之

張翀字羽中由歲貢生任桂東訓導師道自任士習丕振　以上舊志

喻於禮字存魯歲貢生任藍山學博講課不懈鄰邑子弟羣就正焉　舊志

胡一濟歲貢生歷平江訓導龍陽教諭陞南城少尹復補龍游縣佐轉清田知縣清正愛民篤厚罔欺後致仕

余彌峻字散勝歲貢生安仁縣訓導有清操至老不渝士人感服書法工於米體

閔三元以人材授大同府經歷性孝友其弟因事蕩產元以田屋與之歲大飢罄貯積以賑人晚任大同以清操着乙丑年　王師勦征吅爾旦糧餉草豆運

積大同上司委以會計矢公愼特擢褒之

陳之琯字正功狀貌魁梧舉止端厚性不甚敏而嗜學數困場屋雖小試輒蹶乃益發憤讀書寢食俱廢如是者數年漸增穎悟遂工於文雍正壬子舉於鄉癸丑成進士授山西太原府興縣知縣興爲巖邑土薄賦少向沿丁稅餘弊民間生子必呈縣入冊胥吏因緣爲奸民以丁累生子多不舉琯廉其弊力禁之永着爲令由是民無棄其子者至今生齒日繁皆曰陳公所活也琯以詩書功義利之辨至悉故守操守甚嚴蒞任甫六月僅以理優通改授安陸府教授去之日囊無餘錢襆被猶自羅載往者民皆扳轅泣送司鐸教士更其所長倣經義治事遺意期裨實用府知名士及同僚子弟以文就正皆獲益以去後卒於任

晏一麟字勝瑞少貧親困老麟朝則竭力供膳夜則讀書明經胡公見而異之勸其力學後由明經授都宜訓導考課有節士咸服其教

劉餘蔭歲貢生授　訓導師道自任士習蒸蒸日上

胡師清歲貢生任長陽教諭敬教勸學一時誦其文者仰止景行

朱維鰲歲貢生任監利縣訓導品行端方士林奉爲

楷模
何昇字晉風天資英邁少爲舉子業制藝精醇不趨
墨習每試輒利以拔貢肄業北雍乾隆丙辰年中北
闈鄉試分發浙江歷任德清餘姚奉化縉雲象山天
台秀水勤敏爲一時冠調仁和政蹟炳著上憲皆器
重之復調河南湯陰湯陰固南北通衢差役煩疲昇
慈惠愛民而才足以濟之故邑不以爲累年六十卒
於任昇少志於功名自入官途未嘗家食歷鍊吏治
故所至有聲
胡師鐸字巨川職員任廣東陽江縣太平司巡檢署
陽江縣縣丞事建書院於司署前鼓勵士子

胡一賓例貢任雲南都司有聲
周宇鼎由行伍出身歷任戎行黎人繼叛黔粵搖動
鼎設奇制勝直搗中堅以萬人破賊十餘萬各省悉
盅由副將累功陞總兵官
王光蘭字南山寄居江右盡力行間擢中軍守府
李雄以西川軍功陞千總
童蒙吉萬歷八年任霍邱縣訓導
謝謙成化十六年任潁上縣訓導照潁州府志增入

篤學
明
唐友義鄉薦後不上公車棲遲衡門屢辟皆不應成
化元年本縣奉詔辭曰老將獎矣補報無日安敢受
詔自號多雲老叟年九十餘終祀鄉賢　舊府志
胡效華品行端正才學尤獨步一時能自愛未嘗求
名後以歲貢老
張彥歲貢生官翰林孔目生平究心理窟篤於天倫
周玠歲貢生岳池縣教諭賞奇嗜古不異爲諸生時
及辭組優游林下百有三歲目力精健猶工小楷
蔡相衡歲貢生岳池縣教授古風道貌醇謹老成爲

士子圭臬
張盖歲貢生爲一時文望不離書籍若飲食然聰明
不外炫行止端詳屢舉鄉飲　以上舊志
佳一寰邑庠生性寬厚明季避亂惟負書數十卷率
子弟夜隨月光讀之輒涕泣成詩
國朝
劉一晃字召藜歲貢生善書法苦心披吟所著詩文
後學多傳誦
徐登明字啟予歲貢生沉潛經籍閉門寒暑鄉里子
弟多所成就
王光運字乾行歲貢生講論以端本善則爲要閉戶

齋居人罕識其面

陳世奇字慎樸歲貢生性澹泊家故豊處之若布素惟閉戶長吟敦天倫樂事

王光範字樸予歲貢生澄心汲古平情與人鄉里争訟者恒畏其知

余鑑字公瑜歲貢生性謙恭嗜學舉動期以古人爲法

余黄鏞字呂煌歲貢生家甚貧茹茶啜茗燃松脂照讀終身洒如也

喻於義字達士拔貢生年未弱冠列諸生肆力詩書學益淵博皓首兀坐靜室不暫輟披吟　以上舊志

郭綸字對庸天性孝年十二體弱多病父愛之甚恐其攻苦致疾遂援例入太學及年十五自嗜學晝夜讀書不輟父母没泣血三年哀毁骨立服闋入太學肄業三入北闈兩薦不售歸猶兩入南闈年逾四十猶讀書山寺歲暮不歸後主家政收族睦宗置祀田以贍族人

葉繼焜字廷輝邑廩生英姿卓犖幼試冠諸生比長學益進端莊嚴肅終身無惰容掌教書院邑先達多出其門四川李廷暘受業成進士族有鬻子者三人皆爲贖拾遺金必求其人還之

汪　字廷易學問該博文章醇厚於鄉里多善行教人子弟悉有法日與二三老成講論不輟尤長於易圖書悉得真傳子孫皆入庠能繼其學

李鄴字經列邑增生幼穎異嗜學不厭能文善詩酒豊神磊落飄然有古人風入闈數領房薦卒以諸生老

葉敦舉字朝選號謹齋性淳厚好讀書以窮理爲務以收放心爲要善事父母先是其父母逾五十無子嫡母朱脫簪珥娶閔氏生舉弟兄二父年七十染危疾舉方及冠禱天願減年以增父算後父果年逾八十事嫡母盡養嘗建祠置祀産捐渡濟人座右遍書箴銘立功過格以自警少爲舉子業即以樸實說理

爲主年四十三不見知於世而卒鄉人稱實學者必首舉曰讀書能將聖賢言語體之於心見諸躬行是真能讀聖賢書者

董化鵬字方茂邑廩生讀書累十餘日夜不倦工文章門下自遠至者甚衆

傅二牲字賢宗邑庠生家貧閉戶窮經史無間寒暑晝夜家藏有所著四書芻言未及行世卒困諸生老

汪封字自公邑諸生篤志好學與一時知名士相友善日以讀書談理爲務

高矜字萬宗邑廩生端莊嗜學訓誨後進多成令器

方三錫邑庠生貧苦力學文詞淹博閉戶自好鄉里

以德器重之

庄四皓邑庠生博涉經史才識遠大太史果園靖公常器之着有同人立業篇口吟手披至老不輟

朱效乾字元若歲貢生潛心積學授崇陽訓導以疾作未任卒

王垌字倩牧邑學生性穎悟讀書寒暑不輟雖屢空晏如也

王堞字衛石邑諸生博極羣書善行草愛積晋唐法帖必自臨摹問奇者無虛日年逾九十猶能以筆墨供應酬

王文美字漢錫邑諸生厚重簡默閉戶潛修嗜學臨殁時未嘗絕吚唔生平樂施與鄉里有貧乏者輙傾囊助之

李垛字旦勲邑庠生少孤奉母教刻苦力學嗜積書窮年披閱耄時常手一卷所交皆前輩老成遠近以文字就正者不辭勞瘁多所成就性正直見親鄰子弟能自奮者輙諄諄規勸不倦

李德錦字驤圃拔貢生好賓友性淳篤喜讀書明大義尊師課子悉有成法德錦體厥志勵操積學垂老益篤士林奉爲楷模執經者恒濟濟焉性不輕諾于俗遇爭競輙力爲排解鄉里多敬服之

閔喈字孔書歲貢生性岸吭博洽羣書爲文亷悍峭潔毫猶披吟不輟

李一清字象乾歲貢生性淡定善啟廸後學居恒喜讀書暮年含咀如少時

廖杞字封臯讀書植品少入武學非其所好改就監應鄉試殫精舉子業垂五十年文最幽雋不遇卒

周炅字演成歲貢生晚力深厚成誦輙終身不忘沉潛理窟著有聚腋講義不傳

廖煥字瑤璋少孤力學有隱行以疾不赴試杜門課讀恬淡寡營臨終遺訓以兩言曰毋賤彼以貴我毋重物以輕身子易元中乾隆癸卯鄉試

蕭名成字德眞甘貧嗜學築茅舍數椽環堵不蔽風日讀書其中與竹韵松聲相唱和不干人以私

朱維鍊邑諸生幼聰穎咸推國器好古敦行胸次不爲勢利拘惜年三十卒

金啟洛字書源邑諸生治經沉潛入理學有本源可式浮靡

汪教油邑諸生質最魯讀書不避寒暑老而彌篤

金玉字振宗邑諸生少孤能讀好書苦心孤詣家無擔石儲而臨財甚介

晏一銘字兩儀歲貢生博學能文其造就後學甚衆後選房縣訓導未任而卒

朱維銘字鼎三渾厚中尤極精　明嗜古力學年九十一手不釋卷猶應鄉試

義行

明

胡效義貢生豊縣主簿性孝友尤樂施于邑中文昌閣萬魁塔皆義捐資建造又施粥施棺修橋修路鄉里咸稱其德

胡效謨貢生授浙江布政司經歷致仕歸輸學前基地開雲路生平好義多類此

胡效讜貢生性好施與善行多端人嘉其義

胡漖以韜畧授指揮僉事生平講敦睦輕財好義人多蒙其沾潤

蕭爵貢生有才畧值明末寇亂黃岡麻城有避亂仙女寨者皆推蕭公長者請爲率鄉勇立守望蕭竭力捍禦寇不敢犯五載無虞　以上舊志

國朝

秦文熑字㫖九讀書明大義有智畧明季流氛未靖文熑設法捍禦鄉人全活者甚衆後以歲貢選江夏訓導未任卒

國學鄭三重妻孔氏本英邑右族夙嫻禮教家素豊夫亡諸子皆幼治家馭下嚴而不苛節而有度康熙六年歲大旱飢餓者相藉孔氏慨然曰積谷遺子何如濟貧遂率其子國學剛發廩穀五百餘石周濟貧乏之賴以存活者無算鄉里至今頌之其子與孫入國學補諸生者二十餘人

國學鄭士智剛之幼子也好善樂施本於天性其鄰里有周姓者先時與葉氏女聯婚後葉以赤貧欲攜女遠去周亦家無立錐不能相留已約期分別矣鄭聞之急召兩家勸諭並予之田畝俾得耕種給之薪米使安家口閱歲餘周氏婚配一切財禮皆鄭助給近亦各能成家咸戴鄭氏之德於弗衰云

張仁趾字振麟業儒不干外事醫學爲一時所推愼貧民疾病藥不取錢邑侯朱理昌贈壽世保元扁額壽八十九年卒

張星字月佐醇謹老成好施與平生不履公庭醫學爲一時之冠常施藥濟貧民邑侯王灝中贈壽世名家匾額壽九十三卒

姚二泳字廣元立身恂謹處世長厚非公事不履公庭嘗捐資修登塲坳石磡一座以便行者乾隆己丑年邑侯王珉撰舉鄉飲大賓卒年八十有四

乾隆二十年

文廟圮邑令王詳請改建庠生周邦元貢生蔣魁郭允青廖楨李鄭倡議募輸卜基創始三年而後畢工巍焕

如

制勤勞拮据未嘗告瘁士民至今咸稱之

監生周世華字復旦遵母命捐田九畝地五畝造舟

於程家河以通楚豫津濟
監生金國林字曙山性好施矜恤貧苦於滕家堡捐橋累數十年
監生楊紹炯字纘光醇謹樸誠穀價較常必減歲暮量出粟以周貧人至節義之無告者並恤尤至
監生廖湖字五和醇厚好施歲顛散米五十石絮被絮襖累百平時亦多推解
林式玉於松子關施棺累百貧民德之
王殿飈輕財好施曾周房姪以金復予之產油河民病涉飈先造船後糾衆置產爲久計里中好義者陳堯則歐弼成共捐田五十餘石

蕭廷元字首士幼失恃後母嚴於督責承順卒得歡心弟析居多割田以益性尤好義最著者托孤不欺羞言其德以藝地予人且出穀以助歲歉隣有離其婦者多方贖之謀其居俾得完聚
蕭名芹字天木爲人謹厚業精岐黃邑侯王選舉醫學雖出入公庭視賑和丸外未嘗以私事相干謁遇貧民疾病輒施藥調治雖痊可不受謝卒年六十有八
國學庄人賢幼締婚劉家女女因湯火傷面毀形殘女父母每令另娶賢曰夫婦人道之始惡敢輕議後于歸相敬如賓生子三皆成名

國學姚光構堂弟光楷恕明萬楫楷偕歲歉屢減穀價以濟貧邑令王各獎之以匾乾隆五十年邑大飢明萬將所積小麥減價周急因而得蘇者數千人鄉里目爲善門
傅元佑字右人好善樂施每歲暮捐囊金衣絮粥糜貧窮多賴存活鄉人有鬻妻償債者誓不去佑出金償其債全其夫婦
張光冕少讀書嫻醫學每歲訓蒙所得俸金悉製藥以濟人急病
庠生高永貴字素仲孝友純厚析居產業取其墝埆傾建祠宇和睦宗族生徒有

貧窘者每分資斧以濟之
庄四德字公節少孤性嗜學好施與每歲解囊金出積粟賑孤濟寡有鬻子於德者予以多金遣子焚其券
國學汪宏流乾隆丁未春蝻生邑令張率民捕之流出宿麥募土人務挾其種乃止張主義之賜額曰好義
張文鯨陳士秀捐修棠李河橋
王賢若於九龍坳捐施茶十年
庠生周雄爲人慷慨好施尤好成就人材貧士賴其力成名者甚衆隆師重道子應昌戊子孝廉

諸生陳泗澍素與周士宏相友善宏故貧士鶴華以幼子鰲囑焉宏卒澍引之偕子姪就學九年一切資斧皆陳爲營給鰲年十七以童子試第一補弟子員旋食餼列明經澍卒鰲爲服心喪三年引澍長孫就塾訓誨

余予猷好善邑侯金贈樂善不倦匾

潘奎捐息家坳山爲義塚地

胡履魁捐蓮花菴後山爲義冢地

葉盤善每歲施藥濟世捐修東關板橋

易正晉募修南關橋黄宜先繼捐歷四十八年後程進周接捐至今

程鵬萬捐修段家磡

葉子茂西関外被水災捐粥以濟貧

監生晏起鳳字奎東仝職員余蘄耆民張柱相禀請邑侯佐建

武廟於舊學宮右土木經始起鳳即捐銀十兩給工人胥火隨募宜林菴後山松樹以備棟梁又捐[illegible]緣簿募得趙席玉劉恒山李中馥水田各十石以貲貿香火督匠與工曉夜不倦並於神前大書誓詞云旦暮洗心當於水監絲毫染指必有天殃故一時勇躍勸事者衆雖工程浩大未逾兩月而告成其子春魁以弱冠拾青衿咸以爲敬神之報

列女傳

男正位乎外女正位乎內人倫之道始於夫婦故克盡婦職者闡德彰焉

國家當教所暨

化洽閨門

旌表節孝建坊入祀窮鄉僻壤無不遍及宜乎[illegible]發其起之吏易易也今採搜彙次其禮倫而未成婚能以身殉夫者曰烈女能守貞爲夫養舅姑繼嗣者曰貞女其已嫁能以身殉夫或遇難能殞身不顧曰烈婦青年守節代夫盡養撫孤繼祀教子成名皆曰節孝其已蒙

旌表者列於前或不幸子孫式微無人呈報及愚婦一念之誠計無所出戕膚療親不在表揚之例者潛德幽光亦足感人至性既經採訪皆得録其姓氏以示勸勵云爾

烈女

明

劉氏幼愛姚相聘未婚聞相殁遂裂布裹首徒步往吊至則相已就木矣乃撫棺長號遂棲相室期年不返有勸之歸寧者劉厲聲曰夫死安歸鄰人張正位賄姚劉謀娶之劉矢志不從母託故召之歸且告之故謂不從必劫諸途劉乃竊雨笠簑衣裳之以走張之伏諸途者弗知也比至姚遽登樓以髮挽頸自經死事聞旌表

蔡氏諸生蔡容遠之女年十九許余氏未嫁癸未城陷爲賊所執誓不從賊斷髮毀容賊婦感其義竭力保全之越五日賊令配所十隻履女憤曰吾已辦死寧爲賊配履遂痛罵賊怒砍數十刀而死棄其屍於山岡時有老姬胡氏目擊其事　舊志

董氏少許喻於義未婚聞流賊破城懼不免潛赴泮池溺死越十餘日面如生後喻於義以選貢成名感義著有哀詞　舊志

陶烈女正德間被賊擄抗志不污罵賊死　舊志無依省志補入

孝女附

王氏父早卒諸弟皆幼女矢志不嫁守先人田産撫諸弟成立年九十餘卒　本舊志參省志

烈婦

明

聞氏諸生胡粹然妻太守蕭魚之甥女爲流賊所獲厲聲罵賊曰死賊速殺我我豈從賊匕怒支解之氣絶罵乃已

汪氏諸生江之桂妻夫婦遇賊皆被縶賊欲殺桂挾氏去氏請釋其夫乃從賊釋桂氏度其行遠奮身罵賊激賊殺死　本舊志參通志舊志作文桂誤

胡氏貢生王梃妻有子七食餼於庠者三寇亂被執抗聲罵曰爾以我夫若子皆何如人而敢逼我賊露刃相向意欲挾之氏奪刃自刎死賊衆嘆曰此真烈婦也　舊志

胡氏諸生方應尊妻避兵赤剎崖聞夫被殺哭數聲投崖而死

節孝

明

諸生蕭玭妻胡氏年二十四生一子継美甫一歲夫卒守義教子子繼美孫譽皆以經魁舉於鄉旌表胡氏節孝　參通志

孝廉周錫妻李氏年二十二夫亡無子奉姑克孝守義歿世事聞旌表　參府志

余梧妻李氏年十八生一子瑞才僅一歲夫歿守義氏通孝經小學訓子成名事聞旌表

諸生胡效藎之妻陳氏子一賓甫週歲夫亡氏守志訓孤卒年七十四旌表節孝又以子貴封

胡效賓之妻余氏夫歿家貧守志訓子成立苦節以終呈請旌表　舊志　以上旌

姜尙忠妻年十八生孩六月夫亡矢志奉姑撫子鄉人有謀娶者姑幾惑焉氏誓守不能奪後姑染瘋疾久不愈氏晨昏扶持奉養不倦

程雲鵬妻張氏年十九生子升方八月夫歿立志撫孤兄勸改適氏憤激舉茶甌擊之孀居五十餘年卒以完節終　舊志通志

黃綸妻徐氏年十七歸綸僅半月綸姑逐綸令異居甫二年生一子可行而綸亡姑不顧且欲奪其志媒氏諷之氏持刀刺之事獲止後姑染疾歸侍湯藥無怨言姑歿居喪如禮子可行年二十亡氏辟纑賣菜完節以終　舊志通志

張鰲妻蔡氏年二十四夫歿生子恒甫四月父母欲令再適氏斷髮焚夫柩前誓無異志年八十卒　舊志通志

張義妻徐氏年二十三義歿無嗣繼姑欲奪其志氏泣曰夫舊家子我可改節貽辱乎遂立夫弟美之子撫養成立爲夫繼嗣以完節終　舊志

諸生張美妻王氏即徐氏娣也年二十生二子而美歿以一子爲夫兄後與姒徐氏同志守義人謂一門雙節　舊志

胡　妻熊氏年二十夫死將從夫地下姑曰有遺腹何可輕生且姑在誰爲奉養氏遂忍死越三月生子氏苦心奉姑教子闇然列明經亦克盡孝道　舊志

段喜樓妻楊氏遭流賊亂夫被戮年二十七遺一子僅三歲矢志撫孤苦節五十年卒　本舊志參通志

程詳之妻徐氏年二十四夫亡僅一子仲仁氏誓守義事王姑盡孝卒年七十　舊志參通志

王邑溪妻胡氏年二十二夫亡服闋姑以年青勸令別適氏誓死靡他撫子必登卒年八十　本舊志參通志

余文郁妻蕭氏年二十夫亡守義茹苦訓子卒年八
十僉　舊志參通志
王必文妻許氏夫亡子甫一歲誓死守義事公姑以
孝稱　本舊志參通志
王　妻胡氏年二十夫亡歷患難顛沛而冰操愈
堅教子光宇成名卒年七十　舊志參通志
余忠家妻閻氏事公姑盡孝姑病禱願以身代割股
爲羹姑病尋愈　本舊志參通志

國朝

烈女

謝氏歇氏女幼許羅姓之長子未嫁羅氏子遠出無
音羅遂與謝謀以次子續婚議已成女始知潛投河
死屍直立水中不僕貢生秦之鐸有傳載藝文舊志
本舊志

王氏幼許字陳廷獻年未笄聞廷獻病曰父母欲往
覘弗許女涕泣不食乃遣之至則廷獻已不可起數
日廷獻死女扃戶投環陳氏共救之泣曰夫死義不
獨生生不得爲陳氏婦死願爲陳氏鬼次日防偶懈
遂自經死

周氏少許聘於董氏年將及笄董氏子病女聞知不
可起請命於父往視湯藥父不許請益堅父審其終
不可奪遂許之往入門卽請侍疾董氏以未成禮辭
女曰此何時而託禮自絕耶固請侍疾藥必先嘗食
必親調衣不解帶累月而董氏子歿女繞棺號哭頭
觸棺血流被面董氏知女有必死志僱鄰媪防甚密
女絕粒四日强起一飯謂姑曰女今不死矣顧家無
餘粟何非遣鄰媪去姑信從之移時偵姑浣衣於外
卽扃戶投環死視其衣服首飾若宿備者蓋距其夫
死實五日云女旣死顏色如常不類縊死狀而晚就
木首忽左顧夫棺不可回

貞女

項氏原任浙江胡州府知府漢陽項喻女少許字仁和縣知縣何昇子毓璜未婚而毓璜歿氏年方十七聞訃素服奔翁任守志立同宗之子承器爲嗣後翁遷任河南湯陰縣卒於官姑半邁氏護柩還羅數年姑歿喪葬悉如禮宦囊素空產業亦消苦節四十三年

祝氏幼許字庠生史斌斌亡氏年十九聞訃奔史氏哀號不絕聲願以身殉斌祖父母及母泣勸之許遂其志乃誓不歸立斌胞兄庠生尚鰲之子爲嗣尚鰲卒依斌弟廩生尚焜苦節三十七年內外無間言

學師讖詳請有云奉養白頭孝婦依然靜女恩勤黃口猶子便是佳兒蓋實錄也　學憲王題曰貞心勁節

劉氏少許字邑增生余寬之子銘銘年十七亡女未及笄聞訃奔余哭失聲形僅骨立寬以氏年少令家人勸之歸氏曰生歸余否則死耳安歸寬哀之命家人待以禮以次子庠生銓之子昺爲嗣現年七十二

烈婦

孝廉王爓妻夫婦避兵南遷路遇賊兵夫死氏被執不屈奪刃鬬死之　舊志

知縣羅三才妻何氏弟妻童氏賊至與夫奔散誤傳三才弟兄死於賊何與童抱子投林家塘死　舊志

閔子卜妻居西關外大水至居民奔避子卜病臥不能徙氏誓死不去率子女集榻前須臾水大至闔家盡歿　舊志

晏甚玉妻其父母居河南女少育於匡遂以匡爲氏歸晏僅歲餘夫歿無子抱夫女弟之子養之族惡逼令他適氏誓以死遂儲毒藥以俟族惡得漆姓金將奴之去氏知之潛逃衆追及氏抱樹而泣衆拽之氏泣不捨樹爲之拔執以婦及門不令入室氏曰勢至此我何能爲髮亂容理之人卽食毒籲天忿詈族惡縛置輿中半途謂役夫曰我死汝等須以屍還晏此

至漆藥發死目不瞑以其屍歸晏乃瞑

徐雲龍妻周氏鄉氏女言笑不苟及歸徐克盡婦道敬順無違鄉里賢之年三十夫歿哀痛成疾語鄰媼曰良人死不忍獨生且大弟盡鰥不便共處異日必有奪予志者吾惟死耳越數日以幼子託於女翁徐扃戶自縊以救免抵暮復自縊死時乾隆五十二年四月六日事

監生蕭光悅妻周氏年二十於歸歲餘光悅歿氏立志從死勺飲不入口者六日姑知其志堅防之密娣姒咸勸之且立姪常銳爲嗣以寬慰氏佯曰有子可不死矣防稍懈遂自經死

黄德安妻夏氏家貧佃田爲生乾隆丙午春大饑德安染疾氏不食典釵謀醫藥德安死即隣里具棺葬之撓擗號泣輒至暈越七日自縊面如生里人哀之合葬夫右時年二十八

庠生黄大樟娶秦氏夫病篤刲股和羹愈月餘夫歿泣不食死

胡具勝妻郭氏姑墮水赴救俱溺死尸起手挽姑攣之乃解

胡烈婦父與夫皆本邑籍氏未于歸其舅姑將佃田於英山縣時烈婦之夫已病欲娶氏同往父不可氏欲待遂歸之從數月夫亡氏遂絶食脱釵珥舅姑知氏必殉防之卒潛自經死英人義之一時會葬者數百輓詩成帙英邑令表其墓

胡國梁妻吳氏年二十一于歸隨夫寄居英山六閱月夫亡氏絶粒自經死英人爲之請旌見英山縣志

國朝

旌表節孝

朱世符妻秦氏世符卒氏欲從死翁姑以兩遺在泣勉之氏忍死守義養舅姑以孝歲饑值舅喪鬻産治喪如禮奉姑孝愛無倦擇名師課子紡績以供束修長子文會雍正壬子舉於鄉次子爲邑諸生雍正四年旌

庠生周言宣妻王氏年二十夫歿母家憐其少欲令改適氏聞躍濁池中周人救之池水清三日嘗修周氏祠祠中古桂復茂苦節四十四年雍正八年旌

周漢勳妻鄒氏年十九夫病篤謂氏曰我死孀母孤兒惟汝賴氏泣諾及卒誓以死守姑老病朝夕具漿啖之子重山早卒媳龔氏節孝亦如姑雍正八年旌

以上本通志

國學潘二璟妻童氏年二十二夫亡守義事舅姑以孝訓孤及孫以義方長子奎國學生次子鼎貢生孫支萃州同知卒年八十六乾隆三年旌

國學廖峻芳妻丁氏年二十一夫亡矢志柏舟撫孤

旌 成名乾隆三年

旌 庠生廖榮芳妻夏氏年二十一夫亡守義事孀姑以孝訓孤子以禮乾隆三年

旌 王之濱妻陳氏年二十五夫亡勤儉持家苦節四十五年乾隆三年

旌 方淑美妻汪氏年二十三夫亡撫孤成立苦節四十二年乾隆四年

旌 劉之勝妻蕭氏撫孤繼錫成名苦節四十三年乾隆十一年

旌 聞一善妻陳氏年二十四夫亡事姑盡禮苦節四十年乾隆十三年

旌 王文俊妻胡氏年十八歸王五月而夫亡以有遺腹忍死守義歷試諸艱遺孤復亡撫姪欽嗣教之克家成名事舅姑孝嘗兩次割股愈姑病喪盡哀祭盡誠乾隆二十四年

旌 胡佩玉妻張氏夫亡有強奪其志者自縊死乾隆四年

郭綱妻王氏蘄水人原任嘉定州知州王悅孫女年十九十歸性貞靜動必以禮事舅姑能承歡養志夫嗜讀書氏篝燈佐之五夜不輟夫以攻苦病篤慮無嗣氏勸立夫兄子天松爲子以慰夫誓曰病愈生子此如所生倘不諱毋以無子貽戚藉慰夫亦預爲從死計也夫亡家絕食姑泣諭之曰舅歿我老病嗣子幼汝何可死遂共寢處自是朝夕奉養姑十年無一刻懈撫嗣子松教養盡道松亦克承母志氏夫亡時年二十八至八十一卒乾隆十七年

旌

欽賜清標彤管匾額

吳承書妻孫氏明季人年二十六夫亡守義撫孤流離之際猶以書課子國豪爲邑諸生乾隆十七年

旌

欽賜清標彤管匾額

庠生蕭有　妻易氏夫亡遺二子雲青四歲雲胄二歲氏茹荼苦節課子成名鄉里欲表其節氏謂子曰我守義爲博名乎事遂止邑侯　林有詩以紀其節

庠生周成璋妻許氏事舅姑以孝聞年二十七夫亡遺子三俱幼家遭賊破氏茹苦守志教子成名邑侯以貞節匾嘉之年逾七十卒人以氏節比栢舟子孫如蘭桂爲題栢桂堂云

李成鏞妻劉氏年二十一夫亡一子甫三月家苦貧依伯氏升儀茹荼課子卒年四十七

楊氏年二十三夫死於亂氏撫孤守義武孝廉段雲其孫也

李氏年二十六夫亡貧苦守義教子周本允繼有文名年七十猶紡績以教諸孫

劉氏年二十歸李一年而夫亡遺孤三月誓死以從以姑勸得不死遂竭力奉養撫孤及舅姑歿治喪如禮太守贈以德昭壼範匾額

王光華妻周氏大總戎周宰鼎之從妹青年守志節操凛凛鄉里敬憚

蘄需人娶廖氏需入宦遊於廣病死氏負骸骨歸葬教子成名苦節五十餘年蒞斯土者皆有詩匾褒其節

庠生胡之玉妻鄒氏年二十六夫亡幼孤二氏茹苦守義艱辛備嘗紡績供修脯教子俱入庠孫師瀾師見食餼曾孫歲貢生履仁就傳氏皆及見之

庠生林奎妻李氏奎以應試卒於郡氏年十九遺腹生子式金氏苦節撫孤事舅姑盡養教子纔𠀌志弱冠入庠苦節五十三年卒

庠生林銓妻龔氏年二十六夫亡家貧守義教子江水入庠卒年六十五

庠生林鑣妻徐氏年二十五夫亡無子家貧苦節四十年卒

儒童李明詩妻羅氏年十九于歸甫二載夫歿僅遺一子羅氏厲志守節孝事公姑義撫幼弱甘貧苦如飴學師瀻廉實請旌有云軋軋機聲歷盡寒風苦雨凄凄血淚誰憐錯節盤根洵巾幗之完人實閨壺之正氣學憲王以冰雪爲心匾額褒之卒年六十有四其子宗禧亦爲人端厚好善樂施

劉紹泮妻童氏年二十四夫卒無子立夫堂兄邑庠生青雲之次子丙業爲嗣教之成立苦節三十餘年

段翰助妻程氏年二十二夫亡守義教子成名翰弟段元貞妻郭氏年二十五夫亡守義撫子桐山子亡媳何氏年二十相依苦守備歷飢寒無怨元貞胞弟庠生段利亨妻葉氏年二十四夫亡守義邑侯王贈一門四節匾額

潘文華妻陸氏年二十五夫亡守義事舅姑孝撫姪光嶽光鼎爲嗣

潘文凱妻葉氏守義十九年歿教子光泰入國學

胡履業妻陳氏夫遠館事舅姑盡孝夫歿家貧苦節

段文瀚妻童氏年十八夫亡撫姪嗣守義以終

庠生童懷元妻王氏年二十六夫亡撫姪大槿守義

童有蓮妻滕氏年二十夫亡守義教子大業入庠

尹之瑀妻王氏年十七歸尹善事舅姑嘗值大雨連綿河水泛濫其夫貿易未歸舅卧病危樓前後房屋衝塌氏涕泣依守叱之不去竟得兩全無恙後舅病篤氏割股食之愈三載歿夫復病篤氏又割股救之亦愈白日始歿年僅二十有二苦節撫孤鄉里遠近咸仰壼德

何靖臣妻雷氏年二十九夫亡家貧苦節

羅一貫妻丁氏年二十六夫亡苦節教子入庠

胡師旦妻魏氏年二十二夫亡守義善事繼姑卒年九十六歷冰霜七十四年

高明道妻于氏年二十七夫亡守義紡績事姑姑死

鬻奩以塟

李光雁妻羅氏年二十二夫亡守義善事舅姑撫子成立苦節三十七年　學憲以匾褒之

高騰基妻李氏年二十七夫亡守義教子致錡成立入國學錡亡妻李氏依姑守義十四年亡復教孫攀桂入庠撫孫兩世節苦四十餘年

徐添鑿妻余氏歸徐四載夫貧遠出謀生氏紡績養子成立數命子尋夫卒未歸氏茹苦以歿

蕭永鰲妻晏氏年二十五夫亡守義善事舅姑撫子炘入國學

蕭成祿妻崔氏年二十五夫亡守義事姑教子

歐陽捅妻陳氏年二十八夫亡守義紡績養姑糟糠敝緼三十餘年教子賢松成立

蕭志義妻晏氏夫病割股救之愈三年乃歿氏守義撫孤

廩生史啟源妻閔氏年二十六夫亡守義教子秀楙入國學秀楙早亡妻喻氏年二十六矢志堅貞事孀姑恪共婦職訓孤子克盡母儀子全謨庠生

晏三近妻王氏年二十八夫亡守義撫孤

王一紅妻楊氏年二十六夫亡守義事姑孝教子者香入庠

金孝敦妻涂氏年二十二夫亡堅貞自守教子成名呂侯學師暨邑人皆有詩以紀其節

國學高致錡妻李氏年二十八夫亡守義事孀姑孝

胡熙泰妻潘氏年二十三夫亡守義善事舅姑

庠生葉夢熊妻李氏年二十四夫亡守義教嗣子文選入庠

葉紹會妻羅氏年二十二夫亡家貧守義

葉崇高妻晏氏年二十一夫亡守義撫孤

晏舜典妻涂氏年二十四夫亡竭力事姑遺孤僅七月撫之成立

晏三槐妻胡氏年二十六夫亡貧苦守義

徐楫妻金氏年二十七夫亡無子撫姪嗣嗣子又亡氏復撫孫成立撫孤兩世苦節五十年

蕭大俊妻李氏年二十四夫亡守義善事舅姑教子玉麟成名

國學高騰均妻胡氏年二十九夫亡守義撫孤致鉅致鉅亡鉅妻涂氏遺腹生子依姑守義以嬰亡復撫孫年八十餘

羅二曜妻晏氏年二十四一子夫歿撫孤守義

何典仁妻雷氏太史次聞公女夫歿家貧素明大義勤女工擇師教子龍光有聲庠序

匡氏少許字董宗惠未于歸而宗惠病癩指脫齒落

不能自飲食家苦貧宗惠父謂女父曰吾子如是何
可陷若女其另擇壻女父諾之歸商之女言宗惠疾
廢必不起且赤貧難依以活女佯諾請一往省歸卽
從命遂遣之至則修婦道唯謹宗惠病久殘廢肌肉
腐脫且俗忌傳染雖父母不常近餘則非一顧女調
護必周凡宗惠飲則手捧餅食則手持箸起立則左
右扶持以及拂拭浣濯極瑣屑事無不如意宗惠得
延殘喘者五年宗惠歿舅姑憐其苦且少令改適女
則誓死靡他父召之歸女不往曉夜紡績以養舅姑
立姪戴武爲嗣舅姑歿喪葬竭力家益貧飢寒困苦
無稍怨今年八十猶存

程鳴岐妻尹氏年二十七夫亡貧無錐撫幼子二紡
績莫給拾遺穗煑野菜以活族人強以嫁斷髮破面
乃止

廖有金妻張氏年二十四夫亡一子繈褓夫弟幼張
紡績鞠育至於成立苦節三十一年卒

廖啟槐妻鄧氏年二十二夫亡守義事姑孝敬教遺
孤慰入國學

廖啟格妻林氏年二十八夫亡守義撫孤

廖從欲妻李氏年二十夫亡遺孤僅八月姑與祖姑
在堂氏辛勤事育苦節四十餘年

廖模妻田氏儒家女性貞靜幼嫻女則家素封舅姑
委以內政治家嚴整有法度夫亡服御同寒素冰雪
自厲教二子皆成名

李以薰妻胡氏夫亡事孀姑以孝撫子成立卒年九
十二

雷國榮妻劉氏夫亡守義撫孤成立

廖纘聞妻蕭氏年二十三夫亡家貧艱苦守義

蕭光誥妻江氏年二十二夫病篤囑曰我無子以父
母託汝氏刺血自誓夫亡堅貞自矢孝養舅姑不負
夫言

國學蕭光濟妻徐氏夫亡守義教子常忠入國學

蕭天藻妻周氏夫亡欲身殉舅姑止之厲志守義教

二子光福光泮俱成名

蕭行魁妻陸氏年二十四夫亡遺孤七月守義撫孤
終身素服

汪　妻陳氏年二十餘夫亡守義教子顯在成立
後顯在亦事母孝居喪盡禮

國學廖有信妻周氏年二十餘夫亡守義教子瑚由
諸生入成均啟梁國學

國學廖啟槐妻周氏年二十六夫亡守義無子以侄
嗣事姑孝性慈惠樂施予

徐之厚妻文氏年二十八夫亡遺孤七月茹苦守義
教子成立

貢生屈如松妻蕭氏年二十八夫亡無子守義養姑
姑病曉夜侍湯藥經年不倦以姪嗣
周玉柄妻廖氏年二十四夫亡守義善事舅姑教子
世榮入國學
周晨妻徐氏年二十六夫亡遺孤七月氏撫孤守義
子又亡媳閔氏年二十五遺孤歲餘兩世孀婦相依
守義
周貽穀妻李氏年二十四夫亡守義無子以姪嗣
廖燦妻熊氏年二十餘夫亡家貧甚氏誓志不渝常
然松指紡績以奉姑
彭伯祥妻周氏年二十五夫亡守義奉舅盡禮無子
以姪嗣
彭彩山妻嚴氏年二十八夫亡苦節撫子成立
嚴以正妻鄭氏年二十八夫亡兄欲奪志氏求死鄰
婦救免截髮以誓撫孤成立辛苦備嘗
陳之智妻李氏年二十六夫亡撫子子早亡子婦汪
氏年二十一亦守義如姑
方淑媒妻徐氏年十九夫亡遺孤數月撫之守義
方士懷妻周氏年二十二夫亡撫孤守義五十餘年
黄國書妻羅氏年二十二夫亡守義撫孤養姑
童生涂潤妻余年二十二夫亡矢志守義艱苦備嘗
立夫弟洙之子國幹嗣教養成家閱今四十餘年

陳復亨妻龔氏合巹十日亨亡龔氏厲志守義父母
欲奪其志惟以死誓立姪典麟爲子灌園自給事舅
姑曲盡孝道雖備歷艱苦終無怨言
唐永元妻李氏年二十五夫亡撫孤守義
廖世材妻夏氏夫亡家貧守義紡績養姑兄弟欲奪
其志氏誓以死乃免自是絕不往
郭國瑞妻徐氏年二十二夫亡家貧守義撫子成立
丁學陶妻徐氏夫亡家貧守義事孀姑以孝聞
方銘牖妻朱氏夫亡無子守義教嗣子洪利洪孝洪
村入庠
蕭常健妻吳氏夫亡守義撫孤成立
方銘榜妻張氏夫病割股延三年歿氏年二十七守
義撫孤子洪亦割股救母
陳之瑾妻江氏夫亡子甫二歲家苦貧守義撫孤成
立
李方瀾妻文氏年二十八夫亡守義操家教子
廖啟箎妻劉氏年二十九夫亡家貧守義
朱用玉妻蕭氏年二十二夫亡守義撫孤
朱學賢妻嚴氏年二十四夫亡撫子子亡撫孫苦節
四十餘年
國學曾生迋妻周氏年二十四夫亡能以禮自守教
子炳入國學炳歿與炳妻相依守義

文宗華妻朱氏年二十四夫亡無子以姪與甸嗣甸
亡與甸妻相依守義
蕭朝秀妻晏氏年二十六夫亡遺孤數月撫孤養姑
廖灼妻李氏年二十五夫亡無子守義以姪嗣
廖津妻雷氏年二十五夫亡守義撫孤
庠生蕭常琮妻周氏年二十二夫亡撫子守義常自
誓曰孤苦安命但期無愧地下人
廖泰妻鄂氏年二十四夫以勤學致疾歿遺孤一歲
氏守義養舅撫子
國學廖烈妻劉氏年二十七夫亡無子守義敬事舅
姑

廖五元妻方氏年二十七夫亡無子守義養姑以姪
鎮鳳嗣
鄂宗孔妻蕭氏年十九夫亡守義遺腹生子緒麟教
之力學
嚴從五妻徐氏年二十五夫亡守義敬事舅姑撫子
成立
嚴栢魁妻吳氏年二十八夫亡守義事舅姑盡禮撫
孤成立
庠生廖允青妻周氏年二十一夫亡三月生子封垣
教之入國學周夫弟煒之繼室田氏年二十夫亡撫
夫前妻子封圻成立娣姒同志

周允佐妻劉氏年二十四夫亡舅姑歿夫弟遠徙氏
撫一女孤苦伶仃植節三十年
國學吳效成妻余氏年二十八夫亡守義撫孤四十
餘年
陳尚忠妻朱氏夫亡守義事舅姑以孝稱
吳廷琢妻余氏年二十四夫亡守義撫孤
唐永栢妻程氏年二十七夫亡撫遺腹子成立子亡
僅一孫子婦依姑守義夫弟永槐妻黃氏永楷妻晏
氏皆年二十餘而夫亡撫孤守義一以程爲法一門
清操相厲勁節嶙峋
張問善妻徐氏年二十八夫亡子幼夫弟皆幼撫之

成立子亡復撫孫守義六十年
余在涇妻蔡氏年二十七夫亡家貧苦節
方深文妻文氏年十九夫亡守義撫子治瑚入國學
文連選妻吳氏年二十八夫亡無子苦節撫姪嗣
方肆延妻余氏年二十六夫亡撫孤守義
林啟鵬妻蕭氏年二十夫亡撫孤守義五十五年
周　妻朱氏年甫笄歸周無子代夫終養撫姪嗣
周艮友妻蕭氏年二十一夫亡撫孤守義
國學周桂濃妻廖氏年二十九夫亡守義養姑撫孤
成立
廖瑚妻繼室田氏性賢淑先是瑚前妻歿室有妾氏

于歸待之以禮瑚歿氏秉節守義妻化之亦相依不
去妻有女視之如已出教孤子三皆成名

附孝婦二

嚴氏吳士恒妻姑病癱瘓氏左右奉養舉動則負之
二十六年未嘗少懈

廖胡氏事姑郭氏備極孝養姑病篤胡悲泣不巳割
股爲糜以療姑病

余士儀妻周氏總戎室鼎孫女年二十一夫亡家貧
守義撫子子亡復撫孫苦節[illegible]十餘年卒

徐雲成妻劉氏年二十一夫亡守義衣敝食素教子
勛鰲入國學

汪名沂妻張氏年二十四夫亡植園蔬自給茹苦守
義

盧文鐘妻楊氏年二十九夫亡守義

葉士真妻李氏年二十二夫亡守義敬事舅姑

汪鈷妻黃氏年二十七夫亡苦節四十八年卒

國學生郭大棟妻周氏夫亡守義敬事舅姑衣敝茹
素治家以禮法教子地炳入國學

郭天枚妻鄧氏年二十四一子僅歲餘夫以災被仇
誣斃死氏產名族㮚大義痛夫死於孝誓相從其父
勸止之遂矢志代終夫事舅以大難平姑歸年衰氏
奉養盡歡事繼姑無違顏性好施見貧苦輒罄貲濟
之撫孤子慈而善教出擇傅入課讀朝夕望其有成
以慰夫志子地煥領恩薦候選孫一入庠一食餼有
文名

郭天柱妻陳氏儒門女少知書明大義年二十二歸
郭又年而夫亡遺孤二氏志貫金石事姑孝敬備至
病侍疾三月餘未嘗就寢凡湯藥溫扇拭掃及極瑣
屑皆身親之未嘗一屬僕婦二子稍長親授句讀雖
出就傅歸必課其勤惰時時稱述夫志激厲之聲淚
並下子地鵬己酉
恩科舉於鄉地鴻邑庠生

郭天椿妻周氏年二十七生子夫亡茹苦治家敬事

孀姑天椿元配有二子氏視同親生長子地燦早亡
無子妻李氏年二十三以姪嗣周待李慈李事周孝
同志苦節盡節孝慈於一家云

庄四科本姓方妻匡氏年二十二夫亡厲志守節事
姑孝寢食不離左右二十年無倦容好施予族姻貧
婦多賴存活匡子婦鄭氏孫婦張氏年十七歸匡而
鄭歿時匡年七十得癱疾飲食扶持須人張侍祖姑
疾亦如祖姑之養其姑人謂孝婦獲報無何張氏之
祖姑及舅與夫相繼歿張年二十九夫弟稺子幼張
厲志守義事繼姑撫孤克繩其祖姑疊遭大故喪葬
皆如禮治家有法課子嚴自塾歸必使誦讀躬自紡

績于測夜分不倦蓋勵之也子鼎弱冠食餼試輒冠
軍舉憂行

匡四長妻劉氏幼知書明大義年二十五夫亡遺孤瀵三歲氏苦節治家以儉集詩書課子稍怠必哭訴夫靈乃撻之徐告以夫與已之志後瀵補諸生課之不稍　瀵由是有聲於庠

匡五麟妻葉氏年二十四夫亡守義教子解仁入國學

胡履坎妻王氏年二十二夫亡守義紡績奉姑詩書課子

朱效儀妻陳氏年二十三夫亡家貧苦節

庠生李上林妻葉氏夫亡守義伶仃孤苦教子成名

李偉人妻吳氏年二十六夫亡家徒壁立守義撫孤苦節六十年卒

郭維則妻黄氏年二十七夫亡撫子守義

庠生李鄧妻彭氏年二十九夫亡守義教子大權入國學

裴國棟妻祝氏年二十二夫亡無子以姪嗣苦節三十餘年卒

劉世耀妻曾氏年二十夫亡撫孤苦節六十三年

盧汝揚妻徐氏年二十四夫亡守義撫孤

周重山妻龔氏年二十二夫亡無子撫姪嗣守義

劉四渠妻余氏年二十四夫亡守義舅姑年老奉養竭力教子五渠入國學

國學周敘五妻董氏年二十九夫亡守義教子

楊一圻妻汪氏年二十五夫亡無子立姪守義藜藿終身

葉訓取妻徐氏年二十二夫亡家貧惟以女工奉姑育子

胡成粲妻徐氏年二十七夫亡守義紡績度日無大故不出庭幃

徐佐均妻夏氏年二十六夫亡家貧守義事姑撫子

李必建妻鄧氏年二十七夫亡守義撫孤紡績自給

郭地奎妻龔氏年二十七夫亡撫孤守義

樊勝全妻李氏年二十二夫亡甘貧守義撫子成立

庠生高清之妻劉氏年二十八夫亡無子立姪守義割股救姑教嗣子炳修入庠

劉之棟妻楊氏年二十三夫亡家貧守義撫子割股救舅茹素終身

盧重音妻楊氏年二十九夫亡守義持身以禮雖至親不踰閾教子大來成立

謝一元妻張氏年二十四夫亡守義苦節五十年卒

鄭四校妻葉氏年二十五夫亡敬事孀姑喪葬盡心教子成立

張其謀妻汪氏年二十八夫亡守義
盧士堪妻張氏年二十六夫亡無子立姪守義家貧
律身以敬勤紡績以養舅姑
閻道坦妻汪氏割股療夫病夫亡矢志堅貞家貧自
藝麥菽以給教子讀書
庠生葉敦化妻張氏年二十九夫亡撫孤守義
葉能裕妻張氏年二十四夫亡撫孤守義
劉維錕妻余氏年方笄適劉數年夫亡無子厲志守
義事翁姑孝養立嗣繼祀嗣又亡志益堅復立嗣雲
龍苦節四十餘年以養以教不減晝荻和丸後雲龍
克承母訓入庠孫作賓亦入庠

庠生葉彰善妻金氏年二十一夫亡氏哀毀以勵乃
節姑老得痿疾奉養不懈喪葬如禮
匡文燦妻王氏年二十三夫亡家貧操作以養舅姑
喪葬竭力教遺腹子成立姪生四月失恃育如己子
汪律妻王氏年二十五夫亡家貧守義訓子文就入
府庠
涂一義妻趙氏年二十一夫亡遺腹生子家貧苦節
匡學玉妻朱氏年二十餘守義無子立姪守義事孀
姑孝
葉乾彩妻汪氏年二十二夫亡守義撫孤
胡庭用妻陳氏年二十二夫亡守義撫孤順事孀姑

張文會妻王氏年二十二夫亡守義養舅姑撫孤
汪澤強妻南氏年二十七夫亡家貧守義撫孤事姑
寢處不離
汪澤灘妻朱氏家素貧氏先力代夫養勸夫勤學年
二十七夫亡遺孤一歲矢志守義自忍飢寒以養姑
匡利水妻葉氏年二十一夫亡舅姑先亡有欲奪其
志者誓死乃止勤苦教子成立
董有楚妻樊氏年二十八夫亡守義嘗割股救夫復
割股救姑
劉光興妻樂氏年二十夫亡守義撫孤
汪名瑜妻鄭氏年二十五夫亡立姪守義

汪名璋妻郭氏年二十六夫亡立姪守義
劉四湉妻汪氏年二十一夫亡家貧食力守義撫遺
腹子成立
郭世奇妻朱氏年二十四夫亡家貧守義撫孤
鄒如泰妻朱氏年二十四夫亡家貧守義撫孤
鄒有節妻汪氏年二十八夫亡守義紡績治家教子
成立
高著妻劉氏年二十七夫亡無子立姪守義嗣子又
亡借嗣子婦童氏守義撫孫成立
樊名山妻宋氏年二十夫亡守義撫遺腹子成立
庠生郭邦麟妻李氏年二十五夫亡無子立姪嗣勤

儉治家教子以義方
葉仲夏妻黄氏年二十餘夫亡無子立姪守義勤女工以助舅喪事以養孀姑
李必榮妻葉氏年二十一夫亡撫孤守義
國學李光明妻賀氏年二十八夫亡守義養姑教子超入庠
汪杰妻胡氏年二十四夫亡家貧未克塟氏携子棲柩側寢處不離竭力事姑鬻衣以養
傅時德妻張氏年二十一夫亡無子家貧紡績度日以守義
匡人隹妻葉氏年二十七夫亡苦貧守義

匡人儁妻張氏年二十八夫亡遺孤四月有欲奪志者氏逃乃免家貧營女工自給撫孤蓬首垢面苦節五十年
匡人文妻胡氏年二十五夫亡撫孤守義已四十餘年
匡人鼎妻張氏年二十八夫亡守義事舅姑撫子
貢生劉鉞妻鄭氏年二十九夫亡守義持身以禮至老不懈
李登雲妻張氏年十七歸李歸三月而夫亡舅姑早逝家貧年少矢志守義泣告族人立嗣撫之甫成立嗣子又亡孑婦朱氏年二十四氏相依苦守撫孫成立
李維岳妻盧氏年二十八夫亡守義家貧竭力事舅姑撫孤
李大瑞妻徐氏年二十三夫亡守義事舅姑撫孤
熊爾能妻段氏年二十二夫亡守義撫孤
李靄然妻瞿氏年二十三夫亡守義撫孤
胡哲士妻李氏年二十二夫亡遺腹生子其家欲令改適氏忿欲死夫弟宇士護之守義撫孤

附孝婦

王標妻周氏事舅姑孝姑有繼姑年老卧病氏代姑日夕奉匜操題數年不懈

晏榮陞妻馮氏事衰姑凡事能先意承志得其歡心家貧夫以事羈省垣久未歸馮典衣易米肉奉姑自以園蔬充飢姑微窺問之則曰媳已飽飯矣有蕭姓者寄居宇下夫婦並染疾乏食馮分米而食之並代謀醫藥蕭因賴以存活戒其子力學課讀五夜不輟子嘉賓由廩生領歲薦
祝二湖妻何氏年二十五夫亡無子立姪嗣苦節五十三年
學憲吳給額　亮節幽芳
何應選妻程氏年二十四夫亡無子立姪嗣苦節六十餘年

學憲李給額　幽貞協吉
王鉞妻李氏年二十九夫亡苦節五十年
邑令沈給額　柏舟風厲
胡履奇妻王氏年二十六夫亡家貧敬事舅姑守義
撫孤
李成武妻許氏年二十夫亡家貧舅喪明姑卧病竭
力奉事守義撫孤
周邦伯妻王氏年二十二夫亡守義敬事孀姑
嚴維第妻傅氏年十八夫亡家貧撫遺腹子事繼姑
歷盡艱辛
國學士本權妻周氏年二十四夫亡屬纊時生子守

義事舅姑教子入國學子亡子婦匡氏亦青年相依
守義
李一泮妻王氏年二十九夫亡遺孤三月家貧紡績
以事繼姑教子以義
匡江妻童氏年二十五夫亡遺孤八月家貧姑老紡
績供饍撫孤守義足不踰閾
涂雲炓妻許氏年二十二夫亡遺孤五月矢志守義
養舅姑教子入庠子卒子婦胡氏相依守義
周國昌妻黄氏年二十八夫亡家貧守義勤女工事
舅姑不以飢寒易志
國學陳鎬妻傅氏年二十五夫亡守義敬事舅姑教

子大鳳大元入庠
王應周妻鄭氏年二十五夫亡守義養舅姑教子成
立
匡朝佐妻呂氏年二十五夫亡有欲奪守志者誓死
乃免事繼姑盡養苦節以終族人哀之爲之立嗣
國學周信妻葉氏年二十五夫亡守義事孀姑盡禮
教子成名
李生桂妻楊氏年二十夫亡矢志守義
王崇照妻鄭氏年二十夫亡守義撫子子亡志益堅
治家儉養姑豐族人爲之立嗣
王崇縉妻徐氏縉嗜學氏紡績佐之年二十六夫亡

苦節撫孤以繼夫志
龔全智妻徐氏年二十七夫亡守義撫孤成立
許家晋妻趙氏年二十九夫亡守義撫孤成立
張士達妻胡氏年二十九夫亡守義子亡撫孫敬事
事姑艱辛備嘗
童琛妻劉氏年二十四夫亡立嗣守義律身以禮素
服終身
何之榮妻匡氏年十七夫亡無子父母憐其年少氏
矢志守義撫姪嗣
童士能妻李氏年二十八夫亡遺孤一歲家貧有欲
奪其志者氏誓死守義饔飧不繼苦節自貞

張廷魁妻趙氏年二十夫亡遺孤一歲家貧守義撫孤紡績以給苦節四十六年卒

王一癸妻汪氏年二十二夫亡守義撫孤

王美石妻唐氏年二十六夫亡守義事舅姑以禮教遺腹子成立

李華國妻周氏年二十一夫亡守義撫孤

余介康妻周氏年二十夫亡守義事孀姑孝教子鳳鳴入庠泰豐入國學

余對揚妻黄氏年二十五夫亡遺腹生子撫孤守義

熊胡氏年二十八夫亡無子族人逼令改適截髮誓死苦節四十四年卒

周在朝妻徐氏年二十九夫亡撫子守義子亡子婦張氏年二十八皆苦節以終

毛廷連妻胡氏年二十三夫亡無子守義兩立嗣以繼夫後事舅姑送終盡禮

羅品三妻黄氏年二十八夫亡其家不能奪志全節以終

周南有妻李氏年二十四夫亡無子立嗣守義

周琴採妻蕭氏年二十八夫亡守義事孀姑孝撫子成家

程象坤妻余氏年二十八夫亡守義撫子

王文虎妻周氏年二十二夫亡守義事舅姑承順教子以義

閔仲朝妻潘氏年二十七夫亡守義子幼家貧女工自給茹苦完節以歿

庠生閔錡妻歐氏孝事公姑夫歿紡績教子積有餘穀値歲歉必減價而糶聞邑志開局即稟請表揚先德並捐銀十兩佐膏火之費邑侯姜以孝誼可風褒之

童生陳典則妻胡氏年二十七夫亡遺孤僅數月堅貞自矢食蓼茹荼教養成立年六十五始生孫亦數月而子亡率媳撫養艱苦倍嘗卒年七十有二

李孟則妻張氏年二十六夫亡遺腹生子家貧守義

紡績任薪水以奉舅姑

晏二江妻匡氏年二十八夫亡守義夫弟二潍妻潘氏年二十一夫亡遺孤一匡與潘共撫守義姑亡舅染瘋疾臥病九年娣姒奉侍湯藥無怨無倦現今匡年七十八潘年七十

汪安國妻張氏年十九夫亡遺孤數月家貧守義撫孤歲飢採菜根自茹以米奉姑喪葬如禮

江文昂妻周氏年二十八夫亡家貧無子立姪守義養舅姑以孝紡績以給復代弟養母

周心湖妻盛氏年二十夫亡遺孤一歲守義養姑及王姑訓子以義

潘何之妻許氏年二十八夫亡家貧守義敬事孀姑撫孤成立
庠生胡世勳妻江氏年二十三夫亡姑周氏青年守義子婦李氏年二十四夫亡守義氏上敬孀姑下慈孀媳李亦克繩其志王世節孝人咸稱之
何毓珽妻文氏年二十四夫亡遺孤二歲家貧姑老竭力事姑撫孤成立
胡顯桂妻李氏年二十五夫亡守義遺腹生子教之成立
童一元妻閻氏年二十五夫亡無子立姪守義後歸宗有欲令改適者氏逃歸堅貞自矢苦節四十餘年

滕天富妻童氏年二十六夫亡家貧自運薪水撫養幼孤飢寒不渝其志
徐廷保妻葉氏年二十夫亡艱苦守義撫嗣子成立
王正起妻汪氏年十九于歸歸六月而夫亡立嗣守義矢志靡他
汪光彩妻韓氏年二十六夫亡遺孤三月茹苦守義女工自給事育盡道
陳大法妻王氏年二十七夫亡守義訓子成立
徐雲錫妻金氏年三十夫亡家貧截髮誓志飢寒不渝
周審妻江氏年二十三夫亡無子立嗣守義苦節自貞
周效鳳妻許氏年二十二夫亡無子立嗣守義
閔瀾觀妻徐氏年二十五夫亡撫孤守義敬孀姑教子以義
詹華彬妻楊氏年二十夫亡堅貞自守治家儉約教子義方
董家誌妻鄭氏周烈女之姑也年二十夫亡守義立嗣復夭遇益苦志益堅清風勁節不愧烈女之姑
汪正祥妻周氏年二十二夫亡遺孤五月矢志守義事孀姑孝侍疾不懈撫孤成立
胡周美妻丁氏年二十一夫亡無子立姪守義事孀

姑益歡持身以禮教子成立
庠生王國棟妻黃氏年二十九夫亡撫遺腹子守義事舅姑孝敬不衰
王世榮妻許氏年二十六夫亡撫遺腹子守義家貧艱苦貞操不渝
趙成落妻童氏年二十六夫亡撫孤守義
庠生王萬籌妻汪氏年二十八夫亡守義撫子子亡偕子婦守節冰霜相依
鄧金妻李氏年二十九夫亡立姪守義舅病不能行竭力侍養不憚勞苦
丁台位妻李氏年二十七夫亡撫孤守義茹苦成立

國學許宗著妻劉氏劉宦家許亦望族氏歸許未成婚宗著得狂疾氏遂歸許越二年宗著亡氏慟不欲生念宗無後遂矢志立姪嗣守義課子成名

庠生張台三妻鄭氏年二十八夫亡撫孤守義事繼姑盡道

李對成妻羅氏年二十六夫亡家貧苦節事舅姑以孝稱

羅羣斗妻鄭氏年二十五夫亡守義撫孤事舅盡禮

王海騰妻李氏年二十七夫亡守義善事孀姑撫孤成立

國學黃政桂妻姚氏年十九夫亡立嗣守義敬事舅姑課子以義

吳周樹妻閔氏年二十三夫亡守義教子成家

王炳萬妻江氏夫病割股救之年二十九夫亡立姪守義

許宗朝妻周氏年二十六夫亡守義茹素教子

王次臣妻江氏年二十六夫亡家貧立嗣守義姑患瘓飲食動止須人氏扶持侍養不稍懈

祝雲程妻宋氏年十八歸祝未一週而夫歿遺腹生一子卽名遺生家貧舅姑年老氏代人紡績供養夜閉燈油不繼卽乘月紡績酷暑不避蚊蝱嚴寒不避風霜雖形毀骨立而專一守義毫無怨悔姑舅歿經

營喪哭泣盡哀鄰里爲之殞涕咸以孝婦稱之

金名樓娶王氏相傳蘄邑人于歸未期夫卒撫孤一紀而殁哭之哀喪目立姪孝渾爲嗣霜節徧閱西陵鄒大史士驄爲題節凌霄漢以表之年月則康熙庚寅夏也今訪其廬已不祀忽諸但篆跡猶存

金其鋒繼室熊氏岡邑庠生熊自基女年二十一于歸鋒卒禮法自持撫夫前子啟洙篝燈課讀紡績以供資斧後啟洙爲邑諸生熊年七十七卒

學憲洪嘉其節以潛德終光贈之

崔正經妻蕭氏年二十五生子淳甫八月經卒氏矢冰操事衰姑孝謹義方勗淳成明經性仁慈嘗出所餘以周貧之卒年五十有八

邑令贈冰霜矢操匾

朱世燕妻丁氏生子文軫六月燕歿時丁年一十九勵志撫子受室媳金氏生子維紹而軫歿丁泣目瞽時金年二十五淑慎其身事姑尤以孝聞姑卒年八十五金卒年六十一

邑令贈節孝雙貞匾額

何國賢妻蕭氏年二十四賢歿子二歲家貧氏誓死靡他姑太史甯公天鐸女事之克孝姑歿依弟諸生蕭夢魁紡績以活絕粒猶無怨言苦節三十餘年卒

庠生朱世儼妻徐氏年二十六儼卒徐守志教子文

松文柏讀父書後文松補諸生妻胡氏年二十六生子維式甫四歲松卒胡堅守如姑奉姑教子維式能文章妻歐陽氏年二十五生子三歲維式又亡歐復金石其操

陳雲瑞妻金氏年二十六瑞歿子四歲家貧常煑野菜以活撫子成立卒年七十

蕭德量妻姜氏年二十二生子閱六月而量歿哀毀幾立强起撫孤艱辛備嘗

周次卿妻余氏年二十一生一子卿卒氏誓守撫孤女箴自嫻不輕踰閾至戚非召不問得入中堂苦節三十餘年卒

劉勝才妻廖氏年二十四才歿氏撫孤漢華妻胡氏年二十五生子賜五華歿兩世單傳姑媳共守廖卒年九十有七胡卒年九十有三後賜五孫純尊妻龔氏亦節婦尊病投藥不瘳龔刲股和藥以進延六日而歿時龔年二十八守節四十六年卒

王安舒妻陳氏年二十三夫卒子德昌甫二歲時貧窘幾無以生氏嫻禮教尤善操家後孫列成均入黌序猶及見之年六十六卒

庠生周傳珩妻庠生劉仲書女年二十六珩卒貞自矢撫孤不墜先業現年五十有六

雷子傳妻朱氏年二十六夫歿無子擇姪嗣矢志勿渝

庠生朱維鍊妻王氏年三十夫歿撫子宿澍得兩孫澍又早卒氏與媳廖氏相依共守

朱宿江妻蕭氏江病折腰連年床蓐氏扶持艱辛年二十八江歿貧苦撚絨冰操不改

崔典際妻雷氏年二十四夫歿守義事姑孝撫幼成立

何靖成妻雷氏年二十七夫歿矢志守義

崔崇周妻何氏年二十七夫歿矢志自守奉姑撫幼

雷華玉妻涂氏年二十六夫歿守義

歐陽金妻蕭氏年二十七夫卒姑老子幼兩叔亦幼

氏清操自持終養鞠撫叔亦賴以克家

熊登枚妻金氏年二十夫亡無子誓以死守立姪世熙爲嗣教養有道後世熙補諸生

秦倫瞻妻胡氏年二十六生一子瞻歿瞻承長房諸生葦頎嗣舅姑俱亡氏貧無可依誓不他適瞻生母憐其節收而撫之後母歿屋遭水圮蓬壞牆崩冬月紡績凍餓幾死猶以女紅活其子台碩祀得不廢

蕭廷瑞妻陳氏年二十七夫歿守義奉姑孝教子斌成名

國學周曰旦妻劉氏生子傳銑傳銘年二十八夫歿氏撫孤成立

張廷魁妻涂氏年二十三夫亡遺孤甫一歲而舅姑衰老氏矢志終養撫子及受室生孫而子亡又撫孤成立

蕭汝維妻鄢氏生二子夫亡氏年二十四貧苦守義姑病瘓三載床蓐起卧由氏扶持燀湯滌溉終姑之殁先是汝維承繼叔父立姑孫氏亦孀居也氏事之四十餘年孝養不懈兩盡婦道

附割股類

何介臣妻晏氏姑病割股救姑

蕭鳳武妻劉氏夫病割股救夫

余學儒之母 氏三次割股救姑

樊武烈妻李氏[illegible]股救翁

葉泗水妻樊氏翁病氏割股和羹奉翁愈三年始殁

張之澤妻黃氏割股救姑

庠生王光祖妻徐氏子婦徐氏皆割 救姑

國學王國經妻汪氏割股救姑

藝文志

文章之道或以地或以人其傳與不傳之故蓋難言之矣邑中山高水曲奇峯清泉幽深幻窈隨在得勝槪焉而地處偏隅數遭兵燹宋元以前無論矣即有明盛時若張玉虹胡功甫王思侗諸名公傳誦著作甚夥而舊志未登一焉今訪諸後裔其文藁大都散佚無傳兹本舊志所錄間採可以徵事實而勵風教者增附之其義無關於一邑者弗錄

吳孝子墓碑

吳大中字時夫號愛山其信之弋陽人也宋建炎年間父季益嘗宰太湖羅田六安州判安慶府事宅於蘄陽義城之獨座山時夫天性孝敬篤志經書菽水承歡綵衣致養父七十二寢疾朝夕衣不解帶極力醫療罔瘳不食泣血幾絕奉葬於獨座山之麓奉母陳氏廬於墓側十有七年夫婦定省温凊不離左右稍失調護則爲減食母年踰九袞無疾而逝居喪含哀痛愈於昔終身永慕操履慈仁遐邇莫不感動有司俱以孝行聞

上旌表其門曰吳氏孝子其里人遠來京師述彼累世之孝請記於余余嘗聞之天地之大經莫過於孝虞舜之事瞽瞍文王之事王季克盡其道垂範當時迨我

孔聖著之於經大明斯旨繼爾孝行卓然動天地感鬼神者何可勝數及乎世道日降淳風澆漓但一行之可稱必殊加於旌表蓋所以崇風化而振綱常也於戲父母之恩昊天罔極生事愛敬死祀哀戚固不足以報其恩於萬一至於移忠於國彰明於世亦人人子當然事耳而今爲異悲夫且吳氏累葉忠孝至時夫又卓然可尚挺出流俗永爲叔世之勸

朝廷之寵渥宜也余懼世俗之逐流而忘本因推原其說爲若夫衣冠報本道義强名復何孝之可言哉知此則報親之事畢矣寥寥千載之間吳氏其可以語此

翰林侍制奉議大夫兼國史院編修官彭寅亮撰

集賢學士則列大夫行國子監祭酒鄧文原書

翰林學士資德大夫知制誥兼修國史曹郁篆額

皇慶元年孟春記

劉將軍墓碑　朱善　奉勅譔

洪武十年八月癸亥皇帝御奉天門時有永平衛指揮僉事劉廣陛辭歸葬其父應春皇帝乃曰朕以武功開天下凡將士建立奇功者於其祖父母父母必有襃贈之典以爵冥冥者也今廣既恭喪歸葬宜加碑銘之庶不負忠臣之勞特命臣善述辭以銘之臣善[illegible]者稽首謹譔云按劉氏譜系出自陶唐所從來遠矣其世居州蘄羅田縣廣之族也廣祖慶父應春皆服田力穡克勤克儉鄉里稱善人焉應春後以兵亂從六安因家焉廣自兵興即以軍士屬宣陵侯曹良臣麾下臨事不避難以勤謹見信任歲甲辰奉旨職千戶守廬州歲丁未從攻湖州克之移守太倉復調征蘓州率所部摧堅破鋭數獻俘馘張氏之敗廣與有力焉隨大將軍下中原於是拔益都定濟南平東昌克棣州河北之民扶携而至回軍汴梁從宋國公馮勝取潼關再息兵於汴七月從大將軍渡河取衛輝降張德八月至燕都敵軍北遁遂破永平大軍席捲長虹疾驅勢若風雷不數月間山東西關內外悉皆定矣凱旋命守通州與元相角逆戰勝之復從右副將軍趙元上都復守西山從副將援大同與元將軍脱里伯等戰有功轉戰定西勝之已而凱旋命守通州焉洪武四年歲辛亥聖天子以廣積功累勞

宜加陞擢乃命以宣武將軍永平衛指揮僉事在職七年戰綏邊境軍民安堵上甚嘉之十年春三月父應春以疾終於六安訃至廣哀經哭泣祖踊哀動僚屬本衛爲請於朝其意未達上聞而乃元將驢兒以兵潛入永平界內將斥堠者擒去邊報既至　乃聞之星夜馳驛永平命廣率兵前去追捕廣聞上命至釋喪服披甲胄率精兵步騎千人兼程並進抵所在俘彼州主而歸既還已三日矣其敵將遣騎千數追急將近廣待彼來於是伏鋭士於崎嶇草莽間廣數騎緩行其追者見人衆顯寡直趨而戰廣方且勒兵未及敵兵不能當之衆乃火怯其伏兵四起於是俘敵將平章欽察歹右丞阿未改斡术歹兒叅政蠻子等共十六人再戰復生擒平章安童首目人等其餘獲到戰騎軍民大勝而歸捷音上聞乃詔入朝遂以八月某日至京師陛辭之日賜楮帛二百緡俾歸葬焉應春以某年某月日生以某年某月日殁享年七十有四以子廣功封宣武將軍指揮僉事母汪氏以某年某月日生以某年某月日殁享年四十有五以子廣功追封德人應春父慶享年八十有三母湯氏享年八十有四應春獨生廣乘風雲之會際日月之光克顯其先世之陰功豈偶然哉廣祖父母及母皆葬羅田今又復奉父柩自六安歸葬先人之側其亦

可謂能子也謹奉勅爲之銘銘曰家之豐惟子之功永世無窮家之貴惟子之力永世無斁錫厚子之封爵之榮視茲銘刻子以勸忠

瓊州府太守程瑩墓誌銘

余奉簡命督金陵國學越二年楚庠生程謨捧狀來謁曰先祖守瓊州卒於任及奉遺骸歸故里尙在淺土今卜期以葬誌銘缺焉希一言以光潛德予聞之不勝涕泣憶予弱冠時粗識文理汗顏入試公以遠大期予拔第一得補博士弟子且悉予貧所以資給而成就予者靡弗至今謨來請銘予其敢辭按狀公諱學字汝崑號伯玉派出古歙太原元譚之後與忠莊公賢兩夫子同源及綸登進士總制軍事會元兵機泄避兵於羅其子道列遂卜居於縣東之汪家山爲羅籍傳祥卿均用兩世皆不仕祖廷佐爲邑諸生父志剛洪武時由鄉科任行人司正以直諫謫遼吏目母胡氏初封安人後以子貴封宜人生子四而公居長成童時聰慧過人及長邑令聞其賢徵爲掾吏公雖小就手不釋卷從遊於通政視公之門遡伊洛淵源精易學兼善草書永樂時赴役天曹以奏對合旨授禮部司務十三年出使日本陞本部主客清吏司主事十九年陞本部員外郎宣德二年遷郎中在部二十七載政績炳著至十年瓊州守缺以朝推上賜璽書俾乘傳以行亦異數也瓊居海中四至水鄉距京師甚遠禹貢職方不列黎民雜處至爲難治公單身涖任以興學爲首務按季課試凡登科貢者皆

所拔士葦龍士官省併州縣催盐折米本府倉收而海運之苦以消逐尼毀菴田給里戶而異端之害以除聽斷不冤刑賞悉當公暇即携文學之士詠遊山水間所以璦人至今感誦不衰立遺像豎碑銘祠名宦以報其功豈非以公始終一誠入人者深哉公生於洪武辛酉年正月十九日卒於正統十三年九月二十日壽六十有八歸日囊橐蕭然士民賻始得還喪娶嚴評事長女貞靜純一事姑以孝相夫以順後公十年卒生一子永潔以悼父過傷亦卒於璦今合葬於七里冲石堰頭孫三詳諫謨曾孫七皆不墜家聲人以公厚德之所遺云爰爲之銘曰於維我公全楚之英歷任中外勁節忠清璦海被德思慕彌深食祿三品僚屬欽承梁木云頹朝野震驚況覩涵丈室不涕零夫妻父子同奠佳城勒名貞石永光厥聲

賜進士第朝議大夫南京國子監祭酒門生邱濬撰

舊志

白侯築城碑文　劉繼盛　王國統合撰

羅之有城不自今日始然非今日不惟無城且無羅也考諸圖籍賦入萬餘乃貯泑爲埠累石爲廓圍邑郴籓之狀二百年於茲矣乙亥春寇氛侵高岸爲谷深谷爲陵羅且不得爲昔日之羅也敢復望其固若金湯乎白侯爲我來斯恤餘生之斷魂收殘灰於既燼拾流亡賑飢溺止逋征清犴獄平市價息爭訟勸農桑修武備不匝月已登一邑於富强而予夏聚者民謀曰城甚惡寇之利也未雨尙當綢繆況風雨飄匕可無拮据以圖保聚乎吾欲爲百姓愛而力尤欲爲百姓愛而生因刻日慮事平板榦稱畚築議遠邇物土方上下相與共厥功其費以則賦相輸錯多寡也而不足者侯減膳以益之計彼一年之賦以襄厥役而民不見其苦　據此費出公帑可知後來欽名修築之訛　其制高以丈尋垛厚二尺許障城則可捺弓馬縱橫於其上其額派環城九百丈戶築三丈六尺水旱城各半之夫惟時有定限斯踴躍赴公壁瑕相形而民無敢草草塞責者其成功也以三陰月每一晝夕侯督行必四週飢者粥之病者藥之勤勞先人者親袖錢以酒之與工之始避席緘印誓不告成不復身溢大堂單心殉國之誠勤事恤民之隱何俱朓至乃爾哉城成偵報賊東西至鄰封士女咸爭

走入保侯乃大關四門無奸不詰詰且放縱之賊知
我兵義憤氣已奪用正用奇侯輒躍馬銜鋒凡十一
戰斬馬賊二百餘級如所號林冲拦山虎白臉二歌
諸賊皆先後授首而爲銃砲傷殞者更不可數計賊
於是有羅城如鐵羅兵如虎羅侯如神之語駭矣魂
銷讋不入羅境當是時侯自春徂暑夜無假寐乞靈
賴以全活者幾數十萬向非堅壁可恃能奏膚公而
保林總若此哉昔孫叔敖城沂三旬而成不愆於素
今侯值戎馬倥偬之會鳩工庀材較艾獵當安間無
事之時量功命日共難易爲如何耶史遷如在其以
侯列循良首矣生等嘗効鞭鐙之用痛定思痛話言
最眞故不必別乞諛詞以頌乃頌三章曰
惟侯懋德允武允文惇大明作鑿築其勤鼛於成化
成化己亥信陽賊入寇　公私俱焚郛陑堞圮風淒
日曛無城可守有㑽莫聞沈爲新建　沈雷築土城
勞繼舊勳　勞撑砌以石侯增式廓乃薄蒼雯二百
餘載三見神君　旣堅衆志且厲孤軍風生絳壁電
掃流氛長城萬里百雉奚云懷人未往錦星慶雲

節錄舊志　防禦姓名附

鄉紳　汪日昇　胡一濱　龔應奎　胡存忠
舉人　胡一定　王爓　盛世彦
生員　胡效廷　王輝　劉繼盛　胡效赤

舊志序

麻城梅之㷇

羅田縣志之重修蓋在兵火洗城之後也羅故彈丸
斗絕四面受敵之衝乙亥歲流寇乘破之勢直入之
彼一時也燕巢林鳥啄屋通衢堆骨白日啼倀蓋仕
者誰不望之如穽　白侯下車適值其會念瘡痍愁
痛之餘而不可不有爲也又念瘡痍愁痛之餘而不
可詰爲也寬於撫子遺嚴於繩吏胥靜於停刑罰勞
於詰兵戎不惜親冒矢石頻拦賊鋒且百務振舉靡
廢不興即舊志之燼於兵火者亦任能而光復之此
何等時而猶暇及此視昔之長嘯登樓圍棋賭墅神
氣間定不更恢恢乎至若委任王劉二生以光典典
其知人善任使又見一斑矣夫修志常事無足紀惟
紀此一段於志中並垂不朽後之君子知枳棘棲鸞
丘蟻封試焉無小羅也

舊志序　　古亭李長庚

羅田縣者黃郡之文獻邑也邑故有志何以至今始言志也曰志燬於寇而　白侯重新之也不獨志也邑亦燬矣新之者亦君侯也或曰民典久矣至嘉靖間而邑始有志也豈非以文物之盛之時乎今何時也凋敝極矣何事於文曰是不知天下之重以邑邑之重以志也環天下星棊布列皆邑也若肢體然一邑燬是尺寸之膚不愛矣邑邑完而天下始全也故天下之重以邑也然邑徒以虛名重乎有城垣有署宇有廟祀有學校有土地人民而後成其邑也改邑不改井而是種種者可改乎亦欲舉而新之而疆址

翫據高卑不察戶籍無考出入無籍將可以憑而斷之乎故邑之重以志也禮失而求之野籍去而聞其略杞宋徵而文獻徵皆志之賴也志之新增者何曰武志也歲巳不易不慎之是戒況十年兵燹一旅一卒咸君侯苦心以規永利以式四方而可以無志乎志之大者何曰梁侯之節也白侯之功也抑人臣之委贄也一死可以上報若
朝廷之張官設吏也豈徒責之以死將一邑是保焉節在一身爭日月功在一邑可鐫金石孰有大於此者志所不盡者何曰侯苦心也邑燬矣燬而新之必先修築建置也舂鍾于膂可無煩乎無兵則空城也請兵之擾更甚於賊君侯一切謝客兵不用則勢不得不取兵於民無食則枵腹也庚癸之呼同於揭竿勢不得不取食於上有兵有食而後有城以有邑也譬之善養嬰兒者剃髮摧座兒必號嘎長而節其棗栗禁其嬉遊教之詩書手之夏楚兒必嗔怨迨其成家游庠以達於廷然後知父母之恩重也侯則出嬰兒於水火而萬死中錫以一生也豈尋常鞠育之恩可擬乎又何以加焉曰以暇以文如亦者尚攻刼奪取而神色不動者爲勝也如子產救火巡羣屏攝列居火道各儆其事而火無傷也如操舟遇風禁人無譁倫維檝而自定也周之典也以桃林之放漢之守也以

鮮蒐之行齊之霸也以支告先修晉之勝也以少長有禮此又君侯干戈甫定而即志之修也用意深遠天下有道武定文興詎獨一邑之志云乎哉君侯請乃忠字邇事蜀江津人也政事之大者另有桐鄉之尸祝在謹先爲序其修志之概若此其徵故實於父老取輿誦於耆儒而總其事者則本縣諸文學未及盡書其名　舊志

舊志序

黃岡進士晏清

邑之有志比古列國史山川阨塞兵防田賦謠俗文
物靡不備具豈徒華贍簡帙以恣奇博亦以表著當
時賢長吏所爲使後人有所觀鑒然遭時不同治有
難易只尺之材煦煦悶悶狃常率自效以博循吏名
當世有稱者而撥亂之略不得一二後亦以是少之
故志載多不著羅爲蘄黃上游桃固陵控吳六流人
奔亂勢當要衝苟可薄我盤鋒如鳥駴蹶踊而至矣且
乙亥之變垣墮頹壅廬舍焚蕩流亡徙倚炊烟不屬
時仰望賢長吏撫綏甚急苟不克震動有爲徒操只
尺材煦煦悶悶狃常率自效而曰吾能了此其有幸

也其無幸也　白侯來撫茲土修城郭招流移振窮
安富息獄減賦諸所設施咸有次第豈齷齪博循吏
名者而禦變之略尤長壯武紛紜奇正莫測雖邑令
亦具有古大將風警至則開門待敵撊然躍馬三尋
之矛惟慫是求壯士數百人桓桓用命斬狙魁首虜
數十常所鹵獲甚衆自是賊即道羅無敢闌入侯之
威亦單矣夫輕軌艮塗劣者蹶轍鄧無正擘策上九
折坂無不極材盡技誠所有長也今觀侯所設施次
第及禦敵大略度越無前雖漢代朝歌之詡今代樂
陵之逵未獲過之是亦今日爲邑者鄧無正哉侯功
惠在人樵童牧叟咸能言之者於今則必傳於後而

邑中諸文學復前志之荒落懼侯德之不彰採舊
編表揚新績辨山川考沿革著兵防稽田賦齊謠俗
華文物依古史條彙而侯之功惠大書特書用是以
傳不朽不獨後人攬其大致有所觀鑑即異日
天子採風詢勳問績持是書以對亦足考見一斑此作者
之志也書成邑薦紳走以示余余慕侯久竊聞童叟
所傳今覽此益信不辭托一言於簡端

序

張琳

古者太史采風取民間之歌謡編爲篇什以貢之天子維時國風即國史也迨後諸侯各君其國而列國之私史興焉嬴秦兼並分置天下爲郡縣並私史亦亡於是司馬遷班固有史記漢書之作歷代因之沿至明季徵四方之掌故購私家之藏書纂爲一統志而省郡州縣之志昉焉若是乎縣之有志也不第紹述私史蓋將備他日輶軒之採存風詩之遺意於一綫也所関顧不重哉癸巳予奉

簡命承乏兹土甫下車即索急邑志殆欲洞悉乎此邦之風土人物與夫損益利獘之所在次第敷布整頓以

免曠官之譏其或權非已操不得專擅者徐且申請列憲經畫而區處之而胥史以蔑有對予慨然曰是何言也夫羅雖彈丸社稷民人俱在分茅胙土亦庶幾古子男地寧可文獻無徵置而不論乎况今

聖天子勤恤民隱宵旰不遑每遇大僚

陛見必詢以道途所經於年歲之豐歉生民之休戚諄

一三致意焉日者又有察訪輿圖之使繪名勝古蹟以進

命史臣編纂用成一代典故脫一旦檄取莫應詎非守土者之責與爰是於政事餘暇旁搜博採或取徵於省志或訪問於士人積日累月粗成梗概而因竊歎夫

成書之難成書而無所憑藉者之益難也夫有明一代志稱完善者不數人康對山武功志王元美鄖縣志言簡事該特稱謹嚴近時李天生因篤富平志田簣山蘭芳睢陽志亦加意収羅考據援引無因陋仍訛之失而於近人實事咨有包荒朱竹垞彝尊之田下舊聞即

帝京志之别名也綜覈精粹上下千古瞭若指掌允推博雅之冠然發凡起例於志另爲一格之數公者夙號三長且當設局之日攻事徵言尚有所資藉不同監空結撰說者猶有不醇不備之譏兹羅志之修也舊本散佚無存非但上希德涵漾陂兩先生不可得即

欲追踪時賢而亦苦於無自其疎漏荒蕪固琳之寡聞淺見乎抑亦時勢使然耳聊就所見所聞所傳聞省州分部居如左用備我

皇上省方問俗之下採焉後之君子討論潤色予亦不無草創之微勞遂書以爲序

襄城劉華嶽送本縣令張崑璧叙　河南襄城劉青藜

華岳

癸巳春張君崑璧之任羅田，假道於襄，置酒道故。者兩日夜半酒酣，華岳子舉卮而言曰：今之爲吏者若知之乎？厚賕賄以結其長，横科歛以剝其民，假胥小爲耳目，隱私任其攻發，倚倚吏爲爪牙，訟獄聽其顛倒，稱貸忍及士林，括索殃逮商賈，犯義而通賂者釋其罪，無辜而懷璧者罹以法，行同刼盜，毒慘蜂蠆，蓋斯民之不堪命久矣。崑璧瞿然而起曰：若是其甚哉！華岳子再舉卮而言曰：食陳水陸，猶嘆口腹之味；果體被錦繡，何嫌章身之無華；吹竹彈絲，繼日夜以行

樂；樗蒱博奕，競相跣而取勝；僕隸盡羅綺，主幾臺之無別；狗馬厭粱肉，人會歡之不若。崑璧舉手加額而謝曰：吾知所以爲政矣。崑璧尊甫先生嘗爲開封守，杜坦如侍御揚言於朝曰：中州廉能，當以張公爲第一。君狀貌魁傑，丰采可畏，愛又頗識道理，無紈袴之習，其於財利泊如也。吾子往矣，豈肯負今夕之所云而自隋其家聲也耶？　舊志

新建文昌樓萬魁塔碑記

羅田儒學，元大德時建於歸厚坊西山之間，相傳故總戎鎮守廨舍地，背負萬壽寺山，無奇峯，一望平遠，而數十年邑中掇甲科者絶少。堪輿家遂藉以售其說。歲辛卯，邑紳胡公達道名效義，宦遊慶遠幕府，歸遂斥産千金，獨建文昌樓於山之陽，階級崇巍，檻楯玲瓏，而是科以來，捷秋闈、躍南宫者，不乏人矣。樓甫成，更建高塔於獅子山之巔，與樓輝映，一登橋門，引領而盼，虹霓接天，若頓假五丁之力，而補向來七十二峯之缺者。自今以後，邑之人文蒸蒸日上，連茹彙征，不惟受達道之庇，而且會達道之心。其所造就施

爲，自不可量。達道爲人慷慨慕義，而尤篤根本。其行事皆從實踐中來。父疾，以身禱；弟殞，讓産；年飢，捐糈以蓋掩骼之區，濟道途之渴，修遠祖之隴。巨細篤行，難以枚舉。以故省郡大吏賢滋多士者，數延鄉飲以優從之；載稽其乘，邑之祀鄉賢者數人，達道之先人居其半。而百年之鍾毓，達道孝友馴雅，名實雙符，非偶然也。達道三子，鄉學生一鶴，學邃而文雄；其兩孫陞然、選然，英異克承，乃祖父之志。

大同巡撫汪可受撰。時

萬歷四年壬子歲

吳孝子傳

吳大中字時夫號鑾山信之弋陽人也宋建炎間父季益嘗宰太湖羅田六安州判安慶府事遂宅於圻陽城之獨坐山天性孝敬篤志經書菽水盡歡彩衣致養父七十二寢疾朝夕衣不解帶竭力請醫罔瘳泣血幾死遂塟父於獨坐山之麓奉母程氏廬於墓側卄有七年夫婦定省溫凊不離左右稍失調護則爲減食母年踰九十而卒居喪哀痛逾昔終身孺慕遐邇莫不敢勅有司具以孝聞

上旌其門曰吳氏孝子

皇慶元年孟春彭寅亮記　舊志

謝烈女傳

秦之鐸

謝烈女者平湖鄉民謝篤生之女也少許聘圻水羅氏之長子羅以刺船爲業其子在外九年無歸音女亦年二十有一謝公既慮于歸愆期而羅壻之從父謀於謝云長姪出外存亡未審不若以其弟續婚翁鄉人素昧於禮遂尋盟且約婿期焉先是女母早亡女爲父主內事織紝維勤父與兩兄愛之甚而性貞靜顔色莊嚴雖至親不敢以非禮之言面瀆以故其父兄雖與羅謀烈女未及知也適隣媪過女笑視女曰姐喜事至女不答意謂羅氏子歸矣媪隨謂曰喜事卽日至尚未知耶具告以實婚故女反奔入室媪去女謂父曰媪言何來此何事而可易父曰有此此緣也且女長矣已許之且晚將嫁女女毋得送我命女瞋目吞聲泣不能語是夜父及兩兄呼女具酒食女佯諾潛啟後門出有頃其父忽心驚與兒持炬遍索不得卒跡至宅前大河邊蹇家潭見女直立潭中呼之不應亦不隨水流去卽之死矣然不知其何以死死何以能立水中不僕也烈女既死里人競傳其事婦孺皆嘆息泣下士大夫多爲詩歌以紀之易其潭名曰清風潭

秦子曰女子臨節義不苟延遷就能引決自裁雖詩書之家往往難之烈女產鄉里間其父若兄非素能

講明禮教者乃能獨存正氣視死如歸若此已豈非天性使然與予叙次烈女之事自聞言至死時僅半日耳所遇何艱爲時何暫而處之何其得當也夫女子之倫父子夫婦重已父命重從一非悖命也唯擇義之精者可以生則生可以死則死脫令女母在兩兄猶可與言或謝翁與羅謀時即謀及女女必以死誓謀旦止盟定矣使謝翁之爲人猶能自悔已盟則烈女皆可以不死乃歃盟既定既不可爲不義辱復不能強父之不陷已於不義計唯有乘暮夜無知將不能兩全之身悄然付之清流可以洗高堂一言之失可以慰遊子萬里之要其求仁無怨幾於義精仁

熟者之所爲而竟出於一弱女子半日中之所審處此山川秀靈所鍾天貫純粹知勇獨異其苦思勁節百折不回之神固泥沙之所不能瘞埋而狂瀾之所不能推移者也古今來死忠死孝類皆含笑九原獨至於君與父當乖疑之秋斷不能兩全無憾唯有銷形滅性而忠孝之魂卒嗚咽於淒風苦雨之中而不懌後之人慨想其行事即其取義之精而深悲其中遭之不幸觀烈女之自處其亦可悲也已故備錄其事而論次之以俟史官之採擇焉　節錄舊志

祭忠烈郭金城文　本縣令劉燧

羅田縣知縣劉燧率合邑紳士謹以牲醴之儀致祭明忠烈金翁郭老先生之輀前曰惟翁乾坤正氣今古爽精角之日月雜於霓雲奮爲幟冠鴉淚風聲倫十年之鎖鑰壯八省之干城內業將並乎中介名譽何異於曹黍胡天不吊數值窮迍孤軍深入困於重營被執不屈三歷晨昏不少喪其豪氣不苟且於得生青史自高於異代紅光何掩於近今鑒此生芻式是居歆尚享　舊志

祭義士張正福文　郡守　胡　定

庚午之冬辛未之春巨寇競起百千餘羣由楚歷豫來我楚濱拿舟而下振迅如霆張弓勁矢披靡莫禁大藩巨鎮堅閉長城標掠士女公私俱罄羣侯側席謀及於予徵召勇士建此壯圖選以是秋條爾爲從討賊之事期爾成功十有九日羣賊跨岸馳馬深入暴我羅田焚燬宮室爾自黃州徒步後襲臨溪抗言親冒矢石羣賊褫魄攬馬東出爾忘遠勞追逐莫息日維乙亥天將昧爽直抵賊巢應變如響初賊方交礮此賊長奮迎再前連誅三黨攜率子弟兩翼並攻戮拔戈所向復殺而種爾知有競前不悚被賊所扼舉挺匕出聳迸發一足戈隨已殁羣賊噬齒以爾首長嗆入孰無死捨身殺賊爾不負人之所許人孰無有連誅八賊爾不負我之所取崎嶇冒險爾爲我之城然崇德報功我亦爲爾立廟祀而紀鐘銘九泉知格來歆尚享　舊志

以上悉本舊志

余闕列傳　元史

余闕字廷心一字天心唐兀氏世家河西武威父沙剌臧卜官廬州遂爲廬州人少喪父授徒以養母與吳澄弟子張恆游文學日進元統元年賜進士及第授同知泗州事爲政嚴明宿吏皆憚之召入應奉翰林文字轉中書刑部主事以不阿權貴棄官歸尋以修遼金宋三史召入翰林爲修撰拜監察御史改中書禮部員外郎出爲湖廣行省左右司郎中會莫徭蠻反右丞沙班當帥師堅不往無敢讓之者闕曰右丞當往受天子命爲方嶽臣不思執弓矢討賊乃欲自逸耶右丞當往沙曰郎中語固是如芻餉不足何闕下令趣之三日皆聚沙班行復以集賢經歷召入遷翰林待制出僉浙東道廉訪司事丁母憂歸廬州盜起河南陷郡縣至正十三年行中書於淮東改宣慰司爲都元帥府治淮西起闕副使僉都元帥府事分兵守安慶於時南北音問隔絶兵食俱乏抵官十日而寇至拒却之乃集有司與諸將議屯田戰守計環境築堡砦選精甲外捍而稼穡於中屬縣灊山八社土壤沃饒悉以爲屯田明年春夏大飢人相食乃捐俸爲粥以食之得活者甚衆民失業者數萬咸安集之請於中書得鈔三萬錠以賑民間同知副元帥又明年秋

大旱爲文祈灊山神三日雨歲以不飢盜方據石灊湖出兵平之令民取湖魚而輸魚租五十年夏大雨江漲屯田禾半沒城下水湧有物吼聲如雷闗祠以少牢水輙縮秋穫登得三萬斛闗度軍有餘力乃浚隍增陴隍外環以大防深塹三重南引江水注之環植木爲柵城上四面起飛樓表裡完固俄陞都元帥廣西猫軍五萬從元帥阿思蘭沿江下抵廬州闗移文謂猺蠻不當使之窺中國詔阿思蘭還軍猫軍有暴於境者即收殺之凜凜莫敢犯時羣盜環布四外闗居其中左提右挈此爲江淮一保障論功拜江淮行省叅知政事仍守安慶通道於江右商旅四集池

州趙普勝同青軍兩道攻我拒戰一月餘竟敗而走秋拜淮南行省右丞安慶倚小孤山爲藩蔽命義兵元帥胡伯顏統水軍戍焉十月沔陽陳友諒自上游直擣小孤山伯顏與戰四日夜不勝急趣安慶賊追至山口鎮明日薄癸亥遂薄城下闗遣兵拒於觀音橋饒州祝寇攻西門闗斬却之乙巳賊乘東門紅旗登城闗簡死士力擊賊復敗去戊申賊並軍攻東西二門又却之賊恚甚乃樹柵起飛樓庚戌復來攻我金鼓聲震地闗分諸將各以兵扞賊晝夜不得息癸卯賊盆生兵攻東門丙午普勝軍東門友諒軍西門祝寇軍南門羣盜四面蟻集外無一甲之援西門勢尤急闗身當之徒步提戈爲先士卒號哭止揮戈愈力仍分麾下將督三門之兵自以孤軍血戰斬首無算而闗亦被十餘創日中城陷城中火起闗知不可爲引刀自刎墮清水塘中闗妻耶律氏及子德生女福童皆赴井死同時死者守臣韓建一家被害建方卧疾罵賊不屈賊執之以去不知所終城中民相率登城樓自捐其梯曰盍俱死此誓不從賊焚死者以千計其知名者萬戶李宗可紀守仁陳彬金承宗元帥府都事帖木補化萬戶府經歷段桂芳千戶火失不花新李盧廷玉葛延齡邱𡉏許元琰奏差兀都蠻白戶黃寅孫安慶推官黃禿倫歹經歷陽恆知

事余中懷寧尹陳巨濟凡十八人其城陷之日則至正十八年正月丙午也闗號令嚴信與下同甘苦然稍有違令卽斬以狥闗嘗病不視事將士皆籲天求以身代闗聞強衣冠而出當出戰矢石亂下如雨士以盾蔽闗却之曰汝輩亦有命何蔽我爲故人爭用命稍暇卽注周易帥諸生謁諸學會講立軍士門外以聽使知尊君親上之義有古良將風烈或欲挽闗入翰林闗以國危歷辭不往其忠國之心蓋素定也卒年五十六事聞贈攄誠守正清志諒節功臣榮祿大夫淮南江北等處行中書省平章政事柱國追封豳國公謚忠宣議者謂自兵興以來死節之臣闗一

褚不華爲第一云闕爾意經皆五經皆有傳注爲文有氣魄能達其所欲言詩體尚江左高視鮑謝徐庾以下不論也篆隸亦古雅可傳初闕既死賊義之求屍塘中具棺斂塟於西門外及安慶內附大明皇帝嘉闕之忠詔立廟於節坊命有司歲時致祭云

宋濂曰嗚呼闕亦人豪矣哉獨守孤城逾六年大小二百餘戰々必勝其所用者不過民間兵數千剎非有熊虎十萬之師直激之以忠義故甘心效死而不可奪也後雖不幸糧絕城陷以死而其忠精之氣炳々上貫霄漢必耀爲列星流爲風霆散爲慶雲凝爲瑞露闕雖死而其不死者固自若也然而闕死於君而能使妻死於夫子死於父忠孝節貞萃於一門較之晉卞壺父似過之矣於戲闕果人豪也哉余來江左見其門生故吏言闕事多至泣下者因思見戰守處江流有聲而斷雲落日淒迷於莽蒼間猶足以動人悲思因摭其行事勒於篇以示爲人臣者

梁志仁列傳　　明史

梁志仁南京人保定侯銘之裔也萬歷末年舉於鄉崇禎六年授衡陽知縣調羅田賊大擾湖廣志仁日夕儆備羅汝才謂左右曰羅田城小易克然梁君長者吾不忍加兵俟其去當取之會邑豪江猶龍與賊通志仁捕下獄猶龍知必死潛導汝才別校來攻八年二月猝攻城志仁急偕典史單思仁教諭吳鳳來訓導盧大受督民守禦城陷志仁持長矛巷戰殺六賊力屈縶抑使跪罵曰我天子命官肯屈膝賊輩耶賊怒碎其支體焚之妻唐被逼大罵奪賊刀不得口齧賊手遂遇害思仁等亦不屈死汝才在英山聞之馳至羅田斬其別校曰奈何擅害長者以錦繡斂其夫婦屍詔贈志仁蘄州知州思仁羅田主簿鳳來國子助教大受學錄蔭子祭葬有差

中順大夫陝西提學副使何大復先生行狀

樊鵬

何先生諱景明字仲默號大復山人先世湖廣羅田縣人四世祖太山紅巾亂時徙信陽遂世爲信陽人太山生四子隆一隆二隆三隆四一名海先生曾祖也生祖鑑爲典術有陰德稱於鄉里鑑生父信驛丞後封中書舍人博學能詩號梅溪公生四子生娶盧夫人二子長景韶成化丙子舉河南歷官東昌府判先卒次景暘宏治戊午與先生同中河南鄉舉見官安慶府通判後娶李夫人子二長景暉不仕次即先生也先生生六歲能對句出奇字日記數百言知敬諸兒至撻之不敢訴見羣兒逐戲即不同羣八歲能文十二歲隨父官之陝西會宼驛時臨洮守李公聞其奇召置館下甚愛重爲延師授春秋其師間出它長兒皆謔笑履師座先生獨安坐說春秋李公覵歎曰何兒麟鳳也嘗盛衣冠束金呼人謂其夫人曰汝視予貴耶它日是子貴奚啻予耶居三年父致仕貧不能還李公饋之車馬集諸官相送郊亭上揚爵酌先生曰吾小友既歸攻治書治書纔九月沁水李御史瀚時按宼調試信陽諸生先生從其兄往試御史讀其文曰奇才奇才吾未見山川何盛生此人也遂復如信陽觀之已而中經魁報者至先生卧廳之

人曰汝胡不喜曰吾固知已何喜爲也是時年纔十五形貌又小且禿笄也諸王公大人爭負視至轉相負匿府不出所居過人遮蔽弗得進草書日數百張應諸求者一時盡號爲神童次年春試以文多奇字覆省卷見除不第入太學匝月歸翰林祭酒作詩贈之祭酒贈詩諸生前未嘗有也未冠中宏治壬戌進士授中書舍人奉敬皇帝哀書南下遠方居長貴使者餽遺犀象珍寶有熊太監者獨復重贈先生生平郤不目太監大發悟於心曰彼年少能爾吾獨不醜哉遂去職踰年還惟衣書一篋而已後值逆瑾用事知以小臣不能奪諸大臣又多自顧即謝病歸居頭之柳溪公與李夫人同時卒先生哀毀骨立禪祭未成不飲酒不彈琴服除而逆瑾敗當是時諸名節士多爲瑾汙者不即被大禍而先生獨超然遠舉天下皆曰見幾而作子豈不高哉已用大學士李公薦復授中書直内閣制勅房經筵官其友北地李獻吉遭江西之訟衆多媒孽其短莫肯爲直者先生獨上書爭之且責楊冢宰訟遂得辨乾清宮災上書陳時政言人事不修天變將復作至詆曰義子某不當畜也某臣官不當寵也因留中不出人爲之寒心是時錢宼舞權指使百職一日持古畫造門求題先生曰好畫勿汙吾題爾畱一年不與一字師衛史答死京邸幸臣廖貝者贈之棺先生叱郤曰吾友平生不苟受也豈以死汙之哉遂自出金賻之其勇於爲義類如

此先是京官非有罪無九年不遷者先生特以危行
遭蹇湮滯中書凡十餘年始轉吏部員外乃陞陝西
提學副使陝西邊絶胡地緣邊数縣路出胡舊時提
學難之皆調試其縣諸生先生曰即如此是棄之矣
竟往試如他縣藍田大旱其山上有泉先生至則登
山投祭文泉中須臾大雨商州學地狹旁有王母祠
大官家廟州人神其祠先生顧謂守官曰何祠處爲
也俱輒毀己大官家亦不敢怨西屬所試諸生奇者
悉取正學書院親自督教間出俸錢贍所給闗中得
人于時爲盛今年四月竟以學政勤勞得心疾六月
告歸行李蕭然至家甫六日而卒
聖朝初服先生乃不永焉豈不命耶先生生而神明德量

純精志大行堅學精意遠博物洽聞會理守約究其
所造可謂渾成矣家廷怡怡如也交接雍雍如也取
如進退斷斷如也自鵬侍側未嘗見喜怒顏富貴功
名不齒諸口平生不持一錢讀書必至夜分以爲常
與人講論終日不倦安貧樂道不念家產居官勤事
以祿自守復絲毫弗苟受然又好予卒後闔諸囊中
餘金三十而已豈可不謂清白君子者哉初
國朝去古益遠詩文至宏治間極矣先生首與北地李子
一變而之古三代而下文取諸左馬詩許曹劉賦賞
屈宋書稱顏柳天下翕然從風盛矣哉千載一時也
嘗曰詩文有不易之法辭斷而意屬聯類而比物殊
一途百慮而致同歸文靡于隋韓力振之而古文亡

於韓詩弱於陶謝力振之而詩亡於謝錄此觀之先
生之所著述可見矣先生通五經尤好易詩其陰陽
醫卜天文地理律呂歷数諸家各造其妙所著有何
氏集十二論定古樂府選漢魏詩三秦志皆行於世
先生生成化十九年八月六日卒正德十六年八月
五日年三十有九初配張氏先卒贈孺人繼配王氏
封孺人後先生十六日亦卒孺人隨先生周旋甚相
愛又能敬每奉飲食必自爲無不甘嘗夜分生生不
寢孺人不寢也及先生卒日夜痛哭環柩走曰吾欲
死飲漿不吞竟不病而絶嗚呼夫婦同歸孺人之貞
志畢矣孺人少先生二年生子男三人長夫讀書能
文聘郟縣土氏参政公女也次聘表氏子次立次登

長女聘馮氏次聘張氏子皆幼今年十月七日將合
葬釣魚臺之北山兄景暉謂鵬曰亡弟素愛子子狀
之鵬自幼與先生同里長而從學先生嘗謂梅溪公
曰是子甚解吾有望也及後先生官京師六年至是
又五年餘始從事諸文望先生歸一講焉及歸而竟
不起傷如何耶方先生病篤鵬與其姪何士門人張
詩入執其手泣先生曰死生常理無足悲但吾生多
辛苦耳聲尚琅琅然聞之先人云李夫人方娠時夢
大紅日墮懷中已而先生生今六月至八月旱卒之
日甫歛大風雷雨白晝晦冥先生死大異豈非其閒
天地不偶然者哉正德十六年八月二十五日謹狀

萬密齋藥書序　呂鳴和

余泣羅三年未嘗得一日讀書自覺面目語言爲古人憎間有一二問業者持帖括進非不欣然接之牒訴倥偬去復不能誌也況復有餘力及醫藥諸書哉丙申秋謁防憲於蘄陽中州趙公曰知予邑有密齋乎人云古矣厥書可賻也余愧無以應歸而詢諸邑紳先生嘖嘖稱密齋萬生岐黃名手噪聞於隆萬間今其書悉弗全也余乃益愧夫古人宰一邑一邑之名山大川奇人傑士無不夙具胸中收諸藥籠今塊奇如許曾不曉其姓字寧不愧得人之義又何以爲地方解此嘲哉乃取其書進其孫達而詢之始知萬

生名全別字密齋邑廩生以不得志於八股棄而就青囊之業業輒精試效以其效者誌諸編文成數十卷先爲樵川太守李公付梓一時紙貴三湘因兵燹後板燬無存其孫達僅藏一帙置墻壁中賴以免凡官茲土者無不知此書無不購此書然繕寫告艱又進其孫達而謀之搜括錙銖益以清俸募梓人凡八閱月卒工得卷一十有八書屢而思之夫醫者意也意之所至醫者不自知其爲工而方已傳於後然則世之所爲醫書皆方之積也今之醫者皆欲有醫之名欲有醫之名而不得不求乎書者其勢也然欲有醫之名而不善讀醫之書無益於醫而究咎於書是

書之靈不能益於醫而醫之名乃能變化其書也醫而名矣何難於著書然世所號一代名手類就習之所近業之所傳嘖欲竦一世之人而以名予之今讀其書何如哉萬生之爲醫似其爲學非惟不使人知而若不敢以名醫自處者此其所以能爲醫也此其所以能爲書而可傳也余讀而服之詳其著書之意寧使醫至而名不我追毋使名至而醫追之者也吾輩治一邑不能有濟於世則有幸而有濟於世念今之世猶有君子其人廣傳其書者乎以快吾心而矢吾力繇而刻之可也

題周白石焚餘草　艾南英

楚之有騷三百篇之變也騷之有卜居漁父後世客難解嘲賓戲之所自始也然則詩文理備於楚矣予少客西陵從李孟白梅長公兩先生遊兩先生皆喜自詩其諸從子侄內至婢侍無不喜言詩者當是時莫不推周子白石無何白石令始興始興之士爲刻其詩文以行世而君以弁言爲屬意其以焚餘名篇得毋存什一於千百如世之不得志者之爲乎夫君非屈氏比也遭遇明聖綰綬分符發而爲文數陳吏治條晰民隱詠歌太平之風與文學弟子雍容講習如古洙泗無屈子之不偶而有其文章世之知白石者非獨以其詩文也雖然子賤之鳴琴何與令事而遂爲賢者美談白石之政吾以詩文卜之矣

創立便民房記　王璟

置房便民前人有行之者蓋爲貧難涉訟者設也羅邑民風渾樸頗知安分然其間亦有冤抑莫告籲愬公庭者概以矯誣誣訟斥之或亦情冗者藉爲口實豈通論哉予承乏以來諸凡差喚規以限期按限訊結幾至積案一空而或要犯待質外出患病不無少需時日一倕奸役市棍名曰歇家實同慈壞盤飧之資子母浮計盈百累千嗟乜窮簷何以堪此署儀門外官宇四所舊屬散役僦居悉飭徙去用以便民兼捐置食息器具聽訴訟者自爲饔飧且密邇法堂時覩讞決庶有感發以滌妄念其管鑰則以門皂掌之請則發去則繳所以不多置房者以便民非以便官仍取案無留滯之意也至若商竊逃奸應行纒係不入此房而富家巨族不願居此房者聽

太乙山記　　雷天鐸

英之西偏有山曰太乙其麓盖扶旦王先生書室也余自康照己丑歲授徒其中前凡己載山雖不高登之可以望遠两溪環抱合流淺者空明深者紺碧遇石而齧則噴沫怒號響振林谷有時淙々若琴聲故其得水而益韻山半亂松數松盤曲如偃盖九龍峙前香爐倚後鷄鳴列左文矛環右其他諸山之不知名稱者或遠或近若揖若拱四時之千態萬狀不可形似躋巔而望縣治半隱半見似即似離樵夫牧豎歌吟上下點染益士余酷愛之授徒之暇日益登眺以爲常每會課緩步其上廓如曠如人於文思有助

雖工拙不計不自知何以援筆立就也是果余之有情於山乎抑山之有情於余乎都不可解乙未歲解館歸里嘗神馳其下即夢寐間猶若陟之而心曠神怡焉其真於兹有宿緣者矣夫古人寄情山水凡遇名勝輒作詩歌以紀之余雖不文又不甘嘿々山林笑人因畧書大概以誌不忘

石山社捐穀小序　　何最

社倉之制昉自朱子盖與耿壽昌之常平倉長孫平之義倉同爲救荒之良法所以免民於飢餓流離之苦而使之常相安集以允保室家之道也誠因時制宜當時行之萬世因之而可以無弊者矣我

國家仁愛洽物利澤宏敷兼綜百王之政統育羣生之命其於積貯一事尤兢々致意常平義倉之設久已遍行天下惟社倉之制自雍正三年大柱史楊臨楚總制两湖之後始毅然興立倣朱子之遺規而隨地建設各得便宜然或地遠人衆一遇凶荒每多不足取給之傷即如中太子所建社倉本我里社所共隸

者乃自東關外起上抵長塘坳東至大河西接平湖縱横數十餘里民居不下千萬戶積谷不滿三百石而且主管者不無私親故舊之偏狥出納者不無肥進瘦出之積弊故每當放谷之期貧民有終朝守候乞哀竟不得升斗號嘆而歸者及收入時名雖加二起息竟有暗至加三四者適歲秋報賽之期比里同社言及其事未免欷歔太息謂大造之一視同人猶有雨露未均之感余時殊不自揣排衆議而謂曰两間之氣化不齊人事可以挽回顧特患人之肯々爲耳天下事求人者難求己者易與其遠出借貸受許多乞憐無益之苦是曷若於我本社中趁此豐年自

相勸財使取償之甚便且易自有所恃而無怨無惡之爲得哉衆曰本社之比里而居者不過二十餘家且多耕耘度日僅以取辦衣食並無富室巨族可以大爲捐貲其何能濟余曰不然此不在取足於目前在觀成於日後但隨意樂捐升斗不拘由此而漸捐漸積漸放漸貯數年之間可得谷本若干石試持籌而算之不及十年即可得百十餘石之利以接濟我二十餘家之緊急豈不綽有餘裕哉董子所謂積少以成多積細以致巨安見小試之法竟大無所裨益也與於是衆皆欣然樂就因即各書姓名各註所捐數目議建倉廒以爲收貯即公舉同社中程氏名講十朱氏字彬士者二人殷實老成主管收放此我石山社積谷所由昉也若夫積貯大政乃

國家上鑒往古按之當今定爲救荒之良策而此草野之微意不過各圖便益以貯備荒歉期各自保室家也云耳然而

朝廷設多方積貯之法無非愛利斯民而民又各相自爲愛利何莫非愚家給人足使豐固豐歉亦豐以共樂我

聖天子無疆之福也哉用是里社中屬余爲小敘云

何步齋文集　饒學曙旴江

中州宛葉以上當四達之衝士大夫過其地者莫不識其土風考今古吏治之得失獨湯陽非出宿竦疾趨徑過止於宜溝不得與其邑侯晉接於皇華行旅間是以聯歲滇南之役余雖聞邑長何侯之善政在人耳目而未得親識其人以爲恨今年冬余同里曾君至與何侯令子俱來因得讀其著作如精金美玉不可揀擇何侯舊以援萃貢成均遂爲太學名流所稱得士譽謂跬步履館閣乃其餘事何侯之以令出也人咸惜之余獨不謂然學者讀古人書不能布化宣仁徧德於天下亦當分數十百里之地展尺寸之柄以從事於閭井間使生平所讀聖賢書籍不至徒飽無用之險腹倚徒身作蠹魚生死文字中其與人世之休戚順逆無一足介其心匹夫鄉黨自好之士則無媿矣以云利濟及物則相去萬里也何侯沉酣載帙窺三代兩漢之書俱已掇其精華取其嘉言懿行以自爲法則治道變變有古循吏風而又能涵泳其義理採擷其藻采以自贍其文洵天授之厚非人力所及也聞其家塾子弟方付之剞劂以嘉惠來學又以余之使車往過熟聞何侯之善政是皆不可以不書也因序何侯之文而並及之

開邑羅公政蹟序　　李僑根

漢唐盛時最重吏治故縣史苟能體恤民隱才幹不羣廉節自矜者或擢尚書郎或遷御史大夫或竟拜宰相史籍所載班班可攷余總角時鄉父老爲余言夔之開江吏治在唐穆宗文宗時則柳公綽韋處厚温造政績相繼炳如嗣後爲縣吏者貂不能續自余來京師蒙

恩叨館宏文父母吾鄉者不獲親炙時有楚北羅公諱三才字膺

簡命爲開邑令方出都門時投刺謁余以在院未及晤同鄉劉雙老者夙負知人鑒得一識荊盛稱羅侯之風度吉藹爲吾鄉得賢令慶後士大夫自蜀來者果咸稱其善體恤民隱也才幹不羣也廉節自矜也余思蜀之亂離旣久惟夔屬與寇爲鄰尤甚其間子遺之難撫者等於劇病況病治之者非扁鵲華陀不奏功能於藥石況開當諸賊之要衝聞當事者深謀遠慮以川北鎮之全兵守之如艳瘡痍之項而奪之食則難言體恤民隱矣使數千之屯兵有庚癸之呼則難言才幹不羣矣荒城再闢撫字心難若劉邕無北度之虎趙抃之夜告之香則難言廉節自矜矣乃五載作吏三美俱備而其性庤剛方宦囊如洗則柳公綽之遺風也投戈講藝修理學宮則韋處厚之再來也

羅田縣志　卷之七　四二

兵民雜處大寇震隣未嘗心動則温造之贍落祐也近聞邸報知公堅意掛冠余甚惜天下老成之去而憂吾鄉之賢有司難以續貂也夏老云德政在民維縉紳在史官者得據其實而書之余故敢以聞之士大夫而兼得之劉雙老之說項者鄭致其文以爲之序

羅田縣志　卷之七　四三

五言律

過周家寨　盧 濬

野水鳴深谷春山曉氣籠一犁人須雨到處馬嘶風
日色開新霽桃花殺晚紅兒童還愛我騎竹小橋東

鷓鴣巖

隘路人稀到巉岩我倏經萬山雲吐白一鳥影搖青
濡味曾何慮摩空若有靈肯俾三窟裏猿貌獨藏形

塔山　婁 泰

攀臨曾不畏曠望興何奢遠水酣殘照春山帶晚霞
嫩黃肥弱柳新綠染平沙莫盡層巒趣幽林遍野花

玉泉寺　沈廷楨

遠入招提境東風宿雨晴落紅幽徑滿新綠小池平
絕勝投名社何須向化城老僧延坐久忘却世間情

賑飢過兩馬上口占　王 輔

四馬春行野孤村曉渡河紆廻田路遠鳩鵠餓民多
雨細通身濕湖平滿目菠天心甦涸鮒何處不恩波

瀉水巖　蔡容遠 邑人

瀑水晴如霍濤聲晚作雷誰教天漢落驚睹禹門開
萬馬騰空下長虹繞澗廻早知慈壑勝悔不抱琴來

淘金衣月　喻於義 邑人

長河橫峭壁寺影隔汊明月掛千峯小潭空一水清
泛舟溪虎嘯皈梵石龍驚漁火星星歇鍾聲過錦城

擘石菴　王燿建 邑人

曲徑草離離蓮宮繞翠微松强飛子疾竹冷落衣遲
破月挑燈補病花放雨醫磬聲幽入夢佛影對經移

蔡崖菴　于光運 邑人

一綫纔通路千尋黛色饒鍾聲風自度香靄霧爲招
寂寂猿啼靜飛飛鶴去遙仰攀何所極蒼翠正岧嶢

耳山

婁金星象應秀削兩峯連藤影穿殘月松陰接斷烟
林幽猿夢穩曲徑鶴聲纏當日避秦者不知此洞天

印臺夜月　蕭雲翮 邑人

月到天心處清光滿印臺山平苔作篆蟾吐玉爲枝

近水澄潭曉依樓漢斗徘藤蘿邀朗照紫綬又新開

淘寺晨鐘　蕭光大 邑人

精舍藏幽壑疎鐘向曉鳴板橋霜跡印城闕曙光生
獸虛聲初震鷄震聽乍驚勞勞塵逐者誰醒夢中情

南溪觀渡　周文新 邑人

山溪競開渡隔岸鶴聲多雨過平添漲瀾廻曲漲菠
半篙油共滑雙槳鏡新磨爲樂同舟濟中流發棹歌

坐間雲亭　周之進 邑人

我來亭上坐觸景盡悠然鳥背斜陽下泉飛峭壁懸
拈花開笑口凭几息吟肩千古閒雲在遲遲意不傳

春日遊老塔　余楨 邑人

玉屏春色滿乘興野樽開猿鶴驚人至烟雲戀客來
山窻堆曉翠石徑擁蒼苔觸目皆生意臨風盡醉回

玉屏曉眺　王志宣邑人

玉屏高處立薄暮俯山川嶺抱層雲盪溪流匹練懸
霞光千樹綺暝色萬家烟畫裏間吟眺吾生有宿緣

長春雙柏　金楹嵩邑人

自是參天物千春無改容堅心盟歲月[illegible]幹共遭逢
比竹宜棲鳳如松欲化龍亭亭雙樹好夜影月溶溶

義水清波　魏重昌邑人

水勢由東折於西漾碧流伊人褒一字曉浪疊三秋
岸爽濤如雪醪傳玉作甌貪泉何處着義士倚瓊樓

普陀柳岸　汪永鋐邑人

岸柳垂關外清陰護普陀風隨宵磬逗樹帶晚烟過
翠滴高僧衲堤沿短棹波祇林無限境閒看織鶯梭

印臺夜月　徐鉅邑人

汝堤青作嶂皓魄一輪生苔髮成文暗山跟象印明
蟾騰天四角人立路三更相對官衙晚風傳鐵馬聲

長堤烟雨　徐鍪邑人

極眄西郊路迢遙足卧遊烟飛人走馬雨散客登樓
白綫懸空下青波劈石流輞川吟興在仿畫景長幽

天堂積雪　林嘉善邑人

絕巘巒崔嵬天堂境別開瓊花凝石磴凍蕊潑蕪苔

日月中峯變風霜永夜飈皚皚霄漢表幾見玉山頹

雲閣松濤　馬孔明

翠蓋連霄漢清音繞梵宮波翻龍出峽枝拂鶴鳴空
冷逼三層閣寒搖萬壑風何人思御李烈烈碧雲中

塔山秋色

山列屏如玉天高宿露銷涼風催木葉爽氣度迢嶢
絕壑千楓醉長空一雁遥浮圖依嶺角猶帶碧雲飄

鳳山春曉　閔煌邑人

得秀山稱鳳朝陽日近人雲霞明義水楊柳吐折春
有鳥棲阿閣無風媚遠津琴堂開壽域況又物華新

環翠積雪　閔焜邑人

四面銀沙積參天一望同寒光浮嶺外霽色到城中
地列瓊瑤衛人居玉屑宮環巒清白影不受點塵蒙

多雲樵唱　閔佑啟邑人

誰是穿雲客輪樵好自由芒鞋無滑路石磴有清謳
舞霓千林曉廻風一擔秋翹翹言刈者逸韻出峰頭

天堂寨　王固統邑人

天遠何年到攀蘿近斗杓雲深生雨脚月小戀山腰
絕頂千峯伏遲春百鳥嬌石痕留古色篆籀想先朝

七言律

余忠宣祠　元王冕

赤幟南來擁萬舟丹心北望獨悠悠關東競起追秦

鹿卽畢徒煩縱火牛萬里一城三面敵孤軍百戰七
經秋空餘千古英雄淚不盡長江滚滚流

余忠宣公墓　國朝鄭元昆

天完兵勢楚吴吞大節孤懸鎮海門七載汗流千戰
血三江聲哭一家魂忠心獨壯青山色正氣常香
草痕塚上未消平淺恨仍留燐火照黄昏

石險河　參議王　鼎常熟

古羅此景自天開險遏龍門亦異哉老樹懸崖星幾
換怒濤激石日千回米顛如過應端拜白傳何緣得
再來我欲枕流兼礪齒夕陽未可放傳盃

提學沈　鍾金陵

烟煤水繭畫圖開範水模山孰比哉龍吟時珠作
噴杜當砥處自重回神劉怪石如人立天放飛濤晝
地來倘許却風超入極滄溟何翅一浮盃

雲閣松濤　邑令張　琳

禮闢深鏁白雲中盡日松濤捲碧空一嘯長鯨疑海
立斜飛片鶴訝帆涌影搖銀漢三更月響發滄溟萬
里風聞説陶公眈獨聽曠懷還與我心同

老塔山寺　邑令呂鳴和

從來不慣穿山徑但入名山不厭深一點人稽夜月
千秋知我白雲心浮圖恍泡金莖露蘭若如逢祇樹
林此處並無塵到眼好携柑酒聽鸝音

哭忠烈粱公雙節

報國捐軀爲保黎殘彊無計禦鯨鯢匣餘故劍甘同
燼莽伏妖狐孰敢迷碭衆九原依父母時艱萬死誓
夫妻也知有典旌忠烈星羽何人急具題

龍門關　余彌峻邑人

曾聞陸遜此追曹陟磴梯雲戰轉勞父老尚能傳阻
隘兒童亦解説垂橐天堂南外森虬窟雁峯西横慣
鶻子憑險舊爲戎馬地只今行旅任逍遥

王道山　余椢樟邑人

屐齒徐登足曲盤滿城烟樹畫中看身臨絶巘眼逾
闊徑入叢篁不覺寒塵網漫羈緣續鶴　山郎王道

者修持處　高松不韻大夫官　上有漢松　到來
便欲淩風去長嘯一聲天地寬

長春雙柏　周易邑人

炎宋培成今十圍交柯接葉共春暉同心一片雲深
鎖偕老千年鶴并飛黛色遠參天混碧霜皮高潔月
添輝松梅遺植傳前代何似重陰靄翠微

前題　晏一麟邑人

古柏亭亭排寺院千春滴翠潤雕欄風高五柳偕棲
鶴算過孤桐互萃鸞入飫雲霞成伴侶寧教骨幹受
凋零老人笑問層巖下衆木何因畏歲寒

雲閣松濤　周昃邑人

佛閣高松偃蓋成最奇天半忽長鳴雄風遠駕千層
浪本性惟悲一杜麈正揮時驚鶴夢龍從吟處應
疊更禪關參透心常定一片閒雲自在行

前題　龔天秩邑人

幾株松樹擁城隈閣起凌虛閣〻排漫倚閒雲天上
坐欲聞爽籟靜中來風搖鶴蓋移亭午雨打龍鱗落
蘚苔陸地神仙清謖〻張琴一和脫塵埃

前題　董起棟邑人

雲閣疑藏萬壑中清風謖〻出喬松將搖翠蓋縈雙
闕不墜泉聲擁百重一曲迴風催舞鶴幾番流水起
眠龍虬枝慣耐寒空吼嘯傲山川古昔同

天堂積雪　周永執邑人

危峯天半雪飛霙積素凝輝萬壑盈瑤島鶴歸新失
影瓊林人到共懷清寒侵日色春猶冷白接蟾光夜
轉明料是豐年先種玉郢中高曲客頻賡

前題　雷大鐸邑人

矗起奇峯暗曉暾六花凝結凍雲屯林巒滿目開生
面邱壑平鋪失舊痕四壁寒深珠錯落三春暖照玉
絪緼天堂原不埽幽僻殘雪猶堪閬苑論

多雲樵唱　余養元邑人

白雲岩畔剪烟蘿一束肩來發浩歌結伴行行山徑
曲濕衣處處曉嵐多無心唱出隨流水得意吟歸撫

爛柯樹色漠濛回望逈牧人驅犢下層坡

前題　徐維垜邑人

贏得歡情比汝歌紆迴樵徑踏青莎不關絲竹聲聲
出別有宮商曲〻和露草霜根雙屐滑雨枝風葉一
肩多高山流水當年意唱入雲霄幾度過

塔山秋色　汪有達邑人

老塔巍峩一鉅觀清秋景色畫中看雲封石室容常
淡霜染巉巖秀可飡山隱大環邀月白溪流一帶照
楓丹玉屏勝蹟堪千古回首西風興未闌

前題　王如楨邑人

不老青山氣候非霜輕露重變芳菲玉屏架上流丹

臘白塔頭巔籠翠微曉起晴嵐痕點〻寒深日夕透
霏〻登臨莫歎秋容淡紅葉翩翻雜落暉

鳳山春曉

春到林巒盡吐芳鳳山萋萋擬朝陽九苞快覩鸞篁
舞千仞高迎赤羽翔輝覽祇應親畫閣和鳴可許上
琴堂而今黍谷成花縣五色平分曉日光

前題　李　光邑人

淑氣催人踏鳳岡遙瞻春色關河陽淩晨花放千林
蕚繞岫雲生五色祥蓋裏溪城開曙景烟中樓閣入
篇章鳴琴自有和風扇高展文翎旭日長

印臺夜月　胡師洛邑人

崇台遥望峙巖阿掩映冰輪暮色多影射澄潭凝皓
魄光聯碧斗漾銀河苔痕篆就泥封古花縠裝成玉
佩雉誰向晴空開寶鏡長留一匣面仙娥

前題　徐乾源邑人

星河皎潔夜光浮有客凭欄豁遠眸素月正當山缺
上平潭斜貼水西流　義水西流　縱橫古篆明龜
礎隱躍纖鱗試玉釣長嘯一聲天未曉印川起悟盪
虛舟

長堤烟雨　徐思源邑人

東風作意逗前溪踏遍花堤復柳堤山雨欲來人問
渡野烟初起馬頻嘶銷魂帽影鞭絲亂入眼山光水

色迷記取王維曾着筆蒼茫小立畫橋西

前題　劉維鍔邑人

長堤一望障清流烟雨迷離樹影稠霧鎖平沙垂翠
幕雲低古渡瀉層樓游絲密護桃花馬淺黛輕籠竹
葉舟縱少王維來潑墨輞川春色已全侔

淘寺晨鐘　前名

何處客船靜夜聲聽從晨際倍淒清漫敲壁月沉山
寺暗度霜風入錦城雉雊幾番驚旅客蝶迴一夢破
殘更金輪無復題隹句幽思翻緣鉢擊成

前題　葉自成邑人

淘金古寺夜將分鏜鞳疏鐘隔岸聞豈是景陽催漏

箭漼如聃澤散仙羣三千界迥驚晨夢百八聲清淨
曙氣殘月曉風敲不盡城中萬戶已迎曛

義水清波　胡師清

莫向桃源別問津長河一派繞潾匕綠搖村漲漁舟
曉白映沙灘月色新峽口浪翻梁義郡瀾端光接漢
蘄春從茲會得蘭溪馥萬里朝宗不染塵

前題　朱文曾

梁號義州晋古蘄清波浩浩漲前溪星澄北斗朝猶
北脉落西崑遶復西　義水舊在魁山下北流今治
西流　倒影遥涵霄漢霽浮光近簇水雲齊想因上
善全無滓地債長河作品題

普陀柳岸　王之松

山城一帶碧雲遮柳線層層入徑斜晴日拂塵催畫
騎春風蹴浪走平沙漢宮搖曳成今古灞岸蕭疏閱
歲華何似菩堤千萬樹綠陰圍繞木蓮花

前題　林塏

一灣新碧倚頭陀接岸垂條多復多翠剡裝成高下
舞綠陰漾出淺深波林間落日明香篆石徑飛烟入
舊柯比似江南好風景沿堤只少雪兒歌

玉道灌松　閔燝

嵯峨天半聳危峰黯匕雲陰露古松幹老千年傳漢
植枝高百尺陋秦封瀟生似舞吹笙鶴雨洗疑飛化

杖龍面壁王孫仙已去徘徊蒼樹尚葱籠

玉虹泉次韻　汪德溥

遥尋飛瀑訪前賢苔壁詩痕思杳然岸落彩虹天欲雨溪吹銀浪地生烟細哦藻翰留過客徐踏横梁逗曉川地以人珎風韻古猶疑江上謫坡仙

七絶

塔山　郡守盧濬

高山拔起臨無地深井潛窺別有天擬結茆菴出塵世春風秋月送流年

觀音山　前名

看盡流雲山外山川間小憇梳雲關分明夢裏聞禪

語前路溪光十八灣

多雲山　前名

萬仞峯高一澗寒流雲隨處擁金鞍年來我亦無心客不比巫山夢裡看

翠屏樓　張明道讀書處　邑令夏國孝

爲仰高山躡翠苔翠屏樓外一枝梅清芬依舊人何處猶憶與攀夜撥灰

城頭望塔山　邑令呂鳴和

好是山光澈郭青擎天一柱獨亭亭飛泉勢擬歸滄海還抱城南漲綠萍

塔山　太守盧濬

閑渡碧溪尋古寺忽看高閣逼諸天老梅不是仙人骨那得留香幾百年

石山礄　蔡容遠邑人

石礄横駕石山隈曲水流花注復廻春漲一灣雲錦爛過溪貪看首頻回

石船　邑人王　先進士

介性生成肯逐流乾坤萬古一虚舟安然不怕風波險垂柳多情綰渡頭

七楊衙　蔡芳遠邑人

庭前栽取数株楊爲愛濃陰護草堂底事昔賢偏種竹垂絲裊處暑猶涼

都門咏黄柑　萬言策邑人

一顆黄柑撲鼻香天涯遊子忍先嘗春暉寸草思親日懐橘何緣學陸郎

多雲樵唱　劉一煌邑人

秋高雲氣護仙關山色朦朧誰註還惟有樵歌天半落聲隨流水到人間

雁門寨　方應尊邑人

松奥茂兮雲断連石嵬嵬兮戸懸懸驚飛鳥兮聽啼猿嘉此處兮俟乎年

六言

過六賢祠　邑令凌嗣音

來也行李蕭然去也行李蕭然今日祠前經過此心
不愧先賢
後附裔孫追和韻并序
閱羅田志見先僉憲公解任時詩不禁潸然敬將
原句演成四章志感
凌邦顯
來也行李蕭然由來清白家傳亞相乘驄兩世貽謀
惟有成編
去也行李蕭然詩飄襆被半肩只有些須抱歉清泉
爭飲羅田
今日祠前經過神明道我如何縱使一塵不染還愁

惠政無多
此心不愧先賢暮夜可質皇天今日猶聞尸祝箕騎
百二十年
石險河賦　同知　謝朝宣
朝發浠川將之羅田道轉幽谷河渡白蓮厥徑路之
崎嶇喜舟楫之輕便問津兮何處邈遠兮窮源東接
廬州之鄙西轄齊安之邊石橫絕兮蹭蹬水穴出兮
潺湲舟返而物輸人濟而裳褰此蓋天所以限乎西
東緊名險而今傳於戲異哉易設守國傳成虎牢吾
嘗聞險之名矣晉亦有龍門蜀有三峽吾嘗見險之
形矣然形勝者名或不著名顯者實或不著執其險

之專名於斯而雄據者也爰命舟子泝流指壑溪水
瀠洄似山陰之有約崖石橫擘即赤壁之可樂驊息
千里水涓山脚萬籟生幽孤舟就泊曳杖逍遙可喜
可愕波號兮石摧石碍兮波洄無蚌兮噴珠不雲兮
轟雷烟霞兮掩映心目兮明開避炎濯風凭高望遠
水水山山隨步異狀浪迸而激石缸而崩相峙兮如
較相軋兮如傾磊落兮如拳鱗次兮如鯨或相傾而
不墜或相較而若爭斯物態之變化類人事之縱橫
於是烹茶代酒拜石為朋有吟風之雅興無繫日之
長繩已而歸舟順下林鳥欲投去危即安他復何求
心悅兮有得履平兮無虞見險兮思欲知止過險兮

豈宜重遊嗟乎羅田之險一方勝迹隱而復顯識者
心惻若寘當道自貽伊戚嗟余親險幸當晴日一遇
險崎奕怪百出雖心雄萬夫亦不免危慄若憚險阻
必欲治平不思托根深固徒殫力而難成或者動搖
山脉實足致陵谷之崩騰險在目前隱如勁敵王公
恃之以固其域時有常變安如一日君子思之以崇
厥德遇有順逆介焉如存於戲有險而思無險忽而
思者常榮忽者常辱我在平地無忽險中人應處險
每見成功罔除蛟害班探虎穴在昔有光於今為烈
逢險莫避取義成仁未險莫蹈明哲保身險乎險乎
豈無從來維時與義易稱大哉職稽郡志名險何年

且喜沈公之詩慚無蘇子之篇當時一經目而品題
何於此而遺旃無乃身險阻而偹嘗口囁嚅而慵言
不自我後孰開其先慚無赤壁之筆終有愧於坡仙
以上悉録舊志原題原名

新增詩賦

赤壁圖歌　何景明

老瞞横槊江之臯眼中吳越一秋毫吳人彀弩來江
左江頭鳴笳晝舉火旌旗飄揚北風舳艫前化作江
中烟英雄一去音塵滅斷水残山弔詞客白雪堂寒
草烟暮黃泥坂下臨臯路酒酣與客吹玉簫江風山
月不待招昔時覇業邪足數鶴夢悠悠恥千古回首
東坡百世人圖畫蒼茫空有神

蘇文忠怪石供　劉一煌

寶石有文開色界文宿了然同志怪晶瑩入手細琳琅琲文過眼排金𦬼石交賞識頗云頻最幸前生禪五戒身現宰官謫臨皐袍笏幾下十一年顕拜小兒出浴獲時多餅餌一易稱一快海石足蹈高麗盆注水盛之羡陽遺奇章四等未云多袖中三石依然隘二百九十數踰江搖盆雅似須彌界猶恐囊越未爲安清供允堪勝粃粺置之佛印確相宜禪悦由兹益同胼頭點盆水不復顆粒匕動搖小澎湃三二十年意自勾覺公安用書相誡宗門醒石擬平泉照人玉碎衛玠謫居勝概喜同君正可舒宣皆纖介珊瑚如推爭誰長一世稱雄甚矣儇孰若𪇴石同堅慧業千秋留一派

文章遊戲藉禪友一泉一石皆同壽仇池石慮晉鄉奪齊安石爲覺公有覺公何幸副文心木門造就當才藪文石儼呈几案間清供尙嫌清飢否沐日浴月水在盆上下迷離燦星斗個中光徹指上螺富貴禪汝同撒手昌藜力與浮屠攻怪石却宜高看偶我作禧有東坡禪汝叅且任琴操口况復禪喜别相投筆無點塵衣無垢兩兩各識本來眞嬉笑無與當機肘供具彼也不厭貧燒豬此也復誰嘔

過𪿉邑處士劉一煌　林甲春

山郭車驅半日程主人倒屣喜相迎頻年契濶臨風泝千頃汪洋入座傾課讀庶知開腹笥敲詩還許作長城山肴野蔌聊堪酌話到中宵夢不成

其二

茅屋簷低萬木垂到來便覺清風吹閉門高枕古今史論世平量大小兒肝膽君眞懷道誼迂疎我不合時宜流連夜共空庭立露濯寒塘月一規

古詩

浚井　蘇軾

古井沒荒萊不食誰爲惻餅罌下兩綆蛙蚓飛百尺腥風被泥滓空響聞點滴上除青青芹下洗鑿匕石霑濡愧童僕杯酒煖寒栗白水漸泓渟青天落寒碧云何失舊穢底處來新潔井在有無中無來亦無失

五言律

留别士民詩　并序　王鴻典

余以譾劣署篆羅田視事於閏七月之朔至十月二十四日卸事來去匆匆實無德惠及民更何暇言興利除弊事而山城淳朴雅與余迂拙相安去邑之日士民耆老分餞西郊各潸然泣數行下余亦揮淚而行依依不忍捨去肩輿中成小律六章誌别非敢言詩第發於情之不能已云爾

百里山城古秋來倏屆冬未能酬蔀屋愧說頌花封

循分安迂拙將勤鳩惰慵灰心霜鬢後整轡欲從容
陸地鯨波起艱危到草萊下車逢儉歲洗手撥寒灰
蓬蓽雖初定瘡痍尚可哀寄言新令尹元氣未全回
修葺自前代勞同賴尾魚幾家剜骨肉每歲困蒐漁
水勢驚排蕩天心憫拮据金錢須　太府爾力尚微
紓雲氣迷終古人言玩太平山深藏鬼蜮地迥落欃
槍自昔蟲沙化於今歲月更吾民守純白莫恨洗瘢
清城與書廬接山連鳳嶺長秀靈環一邑絃誦集三
鄉地脉無時斷人文以學彰青青衿佩子努力答明
揚解組予今去攀轅涕可收豈無桑下戀難作竹間
留公事嚴程作殘年急景道殷勤慰童叟雅意若爲

酹祝貞女　祝宗勝之女許字邑庠生史斌未及嫁
而斌夭姑勵志守節三十年如一日
教諭張增健副榜
一點血誠在憑將未了因曲全夫子業待老女兒身
永夜烏聲苦多年蘗味辛栢舟休見比猶及兩髦新

金節婦涂邑令陳士鳳進士
萱草今成瑞柏舟替詠詩能將冰雪性培出桂蘭枝
落日倚門處殘燈課子時幽光流鳳嶺堪作女中師

塔山老隱　張增健
一片欹嶔路啼禽引我前山中誰甲子世外即神仙
犬吠殘花塢人耕亂石田不知城市裡蠻觸幾何年

上祖塋　何貞明
故域西山繞佳城望轉幽松寒迷喚鶴草煖集眠牛
不見邱原起空懷霜露愁諸孫時掃謁哀淚洒松楸

雙柏　前名
雙柏種何歲蒼然盤據深蛟龍猶有甲鸛鶴爾何心
月過陰移壁風生响度岑萬年烟霧裡長得護禪林

題子遊赤壁圖　前名
垂老黃州客高秋赤壁船三分留古跡兩賦到今傳
落日寒江動青天斷岸懸畫圖誰省識千載尚風烟

春江晚眺　朱正振邑人
晚眺春江氣浸浸欲上衣暮煙留樹宿薄霧帶潮飛
片水浮天動孤帆泊浪微朝宗滂湃湧無息不東歸

自適　劉一煌邑人
誰快幽山意春來萬象生但能無俗累不必有才掄
一賦十年搆三毛兩鬢陳清風明月外奢取即余嗔

玉虹泉　張明道
玉虹飛下翠岩前便似廬山瀑布然無復危亭如往
日空遺斷礎混輕烟泉聲自是鳴千古險語何曾墜
百川鼓缶載歌聊注目高風尚憶子喬仙

玉虹泉　太守王錫汝
百尺雲岩佛閣前曉中疎葉思悠然岸邊酌酒和清
露石上提詩染翠烟半嶺泉鳴通古澗數風秋畫圖

樂川西風似欲吹人起去逐騎鯨汗漫仙

壽臨汝王夫子　　　余　淮

精分嵩嶽即儒林仙吏依然澹學心階蔔蘭芽經化雨帳傳書帶盖雲䕫芝飧莫遺朱顔換清召應先絳甲臨師範汝南依幸爾聊歌下里貢私忱

秋登大霧山絶頂　　　蕭光詠邑人知縣

耳熟靈峯幾十年今秋躡履縱奇觀環県山點千螺小塹楚江横一帶寛紅葉淺深輝下界緑蘿遠近接仙壇老僧更話驚人處時有龍雷繞殿欄

寒食偶題　　　何昇邑人知縣

低徊客里才新雨逼勒春愁又靳烟杏酪潮香今日

是綵毬共濟幾時然幽人快續龍蛇句浪子羞聯鴂鵲篇且說滿庭官食者明朝賜火邦誰先

寄李獻吉二首　　　何景明

居作梁園客予登楚水臺春風河上柳不寄一枝來

渭水天邊樹黄河日暮流春來千里外知爾故鄉愁

落水　　　朱正振邑人

不落不成花一任風來掃轉盼是明年期上南枝早

董烈婦　邑民周金榜女許字董國用董病女知不起往省未及月而董亡女覩殮即投繯時年十九

張增健

此身原属丈夫身百計難消一點真死矣便爲今日事人間多少未亡人

陸衆已謝於場野獨宛轉於寒谷甘苦心於螻蟻等末翰樸樕雖曠絶以自持胡偃蹇而下伏夕淹雨而泣素朝披煙而委緑羌守操以堅冰徒有容之若玉倘衣袖之是將亦兹琴而可録吾觀夫懷達人之隱德抱烈女之幽衷詎嬰情於豊華矣移志於始終挑早秀先萎槿晨敷而昏空苟清白之爲尚曷芊菲之足崇嗟予之不淑兮撫年運而興悲覩兹植之所由懼修名之失時彼斯人之同志吾何俗之不隨廼子子以矯激羡草木之所爲偉夫君之超越幸方圓之自持矧諸公之奮奇俱獒蹤之可師顧會合之不偶常寡歡而多離指孤芳而締好創遊燕以爲嬉誠後期之不忘或有徵於微辭

白菊賦並序　何景明

甲子九月十四日憑侍御宴集出白菊詠嘗屬予賦之盖以奉賓主之歡洽耳豈有望於榮觀哉繄季秋之將望予恤夫序次之易代既無暇於遊覽亦索處而寡類接芳隣之招引誠欽志於雅誨人歷轄肅羣俊而弭蓋廼陳秋卉以侑觴翼逸興之可貸咸式燕以延賞異過時而尚蘤喜幽玩以怡情追隹節之莫待豈無得於物觀實有感於斯會猥受簡以紓思庶形狀之具載爾其蕺紫莖而上擢凾奇蒦以孤植葉萋萋其微靄蕚栗栗以寒色申纖縞以自貞差組綵之外飾承危桑而不傾挺柔枝而益力香再再而不繁艶娟娟而稍抑態屢覩而愈姸意凝想而彌極始嚴整而莫褻終溫郁而可即華不露而巳章思欲語而復默神超有而入無豈彷彿之遽得迺若閒舘重深高幕虛凉簷蕭蕭以下月庭藹藹而降霜燦爍灼以映夕紛委䊵而明廓素娥兮聯裙青女兮駢妝縹輕鬟以雲鬢皎靚質兩雪光駿連蜷兮鸞鶴服陸離兮珮璫信雕容之可赧蝶效顰於是賓倚從而久竚若耿耿其懷傷釭滅影兮續膏夜就深兮移琳馳留歎於永謝結華思於餘芳允思美之所遇亦既隱而復揚乃歲律之甫遷慨金氣之何速烏棲棲而斂翮飈颯颯以驚木悅窮華於廣隱班綺薄於修

雜志

祥異

古者分至啟閉書雲物五行應五事洪範著庶徵是故觀巳然之迹以思氣機所兆存鑒戒動修省也而一念之淑慝分爲萬象之災祥則導迎善氣盖所存於其先者矣

唐

貞觀十四年黃州進紫芝白鹿

元和四年旱飢

會昌六年旱

大中九年旱

中和二年天鳴若轉磨無雲而雨

宋

建隆四年黃州進白兔

咸平三年秋八月羣雞夜鳴至冬不止十月雷聲如

夏

天聖四年六月大水

明道元年楠木連枝

景祐元年六月大水

元

至元三年黃州旱　二十八年大水

大德三年旱

至大元年諸路水旱
元統二年自三月不雨至秋
至正十二年雨粉針門戶柱壁間粉痕如針
十五年冬湖廣雨黑雪有羣鼠數十萬渡洞庭望四
川而去
明
永樂二年秋七月大水　六月旱澇
正統十三年旱澇　十四年旱
景泰元年旱
成化六年夏大水十四年旱　十六年旱
洪治元年災　十年大飢　十二年五月李豪妻

王氏一產三男　十四年水旱
正德二年大旱　三年旱　四年大飢
十三年大水　十四年五月雨雹
嘉靖三年黄州大飢　五年災　九年大水
十三年災　十五年災　十七年夏雨彌月河暴溢
城内波湧如山居民多溺十九年大飢
二十三年旱
萬歷元年田鼠食禾殆盡　三年地震　六年大荒
民飢甚觀音山崩出白土如米粉爭挖取之活人甚
衆幸有秋其粉不見遂相傳爲觀音粉　十六年大
旱飢斃者衆十七年春大疫且大水

三十六年大水舟入玉平湖鄉民家牛產麟肉角文
身金光滿室怪而鋤之斃　三十九年理蟒崗山頂
生銀筍長六寸常有彩雲蔭其上後爲道士取去
四十二年地震大旱蝗食苗
四十三年蝗
四十五年大旱飛蝗蔽天
四十六年蝗復爲災大旱
天啟元年大雪四十餘日人多僵斃
崇正元年春地震有聲如雷夏冬復震
六年地震有聲
七年地震有聲河水翻騰數尺屋多頹傾九年大飢

十一年六月雨蝗野無青草
十二年夏大水
十四年大疫積屍遍城野至冬蝗自北方蔽天而來
人相食
十六年舉人王增家梁燕成巢二雀忽入鬬如人角
力狀經兩晝夜燕弗勝省遂據之增嘗賦之以志異
國朝
順治九年旱地震
十四年旱
十六年多雲鄉民家門首塘内有巨石忽緣塘走土
人爭止之不能十日還故地

康熙元年旱　二年旱六年春夏大旱
七年夏大旱　九年旱十年旱十三年大旱十四年
旱十八年自五月至八月始雨縣令王光鼎下鄉賑
濟二十三年災　二十四年水二十八年旱　二十
九年旱三十二年黃屬皆旱郡守王輔歷屬邑募穀
賑之　三十六年雨雹
四十一年五月大水入城
四十二年龍水奔泛
四十三年夏秋少雨半熟
四十五年夏蛟起水溺民居斃者甚衆
四十七年水入城蟲害秋禾

五十一年大旱
五十二年大有
五十三年旱荒　五十四年田少收
五十五年有秋
五十六年半熟山畈苦蟲　以上本舊志
雍正五年大水六年湖北春麥大熟　通志
七年湖北春麥大熟　通志
九年湖北大有年　通志十年湖北大有年　通志
乾隆元年秋熟　六年秋熟
十八年蟲大水　十九年飢　二十年飢
二十四年大水　二十八年十月雨雹

三十二年大水沖城　三十三年旱
三十四年夏大水秋旱冬地震
三十五年秋蝗不爲災冬地震
四十年有秋　四十三年熟　四十七年旱
四十九年四月大風
五十年大旱人食木皮盡飢者斃僵於道五十一年
冬蝗　五十二年春蝻生大雨震雹蝻盡化秋蝗不
爲災
五十三年大水田廬沒爲砂石城垣圮斃人溺者衆
五十四年有秋
五十五年小旱

五十六年　五十七年　俱有秋

雜志

兵事

天生五材民並用之崎嶇山邑烽火驚心代歷有爲際冲相運之者未嘗安而忘危觀擾搶之秋則休養生息所爲必綢繆於未雨也

吳黃武初晉宗爲蘄口將以衆叛於魏還爲蘄春太守圖襲安樂取其保質孫權以爲恥六月盛夏出不意遣賀齊督麋芳鮮于丹等襲蘄春遂生虜宗見吳志賀齊傳羅田本漢蘄春地吳爲蘄春郡見府志沿革

吳黃武七年權使鄱陽太守周魴譎魏大司馬曹休

休果舉衆入皖乃召陸遜假黃鉞爲大都督逆休休既覺知見欺誘自恃兵馬精多遂交戰遜自爲中部令朱桓全琮爲左右翼三道俱進果衝休伏兵因驅走之追亡遂北徑至夾石斬首萬餘　三國志陸遜傳　省志府志縣舊志俱載陸遜追魏過羅田岐嶺閼

唐興元元年李希烈反淮南沂江狗地節度使曹王皐討之遣將伊慎爲先鋒與賊夾江陣賊柵蔡山不可拔皐聲言西取蘄引兵艦循厓泝江上賊聞以襲卒保柵悉軍行江北與皐並西去蔡山三百里皐遣步士悉登舟順流下攻蔡山拔之間一日賊救至大敗遂下蘄州平黃州兵益振

天子在梁州包佶轉東南財糧次圻口賊遣驍將杜少誠以兵萬人遏江道不得西慎選士七千列三屯相望偃旗以待少誠分圍之未合慎自中屯鼓之諸屯悉出奮擊賊亂少誠走斬別將許少華濟無留難拜慎爲安黃節度使貞元未詔安黃爲奉義軍爲節爲奉義節度　見唐書曹王皐及伊慎傳唐省羅田入圻水爲圻州屬縣見府志　沿革

周顯德五年周世宗[illegible]江遣水運擊唐兵破之唐主遣使獻舒廬蘄黃四州地畫江以爲界周師乃引還見綱目沿革見前條

元

至正十一年徐壽輝起兵羅田壽輝又名真一業販布袁州僧彭瑩玉以妖術與麻城鄒普勝聚衆爲亂用黄巾爲號奇壽狀貌遂推爲主九月陷蘄水及黄州路敗威順王寬徹不花遂即蘄水爲都稱皇帝國號天完建元治平以普勝爲太師倪文俊爲丞相明年江浙平章政事卜顏帖木兒等討壽輝於蘄水破之壽輝走免獲其官屬四百餘人已而復熾遷都漢陽爲其丞相倪文俊所制十七年文俊謀殺壽輝不克遂奔黄州陳友諒[illegible]文俊麾下數有功爲領兵元帥遂乘釁殺文俊并其軍　明史徐壽輝傳

明

成化十五年信陽軍聚衆爲盜羅邑搶擄　舊志

洪治八年河南固始賊盤據山谷僭稱王寇羅田　府志舊志

正德五年流賊顧子[illegible]趙瘋子徐彥明等深入羅田大肆擄掠張[illegible]福與其弟姪追殺之爲賊所扼捨身死於戰　舊志　七年三月河北賊趙燧劉惠別部賈勉兒寇羅田官軍擊敗之沿途潰散燧[illegible]髮爲僧逃至江夏縣飯店獲之送京師伏誅　府志　流賊李勝二率六百餘人深入羅田因先時閣驚官民怖散賊遂踞民居月餘後總兵統官兵夜乘醉卧盡殲之　舊志

嘉靖十八年盜張友讓與弟友勇友忠同六安楊道富聚衆千餘人刼掠鄉里縣令祝翊設計捕獲友讓及其黨惟友忠遁走六安州九龍塆與丁堯山等復收餘黨出没六關爲害尤熾縣令祝捕獲堯山使多雲鎮巡檢許昂搗賊巢穴賊方大吉葉禿子等從徑路突出昂被殺巡撫陸杰委通判聶珂祝翊勦平之　舊志

崇正六年冬流寇至八年　流賊羅汝才闖塌天等黨萬餘人陷羅田城内奸民徐宙兒家突然火起城破殺傷甚衆知縣梁志仁死之妻唐氏以罵賊

死教諭吳鳳來訓導盧大受典吏畢思仁俱義不辱死於難有鄉紳二人監生一人生員三十五人俱死焉六月白乃忠任縣事繕守備設鄉勇立里兵有力之家勸助兵資十月流賊復寇城下乃忠至南門惻怛諭賊賊亦動容而退十二月流賊復從蘄水至士民驚散各寨老人泣迎乃忠上寨誓死不可其時有索金帛者賊帥滿天飛也紿之近城預備火藥賊甫近城銃响立死賊黨奔遂同主簿周有德救援都司李懋功與賊戰於門東外殺賊二十餘人奪馬數匹賊始遁　本省志　並舊志

十有二月英山賊包恩於羅田舊縣畈嘯聚百餘人刼掠乃忠遣里兵捕役乘間並取首懸東門外釋餘黨歸農賊衆感泣纛

十年二月流賊復寇羅田乃忠統鄉兵與戰於北峯河口斬賊首王林仲坐磯山虎震殺三十餘人會天大雨磯不能施賊分路圍之殺鄉兵五十餘人乃忠引兵退令家丁雷同春昌宗貴殿被賊發殺四月流賊盤據多雲寨乃忠於黑夜乘其不備攻破之生擒賊十三人馬十七匹賊走遁凡十一戰屢有功　省志　並舊志　十二年秋流賊至十三年流賊由河南詐稱官兵晝夜兼行襲陷羅田焚燬房屋殺掠殆盡白乃忠率兵與賊大戰賊敗去其時天色將曙有

兵千人踞平土嶺私通賊遂偷破城垣　舊志

十四年四方兵起各省兵路經羅田其時田地草萊骨肉生別而各營兵皆駐於此肆擄掠白骨堆道　舊志

十五年土賊恣肆人不堪命巡撫部院宋親歷羅田驗情形具疏請

蠲租三年復築要城為民衛　舊志

十六年李賊營各逃竄有從太湖英山來者時八大王在省為置州府縣令原任汪攜印遠遁六月李賊兵至暴殺城陷民命十亡其九未盡殺者賊以弊手為令　舊志

國朝

康熙二年土賊張士營破城　舊志　二十七年五月二十二日督標裁兵夏逢龍叛陷省城旋陷漢陽六月朔日賊舟蔽江下寇黃州遂入城羅田人心洶匕奸人勾叛兵肆毒毒士民紛竄賊據黃州兩月逢龍走京口為提督徐治都所敗逃還省城其將胡耀乾不納復至黃州八月鎮武將軍瓦岱引兵至賊將迎降逢龍逃白雲山里人縛送軍門磔於城東五里墩黃州平及大兵至省城賊開門迎降諸府縣悉平　本舊志　參府志

雜志

流寓

兩間皆逆旅也而人之足爲地重者則傳之不朽世有聲華赫奕一時傾動他方乃不轉盻而即歸湮滅惟忠義之嗣竄伏流離播遷都邑雖數百年後猶使人指數追思感慨係之而掩雅之士蔭耀山川者亦與焉人之相去爲何如也羅固偏壤各流寄託於斯者書缺有間矣得其一二足見此邦之人中心肯穀焉明

蔣翹之廬陵人掌教羅田因隸籍焉工吟咏凡山水之勝多經遊覽　見府志

邑中侯姓其一爲方孝孺先生後先生籍没時全家被害惟匿幼子於此改姓侯後嗣蒸蒸起多才子弟今邑俗書自方改侯者上加一點以別土居侯姓　本舊志

仙釋

馬進忠號隴雲善黃白鉛汞之術每日成少許自給年九十七歲坐化

王相幼穎悟博洽羣書遇異人得秘術能指使羣仙邑令夔魁虔請登壇霹雷應掌甘霖迅霈

明道自號懶殘真人洪治時鍊性多雲山超出塵外獨自逍遥

盤仙平湖鄉有港約半畝一人沐浴其中忽化而不見止遺盤跡焉

月仙相傳五人修淨土五人者同氣也道成約曰見陰則過見月則止適至一山水輪湧出故老往往述其靈異後建廟遂名月山

七娘仙女子七人同心修鍊擇嵓壑幽秀處飧霞吸露其間即七娘山也後皆得道飛昇

麻姑仙麻胡秋女素賢慕仙風自幼修習因假雞鳴以息築城之役史知而怒撻之遂飛隱祟山名麻姑山山中松篁交蔭石上履跡纍纍猶在苔蘚斑駁間

撮米和尚棲多雲山石洞中日止食米一撮一趺坐

轍七日間休咎多驗臨化令其徒投骨水中不沉

明僧俗姓余有禪悟萬歷時嘗賜紫衣法名曹源惠旺多雲人自幼參禪不識文字忽悟云流水响穿崖下石白雲堆堵竹邊墻又云半夜犬從天上吠五更雞向月中啼後坐化

祖寬鳳陽人年九十四歲遊至塔山寺謂主僧元慶曰此吾祖家也願借尺地西歸慶駭之問曰汝果知輪迴乎曰吾不知三日後辰時是吾歸期也至是日蒲團趺坐合大象說偈曰九十四歲駕隻鐵船一篙撑去徑往西天遂寂化　悉本舊志

王廉有神異術風雨隨呼而應後飄然遠去莫知蹤

陟以上悉本舊志
雲從和尚任持壺天里中茅菴欲更之乃募化夜穿崮
鑿披蒙翳擊析吽佛達且一方竟鮮疾厄數年得更
新顔曰如來日中飯一鉢不勺飲俗家朴朝夕禮懺
課誦雖盛暑嚴寒不廢者積五六十年嘗有鷹折足
哀鳴落菴前以指摩之誦靈感經鷹足頓生旋繞數
匝若感謝狀長鳴向空朝飛雲從一日危坐合掌念
佛觧脫而逝

寺觀

老塔山寺 唐建在縣東有古塔因名又名玉屏山
玉泉寺 距縣西北二十里張明道讀書處其泉淨光如

玉故名寺後石高六尺許有風月雙清四字八石半寸旁
有元寤山人四小字石面有山人足跡
集仙寺 在縣東元建明修 十王寺 在縣東
元妙觀 在縣南 光山觀 在縣東以上載
府志並舊志
觀音寺 王部故居 仰山寺
麻姑寺 真覺寺 僧塔寺 廣化寺 韓塔寺有雙塔
仁聖寺 乾山寺 月江寺 淘金寺 普海寺
洪山觀 道山觀 拳石庵 王煌建 白雲閣
朝陽菴 半偈菴 慈雲菴 王煌建 永興菴
太陽庵 凜祠菴 蓮花菴縣西三里 燃燈菴

普陀庵 在縣西王部鳳建任特僧重建奎聚樓今廢
水月庵 莽崖庵 泰子廟三在北峯河
南賓廟 在石任山下 高廟 五顯廟 邑人胡汀徐
大任廷嘉靖乙酉縣令夏雷欲折毀神示之夢遂止施主
徐宗一宗二宗三任持僧天先募建後殿應昭應泰建無
量殿
排衙山廟 政平間建崇祀朱總管相傳荆王久染目疾
得神力痊可奏聞 勅旌
雙廟 二郎廟 富家廟 童家廟 以上悉本舊志
玉閣廟 縣北四十里 延壽廟 距縣三十里
志遠菴 縣西北五里 觀音閣城內西關今移建萬魁

塔北 慧林菴 縣西四十五里 普福菴 縣西十里
宜林菴 距縣二十里 大王廟距縣十五里
普海寺 距縣十里 龍泉寺 距縣二十里
觀音菴 距縣三十里 奇花菴 縣西三十里
東冲廟 縣北三十里 慈佛菴 縣北二十五里
道人菴 縣五十里 東岳廟 縣北三十五里
白雲菴 縣北五十里 梵音菴 縣
紫雲菴 縣北四十三里 梅林菴 縣北五十里
古柏菴 縣北四十五里

雜志

方伎

萬福敦字玉山幼攻舉子業棄去投塔山寺爲僧名道機善鍾息修鍊不噉穢麪盬酪旁涉風角堪輿奇門符水尤聖於醫繪蘭有清韻其他譜琴擊劍蹴踘躧蹻種種入能品語人禍福多奇中人問以故曰太清無纖雲誠則明矣遊霍山以青龍河有佳氣居之明年忽謂主人曰靈鶴夜至倘余假寐幸亟呼出戶也是夜風雨如驟飛壁畫鳴主人舉炬視之則羣鶴聚竹梢僕壓牆屋呼玉山不應入戶窺之正襟趺坐逝矣年九十二歲初玉山以術授陶仲文能白晝招鶴謂曰行之可致富貴嘉靖間仲文膺殊寵上詢其師贈玉山清微神霄演法真人　讀文獻通考載湖廣通志

萬全字密齋邑諸生潛心醫學著書甚多尤精痘疹一日在鄉先生家有兩新婦進欲全避之鄉先生曰萬先生年老無妨也兩婦人入年俱二十餘全曰此皆未痘痘將作矣一可救一不可救越一月果如其言遊郡城有患痘者死已半日全過其門視之曰可活置汚泥中三日痘復發進三藥數數而蘇有豪少年聞其名弗心服一日佯大病重幃密室呼全胗之曰越十五日當死何須藥少年掀幃叱之曰我何病聊試汝耳全曰胗脈如此不知病否也至十四日果卒其他應驗多類此　見省志

雜志

辨疑

凡闕文有本據舊史因之而不能益者宋儒論也若邑志相沿人物事蹟及諸典故或界疑似或簡而未詳與散著未萃會皆非不能益者此無容闕矣詳徵而類剖之庶幾便觀覽盍曰據衍示博哉鳳凰關長春澗前志載岳武穆行兵過此但云相傳未詳其實按宋紹興二年李回奏以舒蘄黃光接漢陽武昌盜賊並委飛招捕於是上以親札賜李回令專委飛捕盜則三年正月事也其後諭旨復以舒蘄兩州增隸飛節制除江南西路舒蘄州制置使及紹興十一年韓常等以重兵陷壽春隨渡淮駐廬州界飛上奏乞親至蘄黃相度形勢利害以議攻却上喜賜飛札飛奉詔行師至廬州韓常聞之遁遁遂還兵於舒以上本湯陰精忠廟志本傳　羅田在宋蘄州屬邑也意武穆招捕及節制時凡戈矛所向固無不供其指揮者至淮西之役武穆在鄂渚奉詔起發則自鄂而蘄黃自蘄黃而廬州羅邑適當其交衢出師經過昔人所傳不虛也

前人相傳宋以石橋鎮爲縣沈約宋書云司馬黑石反有小羅與田光興二人討平之故名羅田按宋司馬黑石徒黨三人其一人名智黑石號曰太公爲謀主一人名安陽號譙王一人名續之號梁王蠻丈小羅等討擒續之豫州刺史王元謨遣殿中將軍郭元封慰勞諸蠻使縛送亡命乃執智黑石安陽送詣元謨世祖使於壽陽斬之世宗初卽位四方叛及爾賊敗於鵲尾西陽蠻田益之田義之田光興等起義攻郢州尅之以益之爲輔國將軍又以蠻戶立宋安光城二郡以義之爲宋安太守光興爲龍驤將軍光城太守討益之爲邊城縣王食邑四百一十一戶按此則小羅與田光興其人其事固皆有之而羅田之稱果由此與且梁析齊昌始置羅田宋時尚未有羅田也至沈約宋書乃齊以前之宋分石橋鎮爲羅田在元祐八年則唐以後之宋時代更不侔矣

前志載麻姑仙於羅田其地名事蹟俱與廣輿記合而麻城志亦載之是奚以故英山志復有麻姑山云相傳麻姑過此意者仙家變現不常隨地著靈與

分野辨

州域近而可考星野遠而難知舊志翼星分土且謂纏翼十二度十三度之間引繩劃墨而不知古紀分星所以表郡不表縣者爲班固取三統歷十二次配十二野之難盡通也唐書鶉尾全楚分復於地志揚州域中別安中光黃蘄爲鶉尾分明史黃州蘄州翼軫分後儒謂黃州入翼十二度則據翼星分土誠不爲無稽然地既揚州不當復分鶉尾昔人已爲唐書疑晉書江夏入翼十二度地志蘄春屬弋陽在陽州之域是晉書江夏入翼乃據晉郡而言隋書地志敘揚州分野蘄春郡屬焉通攷楚分翼軫而蘄州於宋隸淮西路湖廣通志以蘄在吳楚之境爲翼十二度終而斗之十度始入則謂邑爲星紀分又自可據漁仲鄭氏嘗謂古之星經至漢散亡保章分星不可考堪輿所載郡國入度亦非古數今求與古近北斗之運於中者據春秋緯文燿鉤大別以東至雲澤九江荆州屬衡星嵩山以東至江南會稽震澤徐揚之州屬權星羅固在江淮之南也列宿之分於外者據斗津之圖書篇黃岡麻城以西屬荆州爲鶉尾羅田蘄水以東屬揚州爲星紀似不得以隸黃州而概入翼分也然經緯附天而行中外爲紀必謂專主中州猶近於私周官保章分土考之周與于幾千里七國之

起緾亘數州雲漢山河之象多者或十餘宿及其衰也周僅河南七縣魏徙大梁則西河合於東井秦拔宜陽則上黨入於輿鬼又不能適符星野之分今天下一家而猶以鶉火爲周鶉尾爲楚唐一行所謂守甘石遺術而不知變者也況燕在北而配以東方之析木魯在東而配以西方之降婁秦居西北而鶉首次於東南吳越居東南而星紀次於東北雖鄭氏以星主土而言分野要自不合今必謂某野定入某星幾度安能劃沙印泥星書晉志爲善然危奎畢井之分列郡不可曉蔵於天而不知地猶爲容齋洪氏所訶則羅分固難拘執而又謂在十三度之間帝王世

紀一度二千九百三十二里羅去江夏不及五百里安得參差遞至十三度乎王奕嘗言天本無度因日月之會爲度猶地本無疆以河山之界爲疆況一縣一邑如黑子之著面而必規規以求星分詎躡天庭而手擘之哉

州域辨

舊志載羅田屬齊安據漢唐志謂在禹貢荊州之域謹証之於經而知誤也書曰淮海爲揚州蔡傳北至淮水經淮出南陽平氏縣胎簪山東至光州東北會汝水又東由固始縣入江南鳳陽府潁州界熊氏禾曰揚西抵荊州之境淮之西當在桐柏荊州之界江之西當在衡漳之界其地乃東淮西江東西乃兩浙之地形勝攷淮爲長江藩蔽舟丹陽而上至淮陰盱眙爲淮左臂自采石而上至鐘離蘄春爲淮右臂羅田古蘄春也書曰荊及衡陽爲荊州蔡傳荊州北距南條荊山南盡荊山之陽地志荊山在南郡臨沮縣

北地理今釋湖廣襄陽府南漳縣西少北八十里衡山南岳也廣雅岣嶁之衡山地志在長沙湘南縣皇輿表衡岑屬衡州府熊氏禾曰荊州北接雍豫之境南逾五嶺東抵揚州之境西抵梁州及西南夷皆楚地去蘄春遠甚自夏及商禹服未改頌曰惟汝荊州楚居國南鄉周併徐於青而揚荊之州域仍舊詩曰蠻荊來威蓋高辛時槃瓠之種處荊州詩故言蠻荊也楚世家顓帝孫重黎之裔熊繹武王封之荊蠻胙以子男之地居丹陽卽今南郡枝江縣其後都郢更名曰楚則楚固世處其南也平淮夷之詩曰江漢浮浮又曰滔滔江漢南國之紀則自江漢下流皆入淮

之襟帶包絡而爲陽州傳曰漢陽諸姬當周盛時固
星羅棊布鄙至春秋之見經者江黄道柏蓼六英弦
猶繡錯其間顧氏志蘄春於春秋爲蓼春秋析義黄
國今蘄水縣境通考光州古黄國府志據晉書地理
志釋蘄春爲周弦子國杜註弦在弋陽軑縣東南邑
上迄周數千年固難求其始封之國而通考於蘄春
列揚州圖內其謂屬楚地者則自春秋以來也嘗考
楚張蠶食中國地六千里幾盡揚豫而有之安得以
後之吞噬爲前之州域乎及至頃襄王二十一年秦
白起拔郢燒夷陵王亡走陳徙豫至考烈王遷壽春
則楚且徙揚矣今正其舊服周禮東南曰揚州正南
曰荆州爾雅江南曰揚州漢南曰荆州
御纂所以據地理今釋以黄州之圻水羅田五縣爲揚州
地也曰漢何以屬江夏明何以隸黄州曰唐宋之屬
淮南淮西從州域之朔也漢明之屬江夏黄州附都
會之近也

祥異辨

分野果不足信乎叔興裨竈祥異驗若符契惡在其
不信也周官保章氏以星土辨九州之地所封封域
皆有分星以觀妖祥以十有二歲之相觀天下之妖
祥故宜其信也然則舊志祥異先以甘氏之星經攷
以張衡之占驗似爲無差乃往往　天人之迹嘗
多不合景祐七年太白熒惑在翼而羅不聞兵祟正
八年流慧氣侵則又不聞太白熒惑正德二年在於
翼慶雲見翼宜祥而是年乃大旱者何也曰得無翼
星分野之誤乎斗女當無不合曰天事未可刻舟求
也春秋地震山崩不以國書義存乎天下鷁飛石鄖
不曰宋鄖宋鷁而曰于宋過宋明爲天下之異也奈
何褊求之邑乎然則一邑遂無星以紀與曰軒轅傳
說上爲列星昔人疑之而馬貴與猶以爲信烏有一
邑而無星分但邑與天下共二曜則亦與天下共五
緯彗孛飛流陵犯鬬蝕未可一邑竊惟於天下之祥
異從一邑見之者書之乃爲信而不僭而於徵驗則
存而不論然則祥異不無洸以指乎曰二百四十年
豈無嘉祥不書良有深意自向歆父子爲五行傳取
災眚禍疴推之于金木水火土之域乃以時事之吉
凶之爲曲配人因執祥異以求合一有不合遂以爲
天之偶然而無疑不惟大聖人戒懼當時王侯之後

心且以釋萬世王侯過災修省之意故有識者議焉今謂天於一邑之禍福而專示以一邑之祥異何私也然則天變不足畏而祥異不足紀乎曰偵變而警於心則祥桑以兆治因異而求其　蠱以興災沾匕於一事且不可沾匕於一邑可乎觀洪範雨暘寒燠之時恒歸諸貌言視聽之休咎吉凶在人人棄常雖祥亦異天厭人之乖氣足以干和而又憐其陷於不自知故譴以當見之異以示創復爲不常見之異而使懷父母生成之恩龍鳳芝醴雖季世往往有焉存乎人之能省也古者王省惟歲卿士惟月師尹之省獨於日者夫非以一邑之祥異天下之否泰因之

天下之祥異一邑之修省尤當視之乎繇賦訟獄之乖當足召五行七政沴爲修省者誠清慎且勤亦順氣成象而四靈麞至矣是以君子於日食修政月食修刑星變結和

方孝孺後裔攷

有明方希古先生當建文遜國時獨遭十族刑其後裔之有無傳聞多異詞焉按明史孝孺兄孝聞先卒弟孝友與孝孺同就戮妻鄭及二子中憲中愈先經死二女投秦淮河死惟孝孺父克勤勤弟克家有子曰孝復於洪武年上書請減塩海賦謫戍以軍籍獲免孝復子琬後亦得釋爲民爲方氏羅田舊志邑有庄姓二其爲孝孺後改姓流寓於斯遂寄籍焉家有藏譜述孝孺遇難時史典魏澤匿其幼子彥八避地興國州洪濆礄卒葬州南門外有子三人長省一次省二次省三長任居興國省二與其弟省三宦遊江

南省三即寄籍江南之英山英羅接壤省二遂卜居焉其易方爲庄蓋取爾雅釋詁方庄義仝其字猶存古方字之形以示不忘本之意又史載明世宗時松江人俞斌自稱孝孺後一時士大夫信之爲纂歸宗錄方氏察其僞言於官乃已閔弾詞補註亦載方氏戮時典史魏澤匿其幼子故孝孺尚有後至我

朝壬子督學劉石芝查出裔孫入學奉祀而不載地名或明季由羅避寇而他適抑亦自江南興國而遷還者與至庄幼子事及典史之名與庄氏譜相合則事誠據而可徵議者謂明萬歷年坐釋孝孺謫戍者後裔凡千三百餘人而孝孺絕無後無後之說史有明

文不知史之所云蓋痛之也豈不知當時謂孝孺之後已盡誅遣戍皆從坐者遣戍時無孝孺後釋戍時安得有孝孺後國史本一朝實錄當成祖時誰敢謂公有後即公幼子亦不敢自謂公後惟當時國史謂公之後已盡而後公之子可以若稍緩公有後而公之子不得生矣故謂公無後者一時之實錄也而公竟有後者萬世之人心也彼遜國殉難諸賢清風勁節直窮天地亘古今而不朽固不係乎後人之有無但爾時託清君側爲名者皆首罪齊黃而白馬尚書猶存六歲之子至仁廟赦還東角門之一言釀禍且留變姓名之田經公幼子之得匿也將毋同當陳瑛

羅織時謂諸忠臣無遺種矣詎知數百年後血食猶存江淮間耶昔成祖發北平姚廣孝以孝孺爲託曰城下之日彼必不降幸勿殺之殺孝孺天下讀書種子絕矣嗚呼孝孺有後天將不絕讀書之一綫耶若魏澤者見義勇爲其名固當並傳不朽

余忠宣公闕元史紀其世籍詳矣其先河西武威人因父沙刺臧卜官於廬遂爲廬州人祖爲唐兀氏而公獨以余爲氏史不詳其故按湖廣通志及舊邑志皆以公爲羅田人羅田余氏舊族也其家譜記宋參知政事同知樞密院事封奉化公余天錫弟兵部尚書天任及元副使僉都元帥府事余闕皆同宗宋末兵難忠宣公祖被掠入河西爲唐兀氏公以父宦廬州遂復爲余氏余氏祖墓碑皆鐫公名又記公官京師權貴忌公欲中以禍遂歸隱羅田蓋史載召入應奉翰林文字轉中書刑部主事以不阿權貴棄官歸時事也史未云歸廬州且與余氏所記年代俱合後以修史召入出爲湖廣行省左右司郎中復以集賢

經歷召入出僉浙東道廉訪司事丁母憂史則載歸廬州服闋起副使僉都元帥府分兵守安慶公命其長子等歸羅田省墳墓至正十八年正月丙午安慶陷公自刎墮清水塘中子德生女福童赴井死德生公幼子也公死賊義公葬公城西子在羅者招魂葬衣冠於羅當是時南北音聞隔絕蘄黃淮廬盜陳友諒張士誠曁有明戰爭之地雖有卹典不能遍及仝公死節之萬戶李宗可蘄州人公姪婿省志蘄州志載宗可以公待之厚從公死蓋圻羅接壤同忠義而連以姻婭者也余氏當有明時去公死時不遠世多文學猶有參政忠宣之遺風洵非拜汾陽墓者余天錫爲羅田人宋史列傳不載生長之籍史失之也

宋史王韶江州人省志及舊志皆載羅田人按韶於宋熙寧元年上平戎三策以熙河軍功拜觀文殿學士諡贈金紫光禄大夫是時羅田久廢元祐八年始析圻水爲羅田熙寧間尚屬圻水亦當爲圻人不應載江州江州雖無羅接壤地各有屬又史載黍親交多楚人依韶求仕子厚家最顯家好學工詞章登第至校書郎好延道流談丹砂神仙事而邑有觀音寺環寺田山數百畝乃韶住宅有石碑詳載且肖其像事類家所爲至今王氏子孫奉祀不絶云

宋吳信洛陽人紹興初爲武剛尉勦賊曹成蹂躪湖湘閒守將黃君與避去信獨誓死捍禦寇廹城呼曰開黃俊君素原故來取信曰去久矣成曰當爲君全一城即去黃綿胄爲邑功受附賞信幾獲罪後數年爲全州清湘尉夢人告曰君守城有陰功予當及第起自東南第一州後官建康見驛壁有詩首云建節東南第一州其子仁傑登科常詣部銓量前兩夕夢入大叢林一僧欣然出曰吾四祖也復見一僧曰吾吾祖也明日調官蘄之羅田乃知兩祖寺皆在圻境

通志

明季庠生余某官遊四川嘉定州霪雨連月不開百姓苦之州牧建齋樵求霽雨如故咨於余答曰久雨陰盛也當宣幽出滯以陽啟之君得毋留獄乎檢其訟牒大小百餘案一一理之二日陳牘一空出沉獄十餘人又令選童男四十八人衣赤衣執紅旗向南方舞鳴金鼓以宣之次日果霽

邑地高阜無大陂池川澤鮮灌溉之利每歲盛夏十日雨則傷潦十日晴則傷旱地勢然也而旱之爲害尤甚故長民者禱雨之舉爲尤急康熙時邑侯王公諱光蹈以歲旱禱雨風齋戒恪謹乃事以常雩禮謁於壇見叟老俯匐籲天公泣拜徒步行赤日中未半晌雨如注邑人以爲神越數歲又旱公再禱如前雨

立降無不應者及陛他郡聞公禱雨雨驟至不及避
感疾卒羅邑士民立像於樾蔭堂祀之後數歲又旱
邑人禱雨不應乃拜祝於祠迎公像行赤日中卽雨
屢禱屢應如公在任時人或詫之不知洪範有云曰
肅時雨若又云月之從星則以風雨公有公德而心
乎愛民化澤下究服矣其精爽格天固宜
雍正時邑偶患疫染疾者十不愈一甚至有殲戶者縣
令彭公諱朝佐爲之心惻作文禳之畧云上帝好生
爲心神亦當體此意何忍以上帝所欲生者一旦戕
害之況
聖天子在上愛民以仁豈此方之神獨不當佐

天子成仁育之功而必戕害此百姓也哉神其不可久爲
厲於此土也畧倣昌黎驅鱷之意疫遂止
舊志載教諭署內榴樹一株枝葉葱蔚而未華正德
五年花忽盛每枝九花俱實一上八下纍纍如貫珠
是歲匡轉中秋榜第九以後登榜者俱與其數相符
時又有紫荆樹二在明倫堂堦畔每當子午卯酉年
花更鮮明異於他歲老幹花盛中者年必老嫩枝花
盛中者年必少驗之勿爽或曰此樹學宮靈氣所鍾
也或曰此樹擷山川之秀兆乎人文如九烈栁四相
牡丹之類也今學宮再遷二樹不知其處

義州行　　順治己亥進士奚祿詒岡邑人
楚羅田卽古義州其令王光鼎關東人也以蔭補
官廉而能慈民害則捐橐以賑之利則不憚掣肘
而力爭之三年不改余高其行作詩美之
嗚呼宇宙間循良萬不一治平第一人亦仗苞苴力
不然納金錢輕重視爵級古者春陵沓纍纍今羅邑
鼎也實君子劬勞鞠黎庶薄斂近休明悽愴[illegible]征役
內體卮如弦不復計黜陟何必讀詩書小儒皆奴僕
參錯爲諸侯漢唐在咫只豈惟甲兵消訟獄且衰息
蔦蘿引蔓長桂樹華不實爾已三年淹不開破畛域
時無楊四知切恐生娟嫉

天子不採風斯人猶下秩孔雀寒飲泉淘河奪其食多士
頌盈庭違者宜汗栗